民國文化與文學研究文叢

五　編

李　怡　主編

第 5 冊

中國新文學廣告圖志（中）

彭　林　祥　著

國家圖書館出版品預行編目資料

中國新文學廣告圖志（中）／彭林祥 著 — 初版 — 新北市：
花木蘭文化出版社，2015〔民 104〕
目 4+328 面；19×26 公分
（民國文化與文學研究文叢 五編：第 5 冊）
ISBN 978-986-404-247-0（精裝）
1. 中國文學 2. 廣告
541.26208   104012142

特邀編委（以姓氏筆畫為序）：

丁　帆	王德威	宋如珊
岩佐昌暲	奚　密	張中良
張堂錡	張福貴	須文蔚
馮　鐵	劉秀美	

民國文化與文學研究文叢
五　編　第五冊   ISBN：978-986-404-247-0

中國新文學廣告圖志（中）

作　　者　彭林祥
主　　編　李　怡
企　　劃　四川大學現代中國文化與文學研究中心
　　　　　北京師範大學民國歷史文化與文學研究中心
總 編 輯　杜潔祥
副總編輯　楊嘉樂
編　　輯　許郁翎
出　　版　花木蘭文化出版社
社　　長　高小娟
聯絡地址　235 新北市中和區中安街七二號十三樓
　　　　　電話：02-2923-1455／傳真：02-2923-1452
網　　址　http://www.huamulan.tw 信箱 hml 810518@gmail.com
印　　刷　普羅文化出版廣告事業
初　　版　2015 年 9 月
全書字數　520128 字
定　　價　五編 24 冊（精裝）新台幣 45,000 元

中國新文學廣告圖志（中）

彭林祥　著

目次

下　冊

下　編　四十年代

中編　三十年代

郭箴一和她的《少女之春》

《少女之春》，郭箴一女士著，上海聯合書店 1931 年 4 月出版

　　本書是本由女性來描寫女性的心理，而獲到極深刻極偉大的成功的。

　　黃天鵬先生在介紹本書的時候，説了這樣最中肯的話：「在過去有許多描寫女性的作品，也有許多藝人沉醉在紅綠的幻夢。然而所表現和流露出來的，卻只有淡薄的回味。……在寥寥的女作家中，有的歌頌著海和母親，有的詛咒著結婚的痛苦，還有沉醉在鄉村的素描裏，而忠實地把整個的女性心理解剖出來的，卻不多見。……」

　　「郭箴一女士是位對於文學很有涵養的女作家，在這創作集裏充溢著又天眞又深刻的描寫，因爲由女性來描寫女性的心理，總比男性幻想著的眞摯動人……」

廣告載《現代》第 3 卷第 5 號，1933 年 9 月 1 日

　　《少女之春》由上海聯合書店於 1931 年 4 月初出版，印行 1500 冊。作者郭箴一當時還僅僅是一位正在復旦大學新聞系讀書的女大學生。全書收錄 11 篇短篇小說。包括《牛背上的春天》、《心閃》、《退了顏色的偶像》、《捉不住的憧憬》、《衝破重圍》、《雲煙》、《她竟》、《黃包車的報酬》、《新痕》、《破碎心弦彈出的懺悔哀調》等十篇小說，譯文《如願的一抱》1 篇。作者在《後記》中對收入小說集的小說做了說明，十篇創作都不是寫的她自己經歷和個性，小說不是歷史，當然多係虛構，大部分故事內容都是道聽途說而來的。

　　整部小說集以男女青年的戀愛爲主。《牛背上的春天》寫出了一對鄉村男女（五壽和巧雲）在戀愛中的調情與密約；《心閃》先以書信的形式，寫出一

個男子對其朋友女友的愛戀，以及女主人公收到此信後不平靜的心理活動；《退了顏色的偶像》寫霞君的悲愁，反襯出少女失戀的心情；《捉不住的憧憬》是寫一個男子亂愛的悔恨；《衝破重圍》寫志清拒絕小江的愛；《雲煙》描寫一位進山探幽的老者偶識一位厭世隱逸的富家小姐，得知其家世遭遇。《她竟》寫小主人愛憐小杏子，但又沒有能力阻止他的父親的毒手。《黃包車的報酬》寫了一位貧窮車夫徐大與一個富家丫頭的戀愛與苦悶；《新痕》寫兩個性格相反的少女琦仙和靜娟的對話和心理活動。《破碎心弦彈出的懺悔哀調》寫出了一個為命運所撥弄的女子。譯作《如願的一抱》寫英俊的格伯爾與一位浪漫的富家女愛麗絲的愛情。作者通過對話、心理活動等形式凸顯了這些男女主人公的的戀愛心理。儘管作者當時還是一位在校的大學生，年紀尚小，但能對這些男女人物心理的刻畫如此細膩，人物對話如此生動活潑，故事的情節設計也頗為精妙，確實是一位頗有前途的女作家。

少女之春
郭一箴女士著

本書是由女性來描寫女性的心理，而獲到極深刻極偉大的成功。

此書的出版得到了復旦大學新聞系系主任謝六逸和新聞系教授黃天鵬兩位師長的鼓勵和介紹。作者在出版前也特請兩位師長為此書作序。謝六逸在序中特別對《牛背上的春天》一篇頗為欣賞，「用她天真樸素的筆調，描繪五

壽和巧雲的戀愛。題材是很簡單的，人物只有一男一女，此外還有一頭水牛。但作者卻能用單調的題材，傳達濃厚的情調。」最後，他還特別指出作者善於對女性心理的描寫，認爲她在國內文壇的女作者中，應有相當的地位。

黃天鵬的序中首先通過與冰心、廬隱等女作家的對比，來暗示郭箴一作品的獨特價值（見上面的廣告文字）。然後對作者忠實大膽女性心理的解剖給予了很高的評價，認爲其在女作家中也是不多見的。最後，他對作者寄予了很大的希望：「郭箴一女士是位對於文學很有涵養的女作家。在這創作集裏面充溢著天眞又深刻的描寫。因爲由女性來描寫女性的心理，總比男性幻想著的眞摯動人。我信作者將來的造詣，必爲文壇增不少的榮光。這裡我希望作者在最近的將來，有更成熟更偉大的作品公世。」

作者郭箴一，湖北黃陂人，生卒年不詳。關於她的一些情況，她的師長、同學在爲她的《上海報紙改革論》一書所作的序跋文字中有一些介紹。如她的老師黃天鵬認爲她「爲女同學中之錚錚者，天資卓越，雄辯無礙，益以中西文字之造詣，才識在在足以應世。」另一位老師郭步陶認爲她爲人沉著而機警，長於言辭，勇於任事，除新聞學習之外，還愛好寫作，詞令敏妙，思想透澈。她的同學田蘊蘭認爲她「勤於學問，終歲契而不捨。日長於口才，每參與競賽，必獲獎榮歸」。而在陳耕石（此人情況不詳，似是作者的家人）爲《少女之春》所寫的序言中，序者以簡要的文字把作者稚氣未脫、天眞活潑的女孩子形象展現了出來。文字如下：

> 作者年紀小，小孩子脾氣一點也沒有褪，說聲寫文，拿取筆就直畫；有的謄清都沒有謄清就送到書局；因爲兩位可敬可愛的師長的鼓勵並介紹，說付印，也就有勇氣讓她匆促所寫的東西變成現在這樣的冊子；至於東西的價值怎樣，能不能同許多說是成了豪成了家的作者們的印著紅紅綠綠的封面畫的書本在書架子上爭一小塊地方，會不會有人順便翻翻看看；這些，她卻跳回家去了一概不管；全同小孩子打破了金魚缸，往門後一躲，自己就不是闖了禍的腳色一樣呢。

儘管謝六逸和黃天鵬都看好這位年輕的女作家，但正如她在出版後這本《少女之春》後說要多多的致力於學識的探求，拿以後的成績來填補這一次荒唐問世的過失。在寫完這些小說之後，作者就專心致力於學術研究。在同年 5 月，其學士學位論文《上海報紙改革論》列入復旦大學「新聞學會叢書」，

年底由上海復旦大學新聞學會刊行，作爲老師的黃天鵬、樊仲雲、謝六逸、郭步陶逐一爲之寫序，並給予較高評價。此書成爲我國現代媒體批評史上的第一部專著，作者郭箴一也成爲民國期間爲數不多受過正規新聞本科教育，並對新聞學有所研究的女性之一。1935 年，她又完成了《中國婦女問題》一書，作爲「現代問題叢書」之一，收入王雲五總編的《萬有文庫》第二輯，於 1937 年 3 月由上海商務印書館出版。1939 年，她又完成了《中國小說史》，33 萬字，後納入王雲五、傅維平主編的「中國文化史叢書」，由上務印書館（長沙）於 1939 年 5 月出版（1984 年，上海書店予以付印出版）。1998 年，商務印書館再版，港臺兩地亦多次翻印。2010 年 1 月，中國社會科學出版社又將其列爲「民國學術經典叢書」之一，改爲簡體字，橫排印行。「民國年間的小說史論著中，郭箴一的《中國小說史》從刊印版次和數量上講，說是僅次於魯迅《中國小說史略》而位居第二名，恐怕是一點兒也不爲過的。」〔註 1〕可見，郭箴一自從出版了《少女之春》後，在文學創作方面未能貢獻出更多的佳作，但她在學術領域爲我們帶來了更大更多的成果，可謂「失之東隅，收之桑榆」。

〔註 1〕李鴻淵《郭箴一〈中國小說史〉述評》，《古典文學知識》2011 年 5 期。

新月詩派的總結：《新月詩選》

新月詩選　詩社出版　陳夢家編　上海新月書店 1931 年 9 月初版

　　人類最可珍貴的是一刹那間靈感的觸動，從這情感的跳躍，化生出美的意象，再用單純的文字表現成有意義的形體──這是抒情詩。

　　現在這裡所貢獻於讀者的新月詩選，是這少數人以友誼並同一趣向相締結的人，以醇正態度謹嚴格律所寫的抒情詩，這裡八十多首雖各人有各人的作風，但也有他們一致的方向。

　　這詩選，從北京晨報詩鐫到新月月刊，並這月刊挑選──徐志摩，聞一多，饒夢侃，孫大雨，朱湘，邵洵美，方令儒、林徽因，陳夢家，方瑋德，梁鎮，卞之琳，俞大網，沈祖牟，沈從文，楊子惠，朱大柟，劉夢葦等人的詩，是一冊最精美最純粹的詩選。

　　集內附有編者長序，扼要的敘明他們共同的態度和各別的作風，對於新詩的理論，也有所討論。

廣告載《新月》第 3 卷 11 號，具體時間不詳

　　1923 年，徐志摩、胡適、陳西瀅等在北京發起了主要以歐美留學生爲主的「聚餐會」，1924 年初，徐志摩在他的住處正式掛出了「新月社」的招牌。1925 年，「新月社」又發展爲新月社俱樂部。由於聞一多、朱湘、饒夢侃、劉夢葦等人都以詩人聞名，他們想到了辦一個詩刊來作爲他們發表詩作的陣地。由於徐志摩正主編《晨報副刊》，他們想到了利用徐志摩主編的《晨報副刊》，創辦一個詩歌副刊。作爲詩人的徐志摩自然同意了他們的提議。1926 年4 月 1 日正式出版《晨報‧詩鐫》，每周一期，周四出版。《詩鐫》出至第 11

期（6月10日）後停刊，發表作品的有聞一多、徐志摩、饒夢侃、劉夢葦、于賡虞、朱湘、朱大枬、蹇先艾、孫大雨等。他們以追求現代新格律詩的藝術形式的創造與努力實踐，形成了「新月詩派」。1926年6月之後，聞一多、饒夢侃、胡適、徐志摩等相繼離開北京，新月社無形中解散。1927年春，徐志摩、聞一多、邵洵美、胡適、余上沅、張禹九、梁實秋等在上海開辦新月書店，後又依託書店於1928年3月創辦了《新月》月刊，「新月詩派」成員的詩作又在《新月》的新詩欄以及新月書店問世。1931年1月20日，經陳夢家、方瑋德、方令儒等的建議和協助下，徐志摩（後由邵洵美接編）又在上海創辦了一個《詩刊》季刊，在《詩刊》上發表作品的有徐志摩、陳夢家、方瑋德、饒夢侃、邵洵美、方令儒、沈從文、卞之琳、林徽因、朱大枬、梁鎮、俞大綱、沈祖牟等。

目前學術界以1926年6月為界，把新月派劃分成前後兩個時期，而徐志摩無疑是貫穿前後兩個時期的靈魂人物。如果說前期新月派主要是以徐志摩的同輩人為主，那麼後期則主要以陳夢家、方瑋德等南京中央大學的青年詩人群為骨幹，他們大都是徐志摩的學生或晚輩。而在這些晚輩中，陳夢家無疑是後期新月社的殿軍，而徐志摩則是陳夢家詩歌道路的領路人。1929年，徐志摩應中央大學校長張君謀之聘，任外文系教授，講授英美詩歌、散文等課程。法律系的陳夢家慕名去聽課，他的詩歌才華得到了徐志摩的賞識，經徐的推薦，其詩作《那一晚》發表《新月》第2卷第8期上。此後，陳夢家的詩歌創作熱情一發不可收拾。在南京中央大學，以陳夢家為首，包括方瑋

德、梁鎮、沈祖牟等人形成了一詩人群，他們的作品也經徐志摩的推薦，陸續在《新月》等雜誌上問世。在後期新月派中，陳夢家不但在詩歌創作領域特別突出（1931 年 1 月，他的第一本詩集《夢家詩集》由上海新月書店出版，使他詩名大噪），而且還在詩歌理論方面頗有建樹。受聞一多、徐志摩詩歌理論的影響，1930 年 1 月，他發表了《詩的裝飾和靈魂》，宣告了自己的詩歌藝術主張，認為詩就本質來說，是美的文學，應當是可以觀賞的歌詠的思味的文學。他把詩從性質上分為兩種：一是外在的形式，就是韻律；一是內在的精神，就是詩感，主張用美術和音樂的調配，產生出詩的美感，襯托詩的靈魂。在風格上，他強調詩要有自然地格式，自然地音韻，自然地感情，要把哲學意味融化在詩裏。〔註1〕陳的詩歌藝術主張無疑糾正了前期新月派偏於強調形式因素的傾向，但其「為藝術而藝術」的觀點又較前期新月派的認識大大後退了一步。

正是因為陳夢家在詩歌創作和理論方面的突出成就，使得徐志摩尤為賞識。讓他負責編選《新月詩選》無疑也是賞識他的具體體現之一。要知道，此時的陳夢家年僅 20 歲，大學剛剛畢業，而徐志摩能委以這樣的重任足見他是相信陳夢家能編好這本具有重要意義的詩選（後來的事實也證明，徐志摩的信任沒有錯，陳夢家編的《新月詩選》確實是一本體現了新月詩派成就特點的選集）。從 1931 年 7 月開始，陳夢家就在上海的臨時住處天通庵開始了編選工作，在一個多月的時間裏，他從新詩歷史的高度，把新月詩派的處於不同時期、具有不同社會地位和政治思想傾向的詩人從藝術流派的體繫上聯繫了起來，從詩歌「本質的醇正，技巧的周密和格律的謹嚴」〔註2〕著眼，從《詩鐫》、《新月》和《詩刊》上選出了前後兩個時期新月詩派主要詩人徐志摩（8 首）、聞一多（6 首）、饒孟侃（6 首）、孫大雨（3 首）、朱湘（4 首）、邵洵美（5 首）、方令孺（2 首）、林徽因（4 首）、陳夢家（7 首）、方瑋德（4 首）、梁鎮（3 首）、卞之琳（4 首）、俞大綱（2 首）、沈祖牟（2 首）、沈從文（7 首）、楊子惠（3 首）、朱大枏（6 首）、劉夢葦（5 首）等十八位新月詩派詩人的作品共 80 首。並且把選入的這些作家作品前後期都兼顧到了，而選入的作品不但能反映出詩人各自的風貌特徵，也是能體現該詩派前後期詩歌的

〔註 1〕陳夢家《詩的裝飾和靈魂》，《國立中央大學半月刊》第 1 卷第 7 期，1930 年 1 月。

〔註 2〕陳夢家《序言》，《新月詩選》，上海新月書店 1931 年版。

藝術特色。編選完成之後，陳夢家還爲此詩集寫了一篇序言。1931 年 9 月，該詩選就由新月書店推出。爲了便於促銷，書店還及時地在《新月》（如第 3 卷第 11 期、第 4 卷第 1 期等）上刊出了廣告（見上引），主要對詩集的主要內容進行了簡要介紹。

新月詩選

△詩社出版　陳夢家編
△總發行所上海新月書店

人類最可珍貴的是一剎那間靈感的衝動，從這情感的跳躍，化生出美的意象，再用單純的文字表現成有意義的形體——這是抒情詩。現在這裏所貢獻於讀者的新月詩選，是這少數人以友誼畫同一趨向相締結的人，以嚴正態度謹嚴格律所寫的抒情詩。這裏八十多首選各人有各人的作風，但也有他們一致的方向。

新詩選，從北京晨報詩鐫散到新月月刊詩刊，挑選了徐志摩、聞一多、饒孟侃、孫大雨、朱湘、邵洵美、方令孺、林徽音、陳夢家、方瑋德、梁鎮、卞之琳、俞大綱、沈祖牟、沈從文、楊子惠、朱大枬、劉夢葦等人的詩，是一冊最精美最純粹的詩選。

集內附有編者長序，把要的發明他們共同的態度和各別的作風，對於新詩的理論，也有所討論。

　　如果說《新月詩選》中具體作品代表了新月詩派的藝術成就，而陳夢家所寫《序言》則從新詩發展史的角度，總結了新月詩派的藝術理論，分析了這一詩人群的創作特點：

　　　　主張本質的醇正，技巧的周密和格律的謹嚴差不多是我們一致的方向，僅僅一種方向，也不知道那目的離得我們多遠！我們只是虔誠的朝著那一條希望的道上走。此外，態度的嚴正又是我們共同的信心。認眞，是寫詩人的好德性，天才的自誇不是我們所喜悅的。

我們寫詩，因爲有著不可忍受的激動，靈感的跳躍挑撥我們的心，原不計較這詩所給與人的究竟是什麼。我們不曾把詩注定在那一種特定的意義上（或用義上），我們知道感情不容強迫。我們從所看的所聽的而有感的想的，都一齊寫來，靈感的觸遇，是不可預料，沒有界限的。縱使我們小，小的如一粒沙子，我們也始終忠實於自己，誠實表現自己渺小的一掬情感，不做誇大的夢。……

由於個人的愛好，編者還對此集爲什麼多是抒情詩給出了自己的解釋：

我個人最喜歡抒情詩。抒情詩的好處，就是那樣單純的感情單純的意象，卻給人無窮的回味，……偉大的敘事詩盡有它不朽的價值，但抒情詩給人的感動與不可忘記的靈魂的戰慄，更能深切的抱緊讀者的心。詩人偶而的感興，竟許是影響人類的終古的情緒。抒情詩好比靈魂的底奧裏一顆古怪的火星，和一宗不會遺失的聲音，一和我們交感以後，像雲和雲相擦而生的閃電，變成我們自己的靈魂的聲音，這眞是自然地奇迹！」

此外，他還對選入該詩選的詩人的詩作給以恰當的評價，如對聞一多詩歌的評點：「苦煉是聞一多寫詩的精神，他的詩是不斷的鍛鍊不斷的雕琢後成就的結晶。《死水》一首代表他的作風。《也許》《夜歌》同是技巧與內容溶成一體的完美。《你指著太陽起誓》是他最好一首詩，有如一團溶金的烈火。」這樣既有總體概述又有具體點評的序言使新月詩派的陣容完整地展現在世人面前。這本由序言和作品構成的詩選也因此成爲新月詩派藝術成就的集中體現。

《新月詩選》初版版權頁上，出版者署名是「詩社」，32 開本，全書正文264 頁，封面上列出了選入的 18 位作家名字，設計素淨雅潔，天地寬闊。初版問世後，關於該書的書評很快就見諸報端。如蓮時寫了《讀新月詩選》，對該書發表了自己的看法：「入選的許多詩中，固然也不少並不怎樣值得稱道的詩作，但一大部分的作品都是很不差的，如徐志摩的《我等候你》，聞一多的《死水》《奇迹》，朱湘的《美麗》《當鋪》，陳夢家的《雁子》《再看見你》，方瑋德的《幽子》《風暴》，沈祖牟的《瓶花》等，不論在風格方面，藝術方面都可以說是已達到成熟的地步了。林徽因女士的幾首詩，也很好，比了一些自命爲女詩人的詩作，眞要高明得多了。」〔註3〕儘管論者認爲編者還是有

〔註 3〕蓮時《讀新月詩選》，《中國新書月報》第 1 卷第 12 期，1931 年 12 月。

些遺漏，如失收方瑋德的《我有》等，但他還是承認這是比較完備的的詩選。
1931 年 11 月 19 日，徐志摩因飛機失事而死，聞一多、陳夢家轉向學術研究，
新月詩派也宣告結束。《新月詩選》恰成了這個詩派的一個總結。1933 年 4 月，
此書再版一次，但出版者卻不再是「詩社」而是「邵浩文」（即邵洵美）。此
後的四十多年時間裏未見重印。直到 1981 年 8 月，上海書店以「中國現代文
學史參考資料」的名義按原版的封面款式將其影印出版。

冰心女士的第一本譯作《先知》

先知　Kahlil Gibran 著　冰心女士譯　新月書店 1931 年 9 月初版
甲種實價一元二角　乙種實價八角

《先知》是敘利亞〔註1〕（syria）凱羅・紀伯倫（kahlil Gibran）許多作品中的傑作之一。曾經翻譯成十八種文字。在這裡他把人生不能解答的一切大小問題，用哲學的眼光，高深的學理，都解答了出來。使我們看了可以知道究竟什麼是人生。

冰心女士誰都知道她是文壇上的一位女將，她那溫柔的言辭，委婉幽靜的文筆，誰都看了要感動的，但是她限於創作的一方面，還沒有看見她的翻譯的書，這部《先知》是她翻譯的嘗試，哲理雖深，而譯筆淺顯流暢，恰能算合原文的真意義。

書用厚道林紙印刷，並且附插圖十二幅，皆名貴之作，用銅板紙精印，裝訂考究，美麗絕倫，欲知人生之真諦，及欲領略冰心女士的翻譯手段者，不可不人手一篇也。

廣告載《新月》第 4 卷第 2 號，1932 年 9 月 1 日

紀伯倫（1883～1931）是著名的黎巴嫩詩人、作家、畫家。被稱為「藝術天才」、「黎巴嫩文壇驕子」，是阿拉伯現代小說、藝術和散文的主要奠基人，20 世紀阿拉伯新文學道路的開拓者之一。他和泰戈爾一樣都是近代東方文學走向世界的先驅。自幼受阿拉伯文化和西方文化的薰陶，並從中汲取營養。

〔註1〕敘利亞和黎巴嫩是鄰國，在歷史上曾為一個國家，叫敘利亞。20 世紀 40 年代敘利亞和黎巴嫩才宣佈獨立，敘一直視黎為自己的屬地，不承認它的獨立。

他著眼東方，也注視西方，希冀通過文學創作來喚醒東方，改造東方；警策西方，改造西方。他集哲學、文學、藝術於一身，不僅善於小說、繪畫，而且精於散文詩。《先知》是紀伯倫最優美、最深刻的散文詩作品之一，他在 15 歲時即以阿拉伯文寫下了《先知》初稿。1923 年，他以英文直接寫出了《先知》並在美國出版，整個英語國家及阿拉伯世界都爲他帶有強烈神秘主義與東方意識的作品所著迷。作品以一位智者臨別贈言的方式，論述愛與美、生與死、婚姻與家庭、勞作與安樂、法律與自由、理智與熱情、善惡與宗教等一系列人生和社會問題，充滿比喻和哲理的東方色彩。多以「愛」和「美」爲主題，通過大膽的想像和象徵的手法，表達深沉的感情和遠大的理想。著者自繪浪漫情調和深刻寓意的插圖 12 副。這部詩集給詩人帶來了世界性聲譽，曾經翻譯成十八種文字，使他當之無愧地置身於二十世紀東方乃至世界最傑出的詩人之列。他的作品已譯成世界多種文字，受到各國讀者的歡迎。

　　早在 20 世紀 20 年代初，紀伯倫的作品就受到了中國文壇的注意。第一位譯介紀伯倫作品的是茅盾，在《文學周報》第 86 期（1923 年 9 月 3 日）、88 期（9 月 17 日）分別發表了譯作《聖的愚者》、《阿剌伯 K・Gibran 的小品文字》（有《批評家》、《一張雪白的紙說……》、《價值》、《別的海》四篇），掀開譯介紀伯倫作品的序幕。在燕京大學任教的劉廷芳自 1925 年開始翻譯介紹紀伯倫的作品，1929 年 12 月北新書局出版了他譯的《瘋人》（收紀伯倫寓言、散文詩 35 篇）（後又完整地譯出了《前驅：他的寓言和詩歌》，1933 年出版，列爲「風滿樓叢書」第六種，自費印行 100 冊。）〔註2〕

　　應該說，劉廷芳大力介紹和翻譯紀伯倫的作品影響了與劉有過師生之誼的冰心。1927 年冬月，冰心從一位美國友人處初次讀到英文本《先知》，對作品那滿含著東方氣息的超妙的哲理和流麗的文字吸引。1928 年春天，她曾讓她任教的習作班同學，分段翻譯過部分內容，但並沒有把學生的譯稿收集起來。1930 年 3 月，冰心因母親逝世大病一場，因病榻無聊，重看《先知》，萌發了把這本作品翻譯成中文的想法。於是，她一邊養病，一邊開始翻譯。並從 4 月 18 日開始，在天津《益世報》文學副刊連載，後來因副刊中途停辦，連載也被迫結束。此時的冰心，剛剛懷孕，休養尤爲重要，手中的譯稿也未能完成。1931 年 2 月，她的長子出生。孩子的出生花了不少錢，丈夫吳文藻除了自己按月領薪津之外，別無他計。他們又羞於向父母索要，經濟上顯得

〔註2〕瞿光輝《紀伯倫作品在中國》，《溫州師範學院學報》1996 年 1 期。

較為緊張。冰心想把手中的譯稿拿去換點稿費，恰巧時任新月書店經理的張禹九是吳文藻在清華時的同學，冰心就向新月書店承諾過些日子給他們一本翻譯的書稿。對於冰心這樣名家譯作，新月書店自然是求之不得，非常慷慨地預支了稿費。既然向書店承諾了譯稿，冰心自然要遵守承諾，利用在 1931 的暑假，冰心一邊照顧孩子，一邊翻譯《先知》，終於在 8 月譯完《先知》，並於 8 月 23 日為該書寫了《序》。當年 9 月，《先知》問世。

　　此書規格為小三十二開，共一百二十五頁，裝幀極為簡潔、淡雅，封面以紀伯倫的人物素描為主體，美術字「先知」列為封面上端。書中附有紀伯倫為此書所繪的十二副插圖，原著者為自己的書作插圖本極為少見，而譯本則保留原著者的插圖更屬難得。〔註 3〕初版分甲、乙兩種。全書包括《船的來臨》、《論愛》、《論婚姻》等共 28 篇。在這部作品中，紀伯倫塑造了一位名叫「亞墨斯達法」的智者，在他準備回到故鄉時，一位對他抱有誠信的女子「愛爾美差」來到殿前廣場，向他表達最誠摯的祝願，請他「說說真理」，於是亞墨斯達法開始回答送行者的提問，這些問題涉及到「生和死中間的一切」，人生和社會的二十六個方面——愛與憎、美與醜、善與惡、罪與罰、工作與逸樂、理性與熱情、法律與自由、婚姻與友誼、教育與宗教⋯⋯他把人類的「真我」披露給人們。儘管作品洋溢著一種超驗的神秘性和宗教性，但揭示出的真理又超越了宗教、種族與時間，給不同心靈以慰藉。正如冰心所說：「《先知》的好處，是作者以純潔美麗的詩的語言，說出了境界高超、眼光遠大的既深奧又平凡的處世為人的道理。」〔註 4〕

〔註 3〕80 年代初，湖南人民出版社重版《先知》和《沙沫》合集時，出版社對紀伯倫的插圖有不同看法，認為插圖多是象徵意味的人體，似有宗教色彩，更有人認為它「庸俗」、「低調」、「不健康」。編輯寫信徵詢冰心老人的意見，她在 1988 年 1 月 26 日的覆信中寫道：「我初版的譯本《先知》是給新月出版社出的(張禹九要的稿)，那上面就有紀伯倫的畫。再版是由湖南出版社出的，卻沒有了。這是編輯審美能力的高低，紀伯倫的畫如其文，決不低調，也不庸俗，這是我的意見。」

〔註 4〕冰心《我為什麼翻譯〈先知〉和〈吉檀迦利〉》，《冰心全集》第 7 卷，第 601

　　儘管《先知》是冰心的第一本譯作，但冰心此前也有較爲豐富的翻譯實踐，由於就讀的貝滿女中、燕京大學，使她在出國前就具有了很高的英語水平。在美國三年的留學期間，爲完成碩士論文，還曾把李清照的詞譯成英文。這些經歷使她具備了紮實的英文功底。再加上具有良好的中文功底，使她具備了翻譯者的良好條件。此外，《先知》還是冰心尤爲喜愛的作品，正因爲與自己的審美體驗相契合，所以譯者在翻譯中達到了與原作者心靈與體驗合而爲一的美妙境界，譯者翻譯時「覺得又容易又順利，又往往會自由自主地落下眼淚。」譯者翻譯這部作品時不但沒感到辛苦，反而得到了一種美的享受。冰心翻譯的《先知》，準確、優美、傳神，確實達到了明麗流暢，不僅忠實地再現了原著的內涵，而且保持了原著優美的風格。李素伯曾稱讚冰心的譯文：「文字是那樣的清新雋麗，筆調是那樣的輕倩靈活，充滿著畫意和詩情，眞如鑲嵌在夜空裏的一顆晶瑩的星珠。又如一池春水，風過處，漾起錦似的漣漪。」〔註5〕至今，《先知》的中文譯本中仍還是冰心的譯本最受讀者的歡迎，已經成爲公認的佳譯。這部作品不僅奠定了冰心在翻譯界的地位，也爲她後來的翻譯活動提供了經驗。

　　《先知》中譯本從 1931 年 9 月由新月出版社初版起，廣爲流傳。開明書店 1945 年重印，並多次再版。1957 年人民文學出版社據開明版又重印過。除了《先知》外，冰心在 1962 年還翻譯過紀伯倫的另一部散文詩集《沙與沫》，部分譯文曾刊登在 1963 年 1 月號《世界文學》上，1981 年 12 月《外國文學季刊》全文發表了冰心譯出的《沙與沫》。1982 年 7 月，湖南人民出版社將《先知》和《沙與沫》合輯出版，冰心專爲合集出版寫了《譯本新序》，該書首印 15000 冊，很快就脫銷了，第二次又加了 12000 冊，也隨即被搶購一空，成爲 20 世紀中國翻譯文學中一部長久流傳、讀

先知

Kahlil Gibran 著甲

冰心女士 譯乙　種實價 一元二角

先知是敍利亞（Syria）凱羅紀伯倫（Kahlil Gibran）許多作品中的傑作之一。曾經翻譯成十八種文字。在這裏他把人生不能解答的一切大小問題，用哲學的眼光，高深的學理，都解答了出來。使我們看了可以知道究竟什麼是人生。

冰心女士雖都知道她是文壇上的一位女將，她那溫柔的言詞，委婉幽靜的文筆，誰都看了要感動的。但是她限於制作的一方面，過沒有看見她的翻譯的書，這部先知是她翻譯的嘗試，義理雖深，而譯筆淺顯流暢，恰能算合原文的眞意義。

書用厚道林紙印刷，並且附插圖十二幅，首名其之作，用銅版紙精印，裝訂考究，美麗絕倫。欲知人生之眞諦，及欲傾略冰心女士的翻譯手段者，不可不人手一篇也。

頁，海峽文藝出版社 1994 年版。
〔註 5〕轉引自譯林出版社《先知》（2008 年版）封底文字。

者珍愛的經典之作。

　　儘管在冰心之前已有人譯介過紀伯倫，但自從冰心的《先知》問世，紀伯倫才眞正爲中國文壇所廣泛瞭解，冰心對紀伯倫作品漢譯所作出的貢獻無疑是最爲卓越的。1995 年 3 月 7 日，黎巴嫩駐華大使法利德・薩瑪哈給冰心頒發了代表黎巴嫩最高獎賞的「雪松騎士勳章」，以表彰她爲中黎文化交流事業所作出的不懈努力。下面僅錄一段法利德・薩瑪哈在授勳儀式上講的一段話：

　　　　……我們今天頒發勳章，是爲中華民族的優秀品質加冕。如此象徵性地在謝冰心女士身上得到體現的這些品質是由兼收並蓄、堅忍不拔、頑強拼搏和詩一般的溫馨融彙在一起的一種民族精神。從年輕時起，她便已敏銳地感受到另一位思想家，偉大的黎巴嫩作家紀伯倫的深奧哲理和詩一般的呼喚。多虧了這位偉大的女士，紀伯倫的聲音和他的人文思想才能得以不僅在黎巴嫩和美國而且在中國傳播。……

林微音的小說集《舞》及其他

舞　林微音作　精裝一元二角　平裝七角五分　新月書店 1931 年 11 月初版

《舞》是林微音先生兩年來所創的短篇小說集。

在這樣畸形的社會下，人生所給與每一個人的形象是不能不帶有倦了的色彩。對於我們的作者，以他底詩人的頭腦所感到的是更深厚的厭倦的褐色。他想像到創造宇宙的上帝在這樣的歎息：「啊，我真不知要怎麼辦，真不知要怎麼辦才好！」——這不是我們一般人靈魂深處幽微的同調的聲波嗎？

一切的迫要，差不多就是某種厭惡的起始——所以當我們的作者在狹小的人生之圍中，追求關於肉的享受，也給與了同一樣的幻滅。

他更表現一個消失了青春的男子在他底女兒身上追想著他底幻滅了的狂歡，而在他夢一般的情緒中推他女兒到必死的激流裏。

這一切以作者不費力的筆，已不費力到表現了——技巧正是作者可爲自負的一點。如你，也正和《舞》的作者一樣的感到厭倦和無路可走的時候，我想多少可以有（在）這裡找到一些可以敲動你的心鈴，而微感安慰的情緒。

也可以此給將飛躍的青年，因厭倦，正是飛躍之所以要飛躍。

廣告載《新月》第 4 卷第 1 期，1931 年 12 月

在中國新文學歷史上有不少名字相近或相同的作家，這給後來的研究者帶來了辨認的困難。如謝冰心和謝冰瑩、沉櫻和黑櫻、舒新城和舒巷城、陳荒煤和陳荒蕪、林微音和林徽因等。而尤以林微音和林徽因（原名爲「林徽音」）最具有迷惑性，兩位作家的名字讀音幾乎相同，而字形也十分相近，如不仔細辨認很容易弄錯。他們在二三十年代就已經讓當時的讀者引起混淆

了。為了杜絕此類情況，林徽音被迫登報聲明更名為林徽因。三十年代中期以後，林徽音這個名字從文學報刊上消失了，代之出現的是林徽因。但是，至今還是有人把兩者搞錯。如楊義在其《中國現代小說史》第 2 卷（1988 年版）第 600 頁在對林徽因下的注釋中，有如下內容：「1928 年與梁思成結婚，歸國後與朱維基、芳信創辦文藝雜誌《綠》……。」〔註1〕顯然，他把林徽因和林微音視作一個人了。此外，《中國現代文學期刊目錄彙編》中，編者也把林徽因和林微音弄錯了，把好幾首林徽因的詩歌歸到林微音名下，包括林徽因那首膾炙人口的《山中一個夏夜》。

對於女作家林徽因，因乃一代美女加才女，林長民的女兒，梁啓超的兒媳，梁思成的妻子，以及與徐志摩、金岳霖等人的感情糾葛等，始終在文化界、學術界擁有很高知名度。而作為男作家的林微音，儘管在二三十年代頗有文名，但現在並不為大多數讀者所瞭解。林微音（1899～1982），江蘇蘇州人，筆名陳代，主要供職於金融業，業餘時間開始寫作。二十年代中期開始在《洪水》、《現代》、《申報·自由談》、《語絲》、《眞美善》、《新月》、《無軌列車》、《現代文學》、《文藝月刊》等報刊上發表了大量的詩歌、小說、散文以及譯作等作品，而最先結集的還是小說。1929 年 6 月上海北新書局出版了他的第一部小說集《白薔薇》（收短篇小說 6 篇）。兩年後，他的第二部小說集《舞》又由上海新月書店推出。

《舞》這冊小說集主要收集了他自 1929～1930 年間的小說作品，包括《樂園中的兩朵薔薇》、《人工的吻》、《序幕》、《殘留的胭脂印》、《一樣的孤獨》、《出走》、《兩杯咖啡》、《逍遙遊》、《春似的秋》、《秋似的春》、《舞》、《ENNUI》、《江流》共 13 篇。而選擇在新月書店出版自己的小說集可能與邵洵美有關，在書店經理邵洵美的推薦下，新月書店接受了這部小說集。為了促銷，書店還為該書刊出了廣告（如上引）。1931 年 11 月，小說集《舞》初版問世。

《舞》中所收的小說大都以都市青年男女的情愛為中心，「他們沒有能力也沒有勇氣改變社會，在他們看來，能夠相對切實掌握的似乎唯有自身的私人化最濃的的性愛」。〔註2〕如《舞》、《春似的秋》、《秋似的春》等都花了較多地篇幅寫出了男女之間性愛心裏，這些都市男女就是為了追求性愛的享受，整天沉淪於男女之間的遊戲中，無聊、頹廢、空虛、厭世是他們的共同

〔註1〕楊義《中國現代小說史》第 2 卷，第 600 頁，人民文學出版社 1888 年版。
〔註2〕許道明《海派文學論》，第 183 頁，復旦大學出版社 1999 年版。

特點，爲了尋求刺激，他們終日在都市的五花八門的男女社交中度日。作者有對戀愛中的男女思想變化的挖掘，但是始終是淺嘗輒止，這自然與作者個人的思想認識有關。有論者認爲：「當林微音從唯美──頹廢主義的觀點出發來『藝術』地美化十里洋場時髦男女的『快活』人生時，也就不可避免地將本來不乏嚴肅和深度的唯美──頹廢主義引向了輕浮和淺薄」。〔註 3〕儘管林微音的小說在政治立場、思想內容上與當時的左翼小說大相徑庭，但「我們沒有理由懷疑作傢具有一定的人道精神，這裡有理想的人生境界難以實現的苦悶，也揭發了現代都市的冷漠和荒誕，以及日漸給予人的孤獨感，然而終究不能忽視他很早已經表現出來的特異趣味。」〔註 4〕正如上面的廣告所說：「如你，也正和《舞》的作者一樣的感到厭倦和無路可走的時候，我想多少可以有（在）這裡找到一些可以敲動你的心鈴，而微感安慰的情緒。」

在小說技巧上，林微音也進行了一些大膽的嘗試。如在《江流》中對精神分析的手法的運用。小說中父女之愛與夫妻之愛在主人公雪村的意識和無意識中出現了混亂。妻子離家出走，留下自己與女兒相依爲命，於是他把愛

〔註 3〕解志熙《美的偏至：中國現代唯美──頹廢主義文學思潮研究》，第 250 頁，
　　　　上海文藝出版社 1998 年版。
〔註 4〕許道明《海派文學論》，第 185 頁，復旦大學出版社 1999 年版。

全部貫注在女兒身上。當女兒長大成人與自己的心上人形影不離時，做父親的感覺到了痛苦和恐懼，他想到了自己與妻子昔日的繾綣，害怕自己再一次被拋棄。終於有意識無意識地將坐在船頭的女兒送入了江中。為了便於表現都市男女的孤獨感，他又在《春似的秋》和《秋似的春》等小說大量採用書信體的敘事方式，這使得小說具有強烈的主觀色彩。在《殘留的胭脂印》、《人工的吻》、《出走》中，作者又靈活運用了人物的獨白，這大大便於交代和展示人物的內心生活。而在《序幕》和《兩杯咖啡》、《逍遙遊》中，作者又以人物的對話結構全篇，這些對話對表現男女人物的情感遊戲中的心理狀態，塑造人物性格等都具有特殊的意義。儘管這些藝術手法嘗試在小說中並不都是成功的，但是這些極具先鋒的藝術手法的大膽試驗使得小說頗具現代主義色彩。

在小說領域，在小說集《舞》出版之後，他的第三本小說集《西泠的黃昏》列為「一角叢書」由上海良友圖書印刷公司於 1933 年 9 月出版。此外，在 1934 年 6 月，上海四部出版社又出版了他的中篇小說《花廳夫人》，這篇小說被視為海派小說的代表作之一。除了在小說領域頗有成績外，他還在 1937 年把自己的散文結集出版，名為《散文七輯》（上海綠社出版部出版），此書彙集了作者從二十年代到三十年代所寫的散文的總集，全書 620 餘頁，所收篇目 200 篇。除了文學創作外，他還曾在 1932 年前後受邵洵美的委託擔任過新月書店經理。1933 年，他和朱維基、芳信、龐薰琴等人在上海參與創立綠社和《詩篇》月刊，大力鼓吹唯美主義，提倡「為藝術而藝術」。1933 年他還與魯迅開展了一場論戰，在 11 月 21 和 22 日《時事新報》的副刊《青光》上，他以「陳代」為筆名連續發表了《略論告密》和《略論放冷箭》兩篇文章，前一篇攻擊魯迅在《〈偽自由書〉前記》所說「王平陵先生告發於前，周木齋先生揭露於後……」；第二篇攻擊唐弢的《新臉譜》，但把唐弢誤認為魯迅。所以，魯迅在《〈準風月談〉後記》斥為「討伐軍中的最低能的一位，他連自己後來的說明和別人豫先的揭發的區別都不知道。」〔註5〕。抗戰爆發後，他落水為漢奸文人，主編過《南風》月刊、南京《中華日報》副刊。解放後曾在印刷所、出版社工作，直至 1982 年去世。縱觀林微音的一身的文學活動，成就最大的應該是小說，被視為海派小說的重要成員之一。

〔註 5〕魯迅《〈準風月談〉後記》，《魯迅全集》第 5 卷，人民文學出版社 2005 年版。

白薇女士的《打出幽靈塔》

打出幽靈塔　白薇女士著　實價八角五分　上海湖風書局 1931 年 12 月初版

　　和易卜生底《娜拉》一樣，白薇女士底《打出幽靈塔》正是一個叫醒那些沉睡著的，作了半身家庭傀儡的不幸的婦女們底沉痛的呼聲。在這樣千年來的男權社會裏，多少被鎮壓在幽靈塔下可憐的奴隸們，在沒有太陽，沒有生命的黑暗裏，送掉了她們底青春，她們底花，她們的一切。現在白薇女士站在女性的立場，代表被侮辱被損害的婦女們發出了這一聲，《打出幽靈塔》的春雷，這眞是多麼有力的一個叫喊呀：其他如《姨娘》，如《假洋人》，如《樂土》諸篇，也都是充滿了同情那「被侮辱被損害」的女子的眼淚和積極的反抗性，是她幾年來的得意之作。當各篇發表在《奔流》、《小說月報》等大雜誌時，曾引起多少青年的讚賞與討論。至於文筆的美麗，情緒的熱烈，對話的生動，則文壇上早有定評，在這裡毋用贅述。現匯印成書，共約三百頁（卅二開本），道林紙精印。

　　廣告載《脫了牢獄的新囚》（白鷗女士著，上海春光書局 1934 年 7 月再版）書後

　　白薇（1894～1987）原名黃彰，黃鸝，別名黃素如，生於湖南資興。青年時代曾入衡陽第三女子師範，因反對校長被除名。又入長沙第一女子師範。畢業後，為反抗婚姻，隻身出走，留學日本，考入東京女子高等師範，學過理科及歷史、心理學。1922 年開始創作，寫出了處女作三幕話劇《蘇斐》。1925年回國在武昌中山大學任教。大革命失敗後參加創造社。1928 年在魯迅主編的《奔流》上發表成名作《打出幽靈塔》。此後，她的長篇小說《炸彈與征鳥》，長詩《春筍之歌》相繼在魯迅主編的刊物上發表。由於創造社和魯迅的影響，

白薇成為「左聯」和「左翼劇聯」的早期成員，白薇也是《北斗》雜誌（丁玲主編，「左聯」機關刊物）的熱心撰稿人，還曾是田漢、夏衍主編的《舞臺與銀幕》特約撰稿人。1938年去桂林任《新華日報》特派記者。1949年參加湘南游擊隊。解放後，在北京青年藝術劇院工作。後主動去北大荒生活七年，寫出不少反映北大荒生活的作品。「文革」後一直重病。1987年在北京去世。

白薇戲劇的代表作《打出幽靈塔》（三幕四場，社會悲劇）原名《去，死去》。由於劇本太長，最初分別發表在《奔流》雜誌第1卷1、2、4期上。魯迅為了使這劇本讓更多的讀者閱讀，編排時頗費了些功夫，他曾說：「這樣長詩（係劇本之誤），是要編排得好，穿插得合適，才會有人看的，所以每期的編排就很費斟酌」。該劇是白薇戲劇的經典：社會問題劇，以第一次大革命時期的中國社會為背景，描繪了土豪劣紳胡榮生這個黑暗、罪惡的封建家庭在革命運動的衝擊下徹底解體的過程。所謂「幽靈塔」，是劇中對這個封建家庭的比喻，主宰這個塔的幽靈是這個家庭的家長胡榮生。通過蕭月林、鄭少梅、胡巧鳴為打出「幽靈塔」，擺脫胡榮生和他代表的封建主義制度與思想的奴役和壓迫而進行的生死搏鬥，表現了一代青年的覺醒，歌頌他們追求自由、反對封建的反抗精神。

劇中的人物塑造得比較鮮明、生動，具有很強的典型性。胡榮生是一個地主兼資本家式的土豪劣紳。他作惡多端，不僅剝削農民，而且私賣鴉片，囤積糧食，頑固抗拒農民革命運動。在家中，他是魔鬼，不但強姦了蕭森，連親生女兒也不放過，恣意玩弄身邊的女性。他用封建禮教束縛家裏年輕人的行動，把他們牢牢關押在家，還親手殺死了自己的兒子，是黑暗社會中一切罪惡的代表。蕭月林是蕭森被胡榮生強姦後的產物，她身上有母女兩代人的血淚。在黑暗的幽靈塔中，她從胡巧鳴和淩俠的真摯的愛情中看到了光明，她逐漸從軟弱、膽怯走向激憤、反抗，最後終於把子彈射向了仇人，並為掩護趕來救她的蕭森中彈身亡。此外，鄭少梅、胡巧鳴、蕭森、淩俠、貴一等刻畫得也頗為形象，具有一定的典型性。

全劇的結構精巧細緻，表現了成熟戲劇的獨特結構。劇中交織三組矛盾：蕭月林、胡巧鳴、鄭少梅與胡榮生的矛盾；蕭森與胡榮生的矛盾；以淩俠為代表的農民與胡榮生的矛盾。在矛盾交織展開的同時還穿插了三條愛情線索：一是胡巧鳴和淩俠同時愛戀蕭月林；一是被胡榮生霸佔為妾的鄭少梅愛戀少爺胡巧鳴；一是貴一與蕭森的愛情。故事以胡榮生的家庭為中心展開，

在時空的移動中，這些涉及血緣、人倫的複雜關係和人物之間的矛盾衝突在農民革命運動對封建勢力的衝擊中被一層層揭示出來。把多年形成的複雜的人物關係，集中在一段懸念很強的戲劇動作中層層揭開，把個人恩怨、家庭糾紛和社會衝突交織在一起，展現了大革命時期的時代風貌，在思想上和藝術上把 20 年代的社會問題劇提高到一個新的水平。此外，從劇情的發展看，它的出現也一定程度上影響到 30 年代《雷雨》的誕生。

事實上，這個劇本是重寫的，原稿寫於 1927 年夏。當時白薇在武昌總政治部國際編纂委員會任職。受張資平先生之託，用一星期拼命寫完的劇本，原名爲《去，去死》。劇本寫好後，原稿被向培良借去排演。

> 他拿去一個月，不上演也不交還。我因要對總部交成績，寫信去討，親自去討，共有十幾次，浩浩的長江，不論是炎熱的火天，不論是陰霾的夜晚，我命小舟，心慌意亂獨自兩岸渡去來，最後每天找他三五次，到頭他不但把劇稿交不出，並且自己藏在樓上，但叫朋友在旅館門口阻擋我，說是——「不在家」。這本劇本便無形渺迹，消失在向培良猶知的天地間了！〔註1〕

作者也因悲憤兼受了熱，竟是一陣痢疾，一陣腸病。一年以後，作者才重寫了這個劇本，改名爲《打出幽靈塔》。

劇本《打出幽靈塔》發表後，確實引起了許多青年的讚賞和討論，使作者一躍成爲名作家，她的名字出現在郁達夫、林語堂、馮雪峰等大作家之列，成爲了當時文壇上引人注目的人物。這給作者很大的鼓勵，接連又創作了獨幕劇《娘姨》（1929 年七夕脫稿，後發表在《現代小說》1929 年第 3 卷 1 期），講述了一個貧苦善良的婦女在親姐姐家裏做傭人受盡虔誠信教的姐姐的殘酷虐待，揭示了宗教所宣揚所謂的「仁慈」、「普度眾生」的虛偽性。在階級社會裏，包括親生骨肉手足在內都有剝削和壓  迫。獨幕劇《假洋人》（1931 年 8 月 21 日作，發表在《北斗》1931 年第 1 卷 1 期）中刻畫了一個娶了東洋人的中國紳士，假冒東洋人欺壓車夫、賣冰工人，

〔註1〕白薇《附白》，《打出幽靈塔》，上海湖風書局 1931 年版。

甚至連警察、巡捕都畏懼他。但在日本暗探面前，他不但不能保護自己的妹妹、表妹，反而極力撇清自己。1931 年秋，她把發表在《語絲》第 4 卷 12 期上的《革命神受難》（獨幕劇）進行修改，並改名爲《樂土》，寫一個老人帶著女兒繼承妻子的遺願，教育在戰亂中就到深山中的一群孩子。與一個隱藏在深山古林的別墅裏談情說愛的軍官戴天發生了衝突，軍官要霸佔孩子們僅有的天地。老人化身革命神，與軍官交戰受傷，女兒號召水司、電司、花司、蝶兒、獵人、壯士齊出動，把軍官打死。受了傷的「革命神」控訴了他的罪行。三個獨幕劇的主題儘管稍有差別，但都「充滿了同情那被侮辱被損害的女子的眼淚和積極的反抗性」。

> # 打出幽靈塔　　　白薇女士著　　實價八角五分
>
> 　　和易卜生底『娜拉』一樣，　百薇女士底『打出幽靈塔』正是一個叫醒那些沈睡着的，　作了半身家庭傀儡的不幸的婦女們底沈痛的呼聲。　在這幾千年來的男權社會裏　多少被鎭壓在幽靈塔下可憐的奴隸們，　在沒有太陽，沒有生命的黑暗裏，送掉了她們底青春，她們底花，她們底一切。　現在白薇女士站在女性的立場，　代表被侮辱與被損害的婦女們發出了這一聲，『打出幽靈塔的』，的春雷，　這眞是多麼有力的一個叫喊呀：其他如，『姨娘』，如『假洋人』，　如『樂土』諸篇，也都是充滿了同情那『被侮辱與著損害』，　的女子的眼淚和積極的反抗性，　是她這幾年來的得意之作。當各篇發表在『奔流』，『小說月報』，等大雜誌時，　曾引起多少青年的讚賞與討論。至於文筆的美麗，　情緒的熱烈，對話的生動，則文壇上早有定評，在這裏毋用贅述。　現彙印成書，共約三百頁（卅二開本），道林紙精印。

　　1931 年 12 月 20 日上海湖風書局出版了白薇的劇本集，把以上四個劇本收入，頁碼不連，以《打出幽靈塔》（外三篇）爲題，作爲「文藝創作叢書」，圖書的封面與書名很契合，上面的三個女性作奔跑狀，身後就是一座塔，預示著衝出這個「幽靈塔」。1933 年底，湖風書局因出版《北斗》受連累被封，湖風所出未禁之書及同行賬款等，完全盤給了春光書局。上面所錄的廣告文字就刊載於春光書店的再版書《脫了牢獄的新囚》（白鷗女士著，上海春光書局 1934 年 7 月再版）書後。1935 年 3 月，《打出幽靈塔》被國民黨宣傳部以「普羅文藝」查禁。這時湖風書局早已不存在了。1936 年 4 月，春光書店以原紙型再版了白薇的《打出幽靈塔》，儘管封面畫沒變動，但是書名字體、以

及書店名稱發生了變化。

　　無論是早期的《蘇斐》、詩劇《琳麗》，還是後來的《打出幽靈塔》、《樂土》，白薇的戲劇創作的主觀抒情色彩都非常強，「對於當時黑暗污濁社會所懷的不滿，主要不是滲透於對於現實社會的細密描繪和深入剖析之中，而是直接發爲大膽的詛咒和強烈的抗議」〔註2〕。她是一個富有熱情和生命力的作家，在她的筆下，重點關注的是和她一樣的女性，站在女性的立場上，寫出了她們擺脫家庭、社會以及種種強加在他們身上的枷鎖和禁錮的艱難歷程。「她的作品，如春雷似的，震醒了數千年來，被損害被囚禁於幽靈塔下的中國婦女們，使她們從陰暗的牢獄裏走出來，重見光天化日，使這些被囚禁被損害的女子們，重呼吸自由的空氣，這是一個多麼有力的呼聲啊！」〔註3〕與她的詩歌、小說相比，白薇以戲劇成就爲高。阿英在 1930 年就曾這樣說：「白薇是個戲劇作家，也是現代的女性作家中一位比較優秀的戲劇作者，雖然她近年來也寫小說，可是她的小說遠不如她的戲劇上有成就，她還是因著她的戲劇獲得了文藝上的存在。」〔註4〕張天翼也這樣認爲：「白薇女士對於近代的文學──尤其是戲劇的貢獻，是有著了如何大的力量以及價值，這已在文壇上早有了她成功的地位和公共的評價了。」〔註5〕

〔註2〕白舒榮、何由：《白薇評傳》，第 103 頁，湖南人民出版社 1983 年版。
〔註3〕王哲甫《中國新文學運動史》，第 252 頁，北平傑成書局 1933 年版。
〔註4〕黃人影編《當代中國女作家論》，第 60 頁，上海光華書局 1933 年版。
〔註5〕張天廬《關於白薇的〈鶯〉》，轉引自白舒榮、何由《白薇評傳》，第 103 頁，湖南人民出版社 1983 年版。

被盜印逼出來的《冰心全集》

出版預告　冰心女士全集

　　上海北新書局 1932 年 8 月至 1933 年 1 月初版

　　冰心女士是我國第一個女作家，也是最享盛名的女作家：她那清麗的作風，秀美的文筆以及輕雲一般的情緒，常使我們感到人生積極面的光明，盡量抒發了母親，孩子以及大海的愛。現因市上發現無恥之徒，擅用冰心女士全集名目，雜輯冰心著作成書，欺騙讀者，所以我們便計劃這真的冰心女士全集的出現，請冰心女士將他的《超人》、《往事》、《第一次宴會》、《南歸》、《春水》、《繁星》、《寄小讀者》、《小說第一集》。(晨報社) 批評演講雜文、詩歌新作……等等一併分類編入。共分三集：冰心小說集，冰心詩集，冰心散文集，計五十萬言。現已付印，不日出版，先給愛讀冰心女士作品者報一個喜信。

北新書局謹啓

廣告載《青年界》2 卷 1 號，1932 年 3 月 20 日

　　現代中國第一個女作家親手編訂系統的貢獻　冰心全集　北新書局

第一集冰心小說集　　　　平裝一元精裝一元半

第二集冰心詩集　　　　　平裝一元精裝一元半

第三集冰心散文集　　　　平裝一元精裝一元半

　　每冊在三百面以上，內多不經見之作品。小說集前附自序一篇。冰心女士是最享盛名的作家。她那清麗的作風，秀美的文筆以及輕雲一般的情緒，常使我們感到人生積極面的光明，盡量抒發了母親，孩子以及大海的愛。現

因市上發現無恥之徒，擅用冰心女士全集名目，雜輯冰心以及非冰心的著作，所以我們才有者眞的全集版出現。版式一律，極爲美觀。

廣告載《青年界》2 卷 2 號，1932 年 9 月 20 日

冰心全集　北新書局刊行

這是冰心女士親自編訂的全集，決非雜湊冰心著作的僞版可比，全書三大厚冊，每冊四百頁左右，僅售平裝一元，精裝一元五角，可以分購，又可合買，極爲方便。

第一集　冰心小説集

第二集　冰心詩集

第三集　冰心散文集

全書由鄭愼齊先生裝幀，極爲美觀。凡經名家細心校訂數次，始敢出版；較之翻版滿紙錯植者，不可同日而語。

廣告載《青年界》2 卷 4 號，1932 年 11 月 20 日

作爲新文學第一代作家的女作家，冰心走上文壇在偶然中也包含必然。1919 年「五四運」動爆發時，她還只是協和女子大學的預科學生。爲了宣傳的需要，她開始向《晨報》投稿，發表了不少散文、小說和詩歌。其中，小說《兩個家庭》、《斯人獨憔悴》、《去國》等，在文壇產生了廣泛影響，被作爲「問題小說」的代表。1921 年 1 月文學研究會成立後，冰心作爲研究會爲數不多的女作家，被研究會「借助文學媒介有步驟地實施了推出有代表性的社團作家」，[註 1] 她不但成爲了改版後《小說月報》的形象代言人，在雜誌上有極高的曝光率，商務印書館爲她出版了詩集《繁星》（1923 年 1 月）、小說散文集《超人》（1923 年 5 月）、新潮社推出了她的《春水》（1923 年 5 月）。大學未畢業的女學生冰心一時盛名鵲起，成爲了新文學初期的文壇名家。大學畢業後赴美留學期間，冰心的作品有所減少，只在 1926 年 5 月由北新書局出版了《奇小讀者》。回國後，冰心任教於燕京大學，問世的作品逐漸增多。出版了《往事》（開明書店 1930 年 1 月）、《南歸》（北新書局 1931 年 9 月）、《姑姑》（北新書局 1932 年 7 月）。由於是文壇名家，冰心的的作品問世之後，一版再版是常有的事。如《繁星》1923 年初版後，到 1926 年 10 月就印行到

〔註 1〕王本朝《中國現代文學制度研究》，第 95 頁，西南師範大學出版社 2002 年版。

了第五版。《寄小讀者》在 1926 年 5 月出版後，到 1935 年 3 月就印行到了十一版。

「五四」新文化運動後，出版業出現了一次歷史性發展機遇，一大批懷有出版理想和信念的書店如北新書局、開明書店等在京滬等地湧現。儘管北洋政府在 1915 年頒佈了《著作權法》，國名黨政府在 1928 年也頒佈了《著作權法》，但一些懷有賺錢爲唯一目的的書商也在新興出版業中興風作浪，他們把目光瞄準了那些著名的作家作品，大量翻印、盜版其他出版機構出版的作品，盜用作家的名聲出版圖書，或以各種選本名義盜印作家的單篇作品等。不但造成了新興出版業的混亂，更使一些著名作家深受其害，甚至影響到了作家的生計。如魯迅、胡適、郭沫若、冰心、蔣光慈、張恨水等人的作品就常常遭到一些不法書商的盜版、翻印。爲了抵制不法書商的盜版，許多出版社和作家聯合起來，採取措施來維護自己的正當利益，如籲請政府出面追查懲罰盜版書商、在圖書上印「版權所有翻印必究」的字樣，加貼著作版權印花，繼續出版作家作品等。作爲新文學名家，冰心的作品在三四十年代曾遭到多次翻印、盜版，而《冰心全集》的編選和出版就是爲了抵制翻印盜版的一個具體措施。

在《〈冰心全集〉自序》中，冰心以生氣又無奈的心情記敘了自己的作品遭到盜版翻印的情況：

> 前年的春天，有一個小朋友，笑嘻嘻地來和我說：「你又有新創作了，怎麼不送我一本？」我問是哪一本，他說是《冰心女士第一集》。我愕然，覺得很奇怪！以後聽說二三集陸續地也出來了。從朋友處借幾本來看，內容倒都是我自己的創作。而選集之蕪雜，序言之顛倒，題目之變換，封面之醜俗，使我看了很不痛快。上面印著上海新文學社，或是北平合成書社印行。我知道北平上海沒有這些書局，這定是北平坊間的印本！
>
> ……
>
> 去年春天，我又到東安市場去。在一個書攤上，一個年輕的夥計，陪笑的遞過一本《冰心女士全集續編》來，說：「您買這麼一本看看，倒有意思。這是一個女人寫的。」我笑了，我說，「我都已看見過了。」他說，「這是一本新出的，您翻翻！」我接過來一翻目錄，卻有幾段如《我不知爲你灑了多少眼淚》、《安慰》、《瘋了的父親》、

《給哥哥的一封信》等，忽然引起我的注意。站在攤邊，匆匆地看
了一過，我不由得生起氣來！這幾篇不知是誰寫的。文字不是我的，
思想更不是我的，讓我掠美了！我生平不敢掠美，也更不願意人家
隨便用我的名字。

　　儘管這裡提到的《冰心女士全集續編》，但事實上《冰心女士全集》早就
由上海合成書店於 1930 年出版，收了散文、書信、小說、詩歌，正文 444 頁，
書前的自序實際上就是冰心 1927 年 3 月 20 日為《寄小讀者》四版寫的序言。
這一本顯然是盜印本，版權頁上竟然還有「版權所有」的標示，簡直是一種
諷刺。

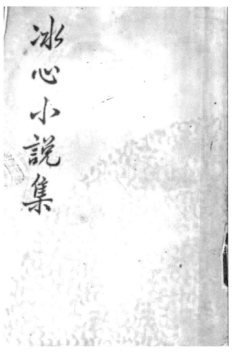

　　一般說來，出全集不是每位作家都有資格，而且也大多在晚年或身後才
編撰出版。而 1932 年的冰心才 32 歲，當時的魯迅、周作人、郭沫若等人都
還沒有出版社為其出全集的計劃，而冰心儘管是最享盛譽的女作家，但她還
是沒有出版全集的妄想。而為什麼決心出版自己的全集，主要還是為當時的
盜版翻印所迫，正是因為一些不法書商不斷盜印、翻印冰心作品，迫使書局
和冰心聯合起來採取對策，而辦法就是出版《冰心全集》，全集自序裡也交代

了自己不敢奢望出全集以及最後又決定出全集的來龍去脈：

> 我從來沒有刊行全集的意思。因爲我覺得：一、如果一個作家
> 有了特殊的作風，使讀者看了他一部分作品之後，願意能讀他作品
> 的全部。他可以因著讀者的要求，而刊行全集。在這一點上，我向
> 來不敢有這樣的自信。二、或是一個作家，到了中年，或老年，他
> 的作品，在量和質上，都很可觀。他自己願意整理了，作一段結束，
> 這樣也可以刊行全集。我呢，現在還未到中年，作品的質量，也未
> 有可觀，更沒有出全集的必要。
>
> ……
>
> 北新書局的主人説：禁止的呈文上去了，而禁者自禁，出者自
> 出！唯一的糾正辦法，就是由我自己把作品整理整理，出一部眞的
> 全集。我想這倒也是個辦法。眞的假的，倒是小事，回頭再出一兩
> 本三續編，四續編來，也許就出更大的笑話！我就下了決心，來編
> 一本我向來不敢出的全集。

而北新書局所刊出的出版預告中「現因市上發現無恥之徒，擅用冰心女士全
集名目，雜輯冰心著作成書，欺騙讀者，所以我們便計劃這眞的冰心女士全
集的出現」一句也再次證明了冰心編撰全集的緣由。

　　既然答應北新書局編選全集，冰心自然要加緊編選，由於是把自己以前
問世的作品加以分類整理，編撰進展很快。在 1932 年清明節前應該就大致編
好了。冰心還特地在清明節這天寫了《全集自序》(此自序後在《青年界》1932
年 10 月第 2 卷 3 號上以《我的文學生活》爲題刊出)。8 月，《冰心全集之二
——冰心詩集》由北新書局率先出版，內收詩歌《迎神曲》、《送神曲》等 34
首，附《繁星》、《春水》。9 月，《冰心全集之三——冰心散文集》出版，內收
《遙寄印度哲人太戈爾》、《南歸》等十一篇，附《往事》三十則，《寄小讀者·
通訊一～二十九》。1933 年 1 月，《冰心全集之一——冰心小說集》出版，內
收小說《兩個家庭》、《斯人獨憔悴》、《別後》等 29 篇。書前有《全集自序》。
三大冊均爲大三十二開，版式一樣，有精平裝兩種，封面統一，極爲樸素大
方。儘管是一套書，但又各自定價，單獨發售。應該說，北新版的《冰心全
集》是一套裝幀精美，編校質量過硬的全集，正如廣告中所說的「較之翻版
滿紙錯植者，不可同日而語」。出版後，自然讓那些盜印本、翻印本沒了市場
價值。有研究者據一些實物和資料推知，《冰心小說集》於 1937 年 2 月在上

海印到第 6 版；《冰心詩集》與 1934 年 8 月在上海印到第 4 版；《冰心散文集》於 1936 年 1 月在上海印到第 7 版。〔註 2〕

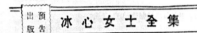

除了交代為什麼要編選全集之外，冰心在自序中還誠實謙遜地全面回顧了自己十餘年的生活與創作。她從三四歲講起，敘述了幼時的家庭教育，母親或奶娘的講故事，兒童時代自己囫圇吞棗地閱讀《三國志》、《水滸傳》和《聊齋誌異》，後來又看林紓的翻譯小說，自己還學寫小說。少年時代從舅舅看禁書、看報紙，關心國事，跟表舅系統讀書等。大學階段記敘了自己因宣傳的需要開始給報刊投稿，竟然得到了刊載的機會。這樣創作的激情得以迸發，整天忙於寫小說、散文，以致於敷衍了學業。受太戈爾《飛鳥集》的影響，仿用他的詩歌形式，來收集自己零碎的思想，寫出了《繁星》、《春水》。又在《小說月報》上連續發表小說。留學階段因忙於學業，寫作不多，三年間主要寫了二十九封寄小讀者的信。1926 年回國後因忙於教學課務，結婚，創作的詩歌、小說更少。在簡要回顧自己十餘年的創作和十年來國內的文壇之後，冰心誠懇地表達了自己仍將努力寫作的決心：「然而我仍想努力！我知道我的弱點，也知我的長處。我不是一個有學問的人，也沒有噴溢的情感，然而我有堅定的信仰和深厚的同情。在平凡的小小的事物上，我仍寶貴著自

〔註 2〕朱金順《新文學資料叢話》，第 19 頁，河北教育出版社 2006 年版。

己的一方園地。我要栽下平凡的小小的花，給平凡的小小的人看！」〔註3〕

抗戰發生後，冰心隨夫君吳文藻離開北京，先去雲南大學居住，後赴重慶參加抗戰工作，她擔任了婦女指導委員會文化事業組組長、中華全國文藝界抗敵協會理事等職。40 年代初，由於《冰心全集》難以重印，各地的冰心作品集的盜版、翻印本又開始出現。爲了制止這種情況，爲廣大讀者提供高質量的冰心作品。冰心又「故伎重演」，將原來的《冰心全集》改爲《冰心著作集》交開明書店出版，負責重編冰心著作的是巴金。巴金在《〈冰心著作集〉後記》中交代了他與冰心的接洽過程：

> 有一天我同冰心談起她的著作，說是她的書應該在內地重印。
> 她說：「這事情就託給你去辦吧。」我答道：「好，讓我給你重編一下。」就這樣接受下來她的委託。我得到她的同意，把編好的三冊書交開明書店刊行。

其實，這次重編與北新版的變化不大。還是分詩歌、散文、小說三集，散文集後面加入了《平綏沿線旅行記》和《新年試筆》兩篇，初版於 1943 年 7 月。小說集後面也只增加了《冬兒姑娘》、《西風》兩篇，自序還是用的原來所寫的，初版於 1943 年 8 月。詩集一冊沒有增添，於 1943 年 9 月由開明書店在桂林初版。三冊版式仍就統一，封面相同，僅換一種顏色，開本爲小三十二開。初版後，《冰心著作集》三冊也不斷再版。開明書店爲《冰心著者集》又撰寫了介紹該著作集的宣傳文字，引錄如下：

冰心著作集　已出三種　開明書店

> 作者以詩人的眼光觀看一切，又用詩的技巧驅遣文字。她的作品，無論詩，小說，或是散文，廣義的說都是詩。二十多年來，她是一直擁有眾多的讀者。文評家論述我國現代文學，都對她特加注意，作著詳盡的敘說。現在她把歷年的作品整理一過，總名叫做《冰心著作集》，交本店分冊印行。卷首有作者《自序》，書末有巴金的《後記》

冰心小說集　三元三角

> 本書包含短篇小說三十篇，每篇都能在平淡的故事裏見出深致。

冰心詩集　二元八角

〔註 3〕冰心《〈冰心全集〉自序》，《冰心小說集》，上海北新書局 1933 年版。

收新詩三十首，都以智慧和情感的珠綴成，能引起讀者內心的共鳴。

    冰心散文集　三元六角

收散文四十五篇。題裁是散文，骨子裏是詩。讀來眞是一種享受。

            廣告載《中國作家》第 2 期，1948 年 1 月

  九十年代初開始，冰心家鄉的海峽文藝出版社在徵得冰心的同意之後，決定出版《冰心全集》，經過中國社會科學院文學研究所卓如研究員整整三年的努力，彙集了冰心從 1919 年秋至 1994 年間所創作各種體裁的作品 1000 多篇和大量的翻譯作品及未發表的書信文稿等，收集到了當時為止冰心的全部作品，冰心為這套全集寫了自序。海峽版的《冰心全集》共 8 卷，400 多萬字，於 1995 年全部出齊，是迄今為止收入冰心作品最多最全的一個集子，顯然這套全集不是因為盜版所迫而出的。

《創造十年》的寫作與反響

一九三二年中國新文壇劃時代的傑作！

　　創造十年　郭沫若著　現代書局 1932 年 9 月初版

　　　　本書是郭沫若先生最近脫稿的長篇創作，係以創造社之成立及其中心人物的活動爲經，而以當時的文壇狀況爲緯所交織成的巨製。創造社之活動在初期新文藝運動中有不可磨滅之功績，對於後來新興文學之勃興尤多提攜的偉力。惟外間對於其發軔的歷史頗多訛傳及誤解。本書則以發動人的立場，以自傳的體裁，詳細釋敘其醞釀與實現的經過，對於作者本人黎明時期的文學生活所敘尤詳。記述正確，描寫深刻，故不僅爲中國新文藝運動中之最重要史料，同時亦爲目前荒蕪的文藝園地中唯一突破水平線的傑作。卷首冠有萬餘言的《發端》一篇，對於魯迅於一九三一年在《文藝新聞》上發表的演講稿《上海文藝之一瞥》其中關於創造社方面各種事實的曲解，有極銳利嚴肅的解剖與批判。每冊實價九角。

　　　　　　　　　　　廣告載《現代》第 1 卷第 6 期，1932 年 10 月 1 日

　　　　1932 年 1 月初，流亡日本的郭沫若與一位日本朋友 K 君談及魯迅和中國的文藝。從 K 君處得到了佐藤春夫編輯的《古東多萬》雜誌第 2 號上面刊有魯迅的《上海文藝之一瞥》。郭沫若閱讀了這篇文章，對魯迅以揶揄諷刺口吻談及創造社的人和事以及對他們冠以的「才子加珂羅茨基」(即「才子加流氓」)十分不滿。於是，他決定以創造社發起人的身份來記敘這一社團的歷史，取名爲《創造十年》。在《創造十年・發端》中，開篇就交代了寫作的緣起：

　　　　　　創造社自一九二九年二月七日遭了封閉以來，已經滿三年了。

　　早就有些朋友要我把它自成立以來的經過追記出來，我也有那樣的
心事，但總邊延著，一直邊延了三年。我現在終於下了決心，要費
點功夫來記錄出我所知道的創造社，或者更適切地説，是以創造社
爲中心的我自己十年間的生活。邊延了三年，使我終於下了決心的，
説也奇怪，卻要感謝我們中國的大小説家魯迅先生。

一經決定寫作此書，郭沫若寫作的速度確實快。儘管期間他還要照顧產婦、
研究金文和甲骨文，在本年 7 月 22 日寫信給葉靈鳳時，已經在與他商量書稿
交現代書局出版的事宜了。1932 年 9 月 20 日，該書由現代書局出版，前有《發
端》，後有《附白》，計十餘萬字。初版 6000 冊，現代書局曾爲促銷此書大作
廣告，在《現代》、《申報》上連續刊出了廣告多次。

　　儘管作者計劃寫十年間發生的主要事
宜，但《創造十年》完成的內容卻只記敘
了 1918 年至 1923 年間在日本九州帝國大
學醫學部的經歷，特別詳細地記錄了棄醫
從文，醞釀發起組織創造社，出版《創造
季刊》、《創造周刊》、《創造日》，編輯創造
叢書的過程及欣喜與苦惱。正如廣告所
言，該書「以創造社之成立及其中心人物
的活動爲經，而以當時的文壇狀況爲緯」
結構全文。正文部分共 13 節，從作者於 1918
年夏天升入九州帝國大學寫起，一直寫到
創造社與泰東書局的分手，作者離開上海
爲止。大致以時間爲序，詳細交代了創造

社的發起、《創造季刊》、、創造月刊》、《創造周報》的創辦以及主要成員人
員的分離等。作者全參與了創造社的建立、刊物的創辦、人員的組織等，他
以自己的文學活動爲中心，兼及其他主要成員的行蹤，把創造社前期堅苦卓
絕的歷史記錄了下來。作者在文末《附白》中説：「本書只寫完了創造社的前
期，因此和『十年』的名目便稍稍有點不符，『發端』中所寄放在那兒的問題
也還沒有結束，後期的事情是想在最短期中把它記錄出來的。」〔註 1〕

　　事實上，五年後，郭沫若才寫出了《續編》（初載 1937 年 4 月 1 日至 8

〔註 1〕郭沫若《附白》，《創造十年》，現代書局 1932 年版。

月 12 日上海《大晚報，未完），1938 年 1 月由上海北新書局初版。《續編》
涉及到的時間是 1924 至 1926 年。主要記敘作者大學畢業後，往來於中日兩
國，繼續參加創造社活動的同時，投身五卅運動，創辦《長虹》月刊，擔任
學藝大學文科主任，南下廣州就任中山大學文學院長職，直至投筆從戎，參
加北伐的過程，其中著重敘述了翻譯河上肇《社會組織與社會革命》以及決
心譯介《資本論》前後自己思想的變遷，和周恩來、毛澤東等共產黨人建立
的友誼。所以，儘管《創造十年》及《續編》涉及的時間只有八年，但把創
造社前後期的情形以及當時文壇、出版界的種種情形有一個清楚地描繪。它
為中國新文學的發展、中國現代思想史、革命史保存了極為難得的史料。

　　如果說魯迅的挪揄和諷刺促使作者下定寫作此書的決心，作者也在《發
端》中對魯迅的指責進行了激烈回應，而在正文部分則主要是對創造社歷史
的回顧和反思。可具體概括為三個方面：一是正視聽。創造社自遭封以來，
一直還沒有人對這個社團的歷史發展作一全面的梳理，作為社團的創始人之
一，郭沫若有責任來承擔這任務。在敘述中，作者試圖還原歷史，還說明了
為何會如此，突出了該社團的建立和發展充滿各種艱辛和坎坷，既有出版社
的盤剝，各種勢力的阻擾，但他們還是勇敢地面對困難，忍辱負重，不但使
社團建立起來，而且創辦了刊物，創造了作品，形成了他們自己獨立的文學
傾向。二是豎旗幟。作品儘管以作者自己的行蹤為線索，但是與自己密切聯
繫的其他成員，在此期間的文學活動也得到了介紹，使得該社團的主要成員
的活動脈絡得以呈現，突出他們為了一個共同的目的走到一起來的歷史事
實，但「我們也在談文學，但我們和別人不同的地方，是在有科學上的基礎
知識」，表明了創造社是應新文學發展的需要而建立。三是立地位。創造社成
立之初就攻擊文學研究會，其目的是打破文壇的壟斷，爭得自己在新文學文
壇的獨特地位。正如廣告所說「創造社之活動在初期新文藝運動中有不可磨
滅之功績，對於後來新興文學之勃興尤多提攜的偉力」。作者就是試圖證明創
造社在新文學建設期間的歷史功績是巨大的，應該得到應有的文壇地位。

　　《創造十年》自 1932 年 9 月問世以後，迅速得到了文壇的關注，對該書
的評論也陸續見諸報端。最早問世的書評是徐雄飛的《創造十年》，除了對該
書內容的簡要介紹外，作者主要談及的還是創造社對於中國青年界所發生的
影響，「對於一部分思想急進的青年，得著很大的同情，同時創造社有督促他
們前進的『功勞』」，他以他的同事 T 君為例，說明當時許多青年朋友怎樣閱

讀《創造季刊》、《創造周報》等創造社系列刊物。「像 T 君受到創造社那樣的感動的，在當時頗不乏人。此外創造社也喚醒了一部分青年的迷夢，雖然這部分青年以後的路向，我們不敢追問，但當時確有這樣的影響。」〔註2〕王隱芝的《讀〈創造十年〉》則先對創造社和文學研究會的論戰的意義加評定，認為他們的論戰，對於文學理論，漸漸有了明顯的眉目，也促進了新文學的創作，「在這樣的狀況下，產生了不少的作家，而這許多的作家們，因環境的不同，而其創作作品的立場與意識，遂因之而各異。」對於郭沫若寫作的這部書，作者覺得對於新文學的研究十分必要，「在我們這種初步研究現代文學的人，對於這種某一個文學集團的史的敘述，實在亟切地需要的」〔註3〕。但是對於此書藝術上的特色作者卻不給於評價，而是覺得最好是讓讀者自己去領受。

儘管廣告上吹噓該書為「一九三二年中國新文壇劃時代的傑作！」但也有書評對該書進行了嚴厲的批評和指責。如楊凡的《評郭沫若的創造十年》（寫於 1932 年底）就說這部書的內容只能當作作者本人的流水賬。「整篇的大部分，都是敘述他個人瑣碎的事物。固然這些瑣碎的事物是與創造社誕生有很大的關係，但郭先生過於重視他個人的瑣事而看輕為什麼會產生創造社的時代背景終是事實。」還指責郭沫若「完全是站在主觀的立場去敘述創造社的誕生，而不是客觀地站在第三者的地位去描寫十年」。同時，他還指出郭沫若寫作此書的動機，「並不是為了要

使中國的一般青年明瞭創造社產生時的社會背景和創造社在文學史上的意義」，而是以「報復式的心情去創作，毫無問題的會跑到主觀的立場而失掉其本身的價值」。最後，作者還建議「郭先生此後少寫一點這種騾形的作品，因

〔註2〕徐雄飛《創造十年》，《清華周刊》第 38 卷第 12 期，1933 年 3 月 8 日。
〔註3〕王隱芝《讀〈創造十年〉》，《中國新書月報》第 3 卷第 1 期，1933 年 1 月。

爲中國的青年現在所需要的東西，並不是充滿了英雄主義的色彩和離開時代背景的文章，而是需要充滿了新的意識新的生活和眞正能夠呼喊出大眾的心聲的作品。」〔註4〕稍後的梁秉憲的《郭沫若著創造十年》更是對該書進行了全盤否定。首先，他認爲書名還不如改爲與內容較爲符合的《創造五年》。其次，他認爲該書文字的風格是廢話連篇，與文字謹嚴的歷史性書籍差別甚大。第三，作者在書中罵魯迅、胡適等人，給青年作家開了一個很壞的先例。所以，他認爲此書的價值只是畫出了作者是心地狹隘和全無主意的人。〔註5〕

顯然批評和指責並不能抹殺該書對於新文學特別是對於創造社的價值。初版後又於1933年1月20日再版，1933年11月1日三版。1943年7月，重慶作家書屋出了新版。1947年5月，上海海燕書店根據作者的審定，將《學生時代》、《創造十年》《創造十年續篇》、《北伐途次》、《我是中國人》彙輯起來，名爲《革命春秋》（即入《沫若自傳》第2卷）出版。1958年經作者仔細斟酌、更正和修改，並刪去《作者附白》，編入《沫若文集》第7卷，由人民文學出版社出版（以後所出的《創造十年》及《續篇》均依據1958年的修改爲準）。這一次修改主要涉及到對魯迅的評價、對自我思想以及社會的不同認識三個方面。這次在新的歷史語境下的修改實際上「就是郭沫若在歷史與現實的對話、自我與時代的互動之中展開對自我形象和意義的塑造」。〔註6〕

〔註4〕楊凡《評郭沫若的創造十年》，《微音》第2卷第9期，1933年12月。

〔註5〕梁秉憲《郭沫若著創造十年》，《圖書評論》第2卷第6期，1934年2月1日。

〔註6〕王本朝、陳宇《「自我」形象的改寫與重構——關於郭沫若〈創造十年〉的刪改》，《郭沫若學刊》2007年4期。

從《她是一個弱女子》到《饒了她》

她是一個弱女子　郁達夫著長篇小說　現代書局出版1932年12月初版

　　這是擱筆了多年的郁達夫先生在一九三二年日本帝國主義者炮轟上海時寫成的傑作。她，是一個被色情的本能所支配著作了許多無意識活動的女子。她因爲「一刻也少不得一個寄託之人」於是演成了她一生的大悲劇，也就是目下中國社會中大多數女子的悲劇。書中穿插著革命青年馮世芬，玩弄女性的資產階級李文卿，都能給與讀者一個永遠不能忘記的印象。實爲近來我國創作界的一本名著。　　每冊實價六角

　　　　　　　　　廣告載《現代》第2卷第3號，1933年1月1日

長篇小說《饒了她》　郁達夫著　六角　現代書局出版1934年3月版

　　以一二八戰役爲背景的長篇創作，擱筆多年後寫成的精品。本書是達夫先生在一九三二年日本帝國主義者進攻上海，炮火連天聲中所寫成的傑作。在那時以前，郁達夫先生是正在所謂擱筆時期，連斷片的散文也沒發表過。《饒了她》的出版爲郁先生更新文藝生活的第一聲。書中描寫一個被色情的本能所支配著作了許多無意識活動的女子。她因爲「一刻也少不得一個寄託之人」，於是演成了她一生的大悲劇，也就是目下中國社會中大多數女子的悲劇。書中所描寫的各種人物都能給予讀者以永遠不能忘記的印象，實爲近年來創作界的一本名著。

　　　　　　　　　廣告載《現代》第4卷第5號，1934年3月1日

在 1927 年 1 月 10 日郁達夫的日記中有這樣的計劃：「未成的小說，在這幾月內要做成的，有三篇：一『蜃樓』，二『她是一個弱女子』，三『春潮』，此外還有廣東的一年生活，也盡夠十萬字寫，……」〔註1〕所謂計劃不如變化，隨後，他陷入了與王映霞的戀愛中，一年後結婚，後又參加太陽社、左聯，與魯迅合編《奔流》、主編《大眾文藝》等一些列政治、文學活動，使得他的寫作計劃一再延期。如他所說的「以後轉轉流離，終於沒有功夫把它寫出」。1932 年，上海發生「一二八」淞滬戰爭爆發，郁達夫「在逃難之餘，得到了十日的空閒」，寫出了他早已計劃寫的長篇小說《她是一個弱女子》。

小說於 1932 年 3 月份交給上海湖風書局，列入「文藝創作叢書」，一個月後，小說初版本問世，湖風書局的出版效率可謂高矣。小說所描寫的是 1924 到 1932 年間的社會生活。作者對這一段時間內所發生的重要歷史事件如北伐、上海工人武裝起義、「四一二」反革命大屠殺、「九一八」事變、「一二八」戰爭等，都有簡略交代。此外，對當時社會生活的若干側面，如學生的學習與戀愛，職員的視野與貧困，工人的罷工與犧牲，軍閥的姦淫與擄掠等都有反映，整個作品展現出一幅富有濃厚時代色彩的社會畫卷。在這樣的時代背景下，作者著力描寫三個性情、思想、志趣各不相同的女性及其不同的生活道路，表現了在風雲變幻的時代裏青年應選擇什麼樣的生活道路的主題。在《滬戰中的生活》中，作者對創作《她是一個弱女子》的意圖作了說明：「我的意思，是在造出三個意識志趣不同的女性來，如實地描寫出她們所走的路徑和所有的結果，好叫讀者自己去選擇應該走那一條路。三個女性中間，不消說一個是代表土豪資產階級的墮落的女性，一個是代表小資產階級的猶豫不決的女性，一個是代表向上的小資產階級的奮鬥的女性。」〔註2〕

在三個女性中，作者尤著力於對主人公鄭秀岳的刻畫。她出身世家，父親曾先後在福建任知縣和在揚州任知府，辛亥革命後回杭州隱居。鄭秀岳從小受到父母的嬌慣，養成了優柔寡斷、意志薄弱的性格。小說清晰地展現了其性格發展的三個階段。最先是動搖於李文卿的物質享受和馮世芬、陳應環的投身革命的兩條道路之間。她既羨慕李文卿的物質享受，又欽佩馮世芬和陳應環的高潔的人格，生活和內心時時充滿矛盾。其次是幻滅階段。離開馮世芬和陳應環之後，鄭秀岳失去了方向和依靠，經不住李文卿的誘惑，她陷

〔註1〕郁達夫《日記九種》，第50～51頁，上海北新書局 1928 年版。
〔註2〕郁達夫《滬戰中的生活》，《郁達夫文集》第 3 卷，花城出版社 1982 年版。

入了變態的色情生活的泥沼，不僅與李文卿搞同性戀，而且還和李得中、張康等過著放蕩的生活。最後是追求階段，鄭秀岳離開杭州來到上海，遇到了一個心地善良、才華出眾的青年編輯吳一粟，在相互接觸中產生了愛情。她對她以往的荒唐生活充滿悔恨，決心振作起來再來重做新人。正當她滿懷希望地與殘酷的現實生活搏鬥的時候，「一二八」戰爭發生了，日本侵略者闖進了她的寓所，將她搶走，遭受慘無人道的輪奸而死。作者在小說中著力突出鄭秀岳性情的柔弱及命運的悲慘，對她這樣一個弱女子的短暫一生寄予了深厚的同情，體現了作者的人道主義思想。

作者在《滬戰中的生活》中提及這篇作品「是在戰期裏為經濟所逼，用了最大的速力寫出來的一篇小說」〔註3〕，由於是逃難期間，作者寫作肯定受到了外部環境的影響。作者在小說的《後敘》中說：「所以就在這十日內，貓貓虎虎地試寫了一個大概。寫好之後，過細一看，覺得失敗的地方很多，但在這殺人的經濟壓迫之下，也不能夠再來重行改削或另起爐竈了，所以就交給了書鋪，教他們去出版。」因此，他對這篇小說也很不滿意，「我覺得比這一次寫這篇小說時的心境更惡劣的時候，還不曾有過。因此這一篇小說，大約也將變

〔註3〕郁達夫《滬戰中的生活》，《郁達夫文集》第3卷，花城出版社1982年版。

成我作品之中最惡劣的一篇。」〔註4〕儘管作者評價很低，但是小說出版後，還是很快引起了文壇的注意。杜衡的書評《她是一個弱女子》很快就在《現代》第1卷4期（1932年8月1日）問世，總體上看，他對這部小說的評價較低。在內容上，認為作者擱筆以後的新作仍然是一部寫色情的作品，小說中的弱女子鄭秀岳的一切彷徨，只是一切在色情的本能控制下的無意識的活動而已；在她的行動裏找不出社會的根據；即便有，也是極微極微的。她只是隨遇而安：誰能給她以依託。她便會跟誰去變好或變壞，而這一切都是極端的偶然。只不過小說「蒙上了一重社會問題的皮相」。在結構上和文章上，都並不出色，可是它的描寫人物卻是非常成功的。劉大杰也寫了《讀郁達夫的〈她是一個弱女子〉》，對小說的評價則是讚賞的居多。第一，和以往的作品相比，認為作者轉變了作風，拋棄了自己，把題材擴張到社會的各方面去了。第二，是成功地寫出了小說中三個女性的個性。「三個性情思想完全不同的女性，一點也不模糊，一點也不矛盾地展現在我們的眼前。」〔註5〕但是，他認為小說還是有一點掩不住的缺點，就是結尾太急迫，使得前後不相協調。

〔註4〕郁達夫《後敘》，《她是一個弱女子》，上海湖風書局1932年版。
〔註5〕劉大杰《讀郁達夫的〈她是一個弱女子〉》，《申江日報》1932年9月25日。

　　初版本書前有《題辭》：「謹以此書，獻給我最親愛，最尊敬的映霞。一九三二年三月達夫上。」作者寫下這句題辭是有緣由的。據《王映霞自傳》（臺灣傳記文學出版社 1990 年 10 月版）中的介紹，這部小說寫作還有另外一些情況值得參考：1932 年陰曆初八，郁達夫陪妻子王映霞去旅館看望她的好友劉懷瑜，由於是好友見面，越談越熱烈，當晚王住在旅館，郁達夫獨自回家。由於懷疑王映霞與劉懷瑜有同性戀傾向，因此他負氣出走，就是在這種奇異的情緒下，作者寫出了《她是一個弱女子》〔註6〕。小說寫完後，郁達夫的氣也消了，覺得錯怪了王映霞。所以，特別在書前寫下這一句題辭，以示自己對妻子的歉意。

　　儘管小說初版極為順利，但是它的命運可謂坎坷。當年六月份就被上海市國民黨當局指為「普羅文藝」遭到查禁。1932 年 12 月，湖風書局因《北斗》雜誌被禁而連累被封。《她是一個弱女子》的紙型轉讓給現代書局。現代書局為了躲過檢查，倒塡年份（版權頁表明是一九二八年 12 月 1 日初版，3000 冊），於同年 12 月印出了現代書局第一版（廣告見上）。但立刻又被禁止，這回的罪名是「妨害善良風俗」。經過交涉，當局允許該書進行刪改後可以出版，指定刪改的內容不是那些所謂妨害善良，而是刪改涉及革命、共產黨等政治性內容的文字。迫於當局的淫威，郁達夫只得按當局的要求對小說內容進行了部分修改，並改書名為《饒了她》（廣告見上），因為書中吳一粟說過：「饒了她，饒了她，她是一個弱女子！」初版書名用的是下半句，刪改本用的是上半句。這個書名還有雙關含義，作者選用它，既是對當局檢查機關的諷刺，也是對當局查禁該書的一個抗議。但是，儘管作者刪改了部分內容，改書名為《饒了她》，但還是未能躲過當局的書刊審查。1934 年 4 月，國民黨當局又說此書有「詆毀政府」，不但禁止繼續出版，連存書也一併沒收。〔註7〕

〔註6〕王映霞《王映霞自傳》，第 108～110 頁，臺灣傳記文學出版社 1990 年 10 月版。

〔註7〕唐弢《晦庵書話》，第 105 頁，生活・讀書・新知三聯書店 1998 年版。

納入左翼文學的《南北極》

南北極（改訂本）　穆時英作　現代書局 1933 年 1 月版
　　版式 三十二開　頁數 二七五頁　定價 七角五分
請讀這批評

　　施蟄存先生——我們特別要向讀者推薦的，是《咱們的世界》的作者穆時英先生，一個能使一般徒然負著虛名的殼子的「老大作家」羞慚的新作家。《咱們的世界》在 Ideologie 上固然是欠正確，但是在藝術上面是很成功的。這是一位我們可以加以最大希望的青年作者。

　　文藝新聞——穆君的文字是簡潔，明快而有力，確是適合於描寫工人農人的慷爽得氣概，和他們有了意識的覺悟後的敢作敢爲的精神。所以我最初看到穆君的這種作品，我覺得他若能用這種文字去描寫今日的過著鬥爭生活的工農的實際生活，前途實是不可限量。

　　傅東華先生——在四月底買到了剛出版的寫明著是一月十日的《小說月報》——中國歷史最久的文藝雜誌，中有使人驚奇的創作《南北極》一篇。先不談這篇創作的筆調像誰，我覺得不像誰，而也許要比那類似的別的筆調較好的。是生動，別致，簡潔，沉著的調皮。……這篇創作非但在小說自身完成了它的價值，也可以作爲新興電影的極好的材料。

　　杜衡——關於《南北極》那一類，我到現在還相信，他的確替中國的新文藝創造了一個獨特的形式。在文學大眾化的問題被熱烈地提出之前，時英是已經巧妙地運用著純熟的口語來造出了一種新形式的，而不是舊形式的作品。只就文字一方面而言，像這樣的作品（以及天翼一部分作品）是比無論

多少關於大眾化的「空談」重要得多的。

北斗——以流氓的意識作基調，作者頗能很巧妙地用他的藝術手腕把窮富兩層的絕對懸殊的南北極般的生活寫出來，給我們一個深刻的印象⋯⋯這些地方都可以說是作者的技巧得到了成功的地方。

錢杏邨先生——作者的表現力量是夠的，他能以發掘這一類人物的內心，用一種能適應的藝術的手法強烈的從階級對比的描寫上，把他們活生生地烘托出來。文字技術方面，作者是已經有了很好的基礎，不僅從舊的小說中探求了新的比較大眾化的簡潔，明快，有力的形式，也熟習了無產者大眾的獨特的為一般知識分子所不熟習的語彙。

廣告載《現代》第 2 卷第 5 號，1933 年 3 月 1 日

1930 年 2 月 15 日，在《新文藝》第 1 卷第 6 號上，發表了年僅 18 歲的穆時英的第一篇小說《咱們的世界》。編者施蟄存非常驚異這篇小說，不僅置於頭篇，還在《編輯的話》中向讀者特別推薦說：「穆時英先生，一個在讀者是生疏的名字，一個能使一般徒然負著虛名的殼子的『老大作家』羞愧的新作家。《咱們的世界》在 Ideologie 上固然是欠正確，但是在藝術方面是很成功的。這是一位我們可以加以最大的希望的青年作者。」〔註1〕這篇小說的發表標誌著穆時英登上文壇，嶄露頭角。因著編輯的喜愛，在《新文藝》第 2 卷第 1 號（3 月 15 日）上又發表他的另一篇小說《黑旋風》，還置於「創作小說」欄目頭條。稍後，經施蟄存大力推薦，《小說月報》第 22 卷第 1 期（1931 年 1 月 10 日）上刊登了穆時英的又一篇小說《南北極》。四個月後的 5 月 10 日，在《青年界》第 1 卷第 3 期上，又發表小說《手指》。

由於他這幾篇都是用地道的工人口吻，敘述工人的生活和思想，很快引起了左翼文壇的注意。左聯機關刊物《北斗》在創刊號和第 2 卷第 1 期，以及《文藝新聞》第 43 號上發表的寒生評《南北極》、錢杏邨的《一九三一年文壇之回顧》。巴爾的《一條生路與一條死路——評穆時英君的小說》都是從文字技術方面，肯定穆時英從舊小說中探求了新的比較大眾化的簡潔、明快、有力的形式，熟悉了無產者大眾的獨特的為一般智識分子所不熟悉的語彙，「幾乎被推為無產階級文學的優秀作品」。〔註2〕但在思想上，卻都一致認為

〔註 1〕施蟄存《編輯的話》，《新文藝》第 1 卷 6 號，1931 年 2 月 15 日。
〔註 2〕施蟄存《沙上的腳迹》，第 22 頁，遼寧教育出版社 1995 年版。

有著非常濃重的流氓無產階級的意識。如寒生的評《南北極》中就認爲作者很巧妙的用他的藝術手腕，把富窮兩層的絕對懸殊的南北極般的生活寫出來，給我們一個深刻的感印，但確也指出作者以流氓的意識作爲寫作的基調的。

　　正因爲左翼文學界人士對穆時英小說的親眛，使得他第一個短篇小說集《南北極》編入由湖風書局（封面署「春光書店」）出版，「左聯」負責編輯的《文藝創作叢書》，並於 1932 年 1 月 20 日出版。收入《黑旋風》、《咱們的世界》、《手指》、《南北極》、《生活在海上的人們》5 個短篇。1933 年 1 月 20 日，《南北極》改定本由現代書局出版，在《現代》上的廣告就是摘引了六段批評文字。改定本加入了 1932 年發表的《偷麵包的麵包師》（發表於《現代》第 1 卷 2 期，1932 年 6 月 1 日）、《斷了一條胳膊的人》（發表於《現代》第 1 卷 4 期，1932 年 8 月 1 日）、和《油布》（發表於《青年界》第 2 卷 4 期，1932 年 11 月 20 日）3 個短篇。因爲他覺得「這八篇東西的氣分是一貫的」〔註3〕。1935 年 3 月，政府當局以「普羅意識」爲由查禁該書。後復興書局於 1936 年以湖風書局原紙型重印。

〔註 3〕穆時英《改定本題記》，《南北極》，上海現代書局 1933 年版。

短篇小說集《南北極》改定本共 8 篇小說。《黑旋風》寫汪大哥因女友拋棄了自己而傾心於男學生，出於氣憤，便出手打傷了男學生和女友，自己也被巡警抓住而坐了三個月的牢。《咱們的世界》寫李二爺從小父母雙亡，隨舅父過活，被社會逼得走投無路才淪爲海盜。他開始瘋狂地報復社會，但他的報復也改變不了整個社會。《手指》寫翠姐去絲廠剝繭，因不堪忍受手浸在水裏的疼痛，不肯把手伸進水裏去，卻遭到拿麻溫的毒打致死。《南北極》寫小獅子被他青梅竹馬的戀人拋棄。他憤怒地來到上海，給大公館當保鏢，受到老爺、少爺、小姐的壓迫，最後，他打了老爺和小姐，連夜逃走了。《生活在海上的人們》寫以馬二爲代表的漁民，由於不堪忍受財主、惡霸的剝削而奮起反抗，打死了壓迫者，圍攻了縣長，但最後還是遭到了鎮壓。《偷麵包的麵包師》寫麵包師整天在做精美的麵包，爲了滿足自己的母親和孩子吃一次麵包，在母親的生日那天偷了一個蛋糕來孝敬老人，但最後被監工發現遭到了解雇。《斷了條胳膊的人》寫磚廠工人老林不愼在工作中被機器切斷了一條胳膊，被廠方以幾十塊錢打發後並遭到辭退，妻子被迫去當傭人，兒子因乏人照顧病死，老林極度痛苦，想與開除了他的廠長拼命，最後還是接受了現實，放棄了刺殺廠長，繼續艱難地活下去。

《南北極》中的小說主要以一些工廠的工人、闖蕩江湖的流民等社會底層小人物爲描寫對象，塑造了一群具有野性生命力的底層民眾。這些被生活擠出正常軌道的人們，有著反叛精神，充滿了「水滸氣」和原生態的野性，但他們又具有粗野的流氓無產者的氣質。如《黑旋風》中的「我」就是處處以《水滸》裏的規範爲理想的。《咱們的世界》裏的「我」則是壞著「這個世界是沒有理數兒的：有錢的是人，沒錢的是牛馬」的信念闖蕩江湖，打劫行兇，有著義氣和粗糙而暴戾的靈魂。《生活在海上的人們》中的「我」，在唐先生的組織下，參加了反對財主和漁霸的風暴，但在刀光火色中又顯出反抗的盲目性和破壞性的特徵。他的小說創作通過這些流民宣泄了對社會的不滿和詛咒。作者在小說初版時寫了《作者附誌》：

> 春天是快樂的，可是春天是某階級的特有物，它是不會跑到生活在海上的人們的生活中去的。他們是老在海上過著冬天的生活的；可是，冬天來了，春天還會不會來嗎？總有這麼一天的，春天會給他們和他們的朋友搶了去。我希望這一天的來臨。夥計，等著瞧，快了！

　　可見，作者卻也包含了對社會底層民眾生活的同情，希望他們有朝一日得以改變自身的處境。

　　儘管穆時英的小說具有普羅文學的色彩，但與真正的普羅文學具有明顯的距離。如舒月的《社會渣滓堆堆的流氓無產者和穆時英的創作》就認為穆時英的生活不能和思想的傾向一致，他的小說「題材不是普羅階級的正面鬥爭，也談不到集團的政治意識，所以絕對不是一個普羅作品」。〔註4〕對於左翼批評家的嚴厲批評，穆時英在《改定本題記》也進行了回應，他說他寫小說更多是「抱著一種實驗及鍛鍊自己的技巧的目的寫的——到現在我寫小說的態度還是如此——對於自己所寫的是什麼東西，我並不知道，也沒想知道過，我所關心的只是『應該怎麼寫』的問題。發表了以後，蒙諸位批評家不棄，把我的意識加以探討，勸我充實生活。勸我克服意識的不正確份子，那是我非常地感謝的，可是使我衷心感激的卻是那些指導我技巧上的缺點的人們。」〔註5〕

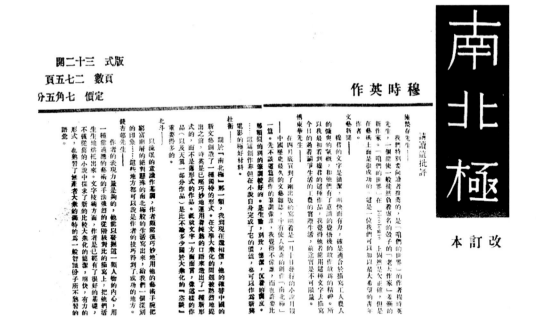

<hr>

〔註4〕舒月《社會渣滓堆堆的流氓無產者和穆時英的創作》，《現代出版界》1932 年 7 月 1 日。

〔註5〕穆時英《改定本題記》，《南北極》，上海現代書局 1933 年版。

　　除了在題材上的特色外，小說在藝術上所取得的成就也頗爲突出。當時的文學評論家們對穆時英描寫階級對立視角的獨特、形式的新穎和藝術手腕的巧妙，紛紛給予肯定，並把穆時英視作當年中國文壇的重要收穫。作者的朋友杜衡甚至認爲他爲中國的新文藝創造了一種獨特的形式，「在文學大眾化的問題被熱烈地提出之前，時英是已經巧妙地運用著純熟的口語來造出了一種新形式的，而不是舊形式的作品。只就文字一方面而言，像這樣的作品（以及天翼一部分作品）是比無論多少關於大眾化的「空談」重要得多的。」〔註6〕連一向挑剔的蘇雪林也給予很高的評價：「《南北極》的故事雖然不足爲訓，文字卻有射穿七箚，氣吞全牛之概。他用他那特創的風格，寫出一堆粗狂的故事，筆法是那樣的精悍，那樣的潑辣，那樣的大氣磅磅礴，那樣的痛快淋漓，使人初則戰慄，繼則氣壯，終則好像自己也恢復了原始人的氣質，雖野蠻令人可怕，卻也能擺脫數千年虛僞禮文和習俗的束縛，得到幕天席地，獨來獨往的自由，可以治療我們文明人的神經衰弱症。」〔註7〕

　　正如錢杏邨所預言的那樣：「橫在他的前面的，是資產階級代言人與無產階級代言人的兩條路，走進任何一方面，他都有可能」。〔註8〕正當左翼文壇對穆時英寄予厚望，期待他沿著《南北極》的方向有所突破時，穆時英卻在創作上來了個意想不到的大轉變。1933年，他出版了第二本小說集《公墓》，轉而描寫光怪陸離的都市生活，其描寫的對象，也都是在充滿誘惑的都市背景下，迷戀於聲色之間的都市男女。作者在《〈公墓〉自序》說：「世界充滿了工農大眾，重利盤剝，天明，奮鬥……之類的。可是，我卻就是在我的小說裏的社會生活著的人。」「我不願像現在許多人那麼地把自己的眞面目用保護色裝飾起來，過著虛僞的日子，喊著虛僞的口號，一方面利用著群眾的心理，政治策略，自我宣傳那類東西來維持過去的地位，或是抬高自己的身價。我以爲這是卑鄙的事，我不願意做。說我落伍，說我騎牆，說我紅蘿蔔剝了皮，說我什麼可以，至少我可以站在世界的頂上。大聲地喊：『我是忠實於自己，也忠實於人家的人』」〔註9〕。可見，他決心告別他曾經關注的社會底層民眾，轉而以20世紀30年代大上海廣闊的社會生活爲場景，開掘都市生活

〔註6〕杜衡《關於穆時英的創作》，《現代出版界》第9期，1933年2月1日。
〔註7〕蘇雪林《新感覺派穆時英的作風》，《蘇雪林文集》第三卷，第417頁，安徽文藝出版1996年版。
〔註8〕錢杏邨《一九三一年文壇之回顧》，《北斗》第2卷1期，1932年1月20日。
〔註9〕穆時英《〈公墓〉自序》，《公墓》，上海現代書局1933年版。

的現代性和都市人靈魂的喧嘩和騷動，特別是把沉溺於都市享樂的摩登男女的情慾世界描繪出來。自此，三十年代文壇上少了一個左翼作家，但卻多了一個「新感覺派聖手」。

1933 年的《子夜》

介紹《子夜》

本書爲茅盾新作，一部三十余萬言的長篇小說。作者以一九三○年在世界經濟恐慌與國內戰爭交迫下的中國社會經濟現象作爲題材，支配了八十多個人物。從民族工業的衰敗到勞資鬥爭，從現金集中上海到公債投機的熱狂，從內戰的猛烈到一般社會的恐慌乃至頹廢享樂，——一切衰潰期中的社會現象都有了深刻的描寫。「中國社會到底是一個怎樣的社會呢？」這是近年來許多人的爭論題目。茅盾在這部三十余萬言的小說內也就企圖作一個解答。可是這樣的一個社會科學上的題目經作者以藝術的手腕寫出來。全書三十余萬言卻沒有一些乾燥無味的地方。故事的穿插，人物個性的描寫，都比作者前此諸長篇更見縝密深刻。尤其在結構方面，全書自首至尾是戲劇的動作，非常的緊張。中國新文壇自有長篇小說以來，大多數的題材尚屬知識份子的青年男女生活。這部《子夜》雖也有青年男女生活的描寫，而主要題材卻是廣闊得多了。書由開明書店出版，實價一元五角。

廣告載《東方雜誌》第 30 卷第 1 號，1933 年 1 月 1 日

子夜　茅盾作　開明書店 1933 年 1 月初版

全書計三十餘萬言　排成五百七十餘頁　二十五開本一厚冊　每冊實價一元四角

本書爲茅盾最近創作，描寫一九三○年的中國社會現象。書中人物多至八九十，主角爲工業資本家，金融資本家，工人，和知識分子青年等四類。書中故事除工業資本家與金融資本家的利害衝突爲總結構外，又包括了許多互相關連的小結構，如農村騷動，罷工，公債市場上的鬥爭，青年的戀愛等，

成爲複雜生動的描寫。全書文字多至三十餘萬言，而首尾經過的時間，不過兩月，即此可見全書動作之緊張。

廣告載《中學生》第 32 期，1933 年 2 月 1 日

1927 年大革命失敗後，中國共產黨內部對中國的社會性質的認識出現了分歧。論爭先是在中國共產黨黨內進行，以陳獨秀、李立三爲對立的代表。論爭很快從共產黨內擴展到社會，以陶希聖爲代表的新生命派（因《新生命》雜誌而得名），以汪精衛爲代表的國民黨改組派，以胡適爲代表的資產階級改良派，紛紛撰文發表自己的觀點或主張。他們有的提出「中國封建制度崩壞論」，把秦漢至清朝稱之爲「商業資本主義社會」，而鴉片戰爭後中國社會的性質「是帝國主義壓迫之下的商業資本主義社會」；有的否認中國有封建階級和封建制度；有的認爲中國的問題全在於「五鬼（即貧窮、疾病、愚昧、貪污和擾亂）鬧中華」。儘管派別不同，但他們都認爲中國已是資本主義社會，中國的民族資產階級可以在中國建立歐美式的資產階級政權。茅盾沒有親自參與這場論戰，但他一直對此給予了關注，他對中國社會性質以及中國的民族資產階級有自己的認識。正是因爲與某些論戰者觀點的不同，作爲小說家的他想以自己的創作來給予反駁。而他的創作就是後來確定爲《子夜》的長篇小說。所以，這部小說的創作動機就是「想用形象的表現來回答托派和資產階級學者：中國沒有走向資本主義發展的道路，中國在帝國主義、封建勢力的官僚買辦階級的壓迫下，是更加半封建半殖民地化了。……中國的民族資產階級的前途是非常暗淡的。它的軟弱而且動搖。當時，它們的出路只有兩條：投降帝國主義，走向買辦化，或者與封建勢力妥協。」〔註 1〕

小說構思大約始於 1930 年春夏之交，茅盾因神經衰弱，胃病，眼疾，不能讀書作文，只得每天訪親問友權作休養。但在與朋友們的交往期間，收集整理了大量的寫作材料，並寫下了大綱，列出了人物表等。1931 年暑假之前開始，茅盾開始寫作。原來他的計劃非常宏大：打算一面寫農村，另方面寫都市，寫一部農村與城市的「交響曲」，具體分爲都市部分和農村部分，都市部分計劃寫三部曲，包括《綿紗》、《證券》和《標金》。但是，寫完三部曲的提綱後，覺得這種形式不甚理想。寫作過程中，茅盾又轉而寫中篇小說《路》，中途又患眼疾被迫休息三個月，而在這休息期間，茅盾的想法發生了改變，

〔註 1〕茅盾《我走過的道路》（上），第 482 頁，人民文學出版社 1997 年版。

決心改變原來的計劃，不寫三部曲而寫以城市爲中心的長篇。「因爲中間停頓了一下，興趣減低了，勇氣也就小了，並且寫下的東西越看越不好看，照原來的計劃範圍太大，感覺到自己的能力不夠。所以把原來的計劃縮小了一半，只寫都市的而不寫農村了。」〔註2〕而在寫作這部小說之初，瞿秋白從蘇聯回到了國內，茅盾與瞿秋白恢復了聯繫。由於瞿秋白不但參與了實際的政治鬥爭，而且對文學也頗有造詣。在瞿秋白與茅盾的密切接觸中，茅盾把自己正在寫的小說的寫作計劃、情節構思等告訴了瞿秋白。瞿也十分感興趣，向茅盾提出了許多建議，如建議改變吳蓀甫、趙伯韜兩大集團最後握手言和的結尾，改爲一勝一敗。把吳蓀甫坐的福特轎車建議改爲雪鐵龍，還建議寫出吳蓀甫慘敗後憤怒絕頂而又絕望就要破壞什麼乃至獸性發作的行爲，等等。茅盾在部分接受瞿秋白的建議的基礎上，又把原定的計劃再次縮小，重新改寫了分章大綱。到 1932 年 12 月 5 日，小說終於脫稿。從構思到完稿，歷時二年半左右的時間。

當書稿完成到一半時，應《小說月報》主編鄭振鐸之請，打算從 1932 年年開始在《小說月報》連載。爲了連載，據作者自己說，他爲小說的題名曾擬了三個：夕陽、燎原、野火，後來決定用《夕陽》，署名爲逃墨館主。但不料突然發生「一二八」上海戰事，商務印書館爲戰爭所毀，《小說月報》從此停刊，交去準備連載的稿子被毀，幸虧還留有原稿。儘管小說未能在《小說月報》上刊出，但後來小說有兩章曾發表在中國左翼作家的機關刊物《文學月報》上，具體的發表情況是：小說第二章以《火山上》爲題發表在《文學月報》第 1 期（1932 年 6 月 10 日），第四章以《騷動》爲題，發表在《文學月報》第 1 卷第 2 期（1932 年 7 月 10 日）。小說完稿後，很快送往開明書店排印，1933 年 1 月底，開明版《子夜》就宣告問世，葉聖陶特爲此書寫了宣傳廣告（如

―――
〔註 2〕茅盾《〈子夜〉是怎樣寫成的》，《新疆日報》副刊《綠洲》，1939 年 6 月 1 日。

上引）。《子夜》爲大 32 開本，全書 19 章，577 頁，前邊沒有序言，書後有作者的《後記》。初版爲報紙印，平裝一厚冊，封面爲灰綠色的，只有葉聖陶寫的「子夜」兩個篆字（據朱金順先生考證，《子夜》還在 1933 年 4 月出過一次米色道林紙印的初版布面精裝本）。而扉頁上又有葉聖陶寫的「子夜」兩個行書，而行書的背景卻是以「The Twilight: a Romance of China in 1930」這句英文連續不斷地斜行排在一起。

小說《子夜》以 1930 年上海這個大都市爲背景，集中到 1930 年 5 月到 7 月兩個多月的時間裏，以民族資本家吳蓀甫爲中心和買辦金融資本家趙伯韜的矛盾、鬥爭爲主線，生動、深刻地反映了當時的社會面貌。開始，買辦資本家趙伯韜找到吳蓀甫和他的姐夫杜竹齋，拉攏他們聯合資金結成公債大戶「多頭」，想要在股票交易中賤買貴賣，從中牟取暴利。初次合作，雖小有波瀾而最終告捷。而吳蓀甫又聯合其他資本家組成信託公司，想大力發展民族工業，因而與趙伯韜產生了矛盾。趙伯韜依仗外國的金融資本做後臺，處處與吳蓀甫作對，加上軍閥混戰、農村破產、工廠的工人怠工、罷工，使他身不由己地捲入到了買空賣空的投機市場來。公債的情勢危急，趙伯韜操縱交易所的管理機構爲難賣空方吳蓀甫。幾近絕望的吳蓀甫把僅存的希望放在杜竹齋身上。千鈞一髮之際，杜倒戈轉向趙一邊。吳蓀甫徹底破產了。與此同時，小說又寫到了吳蓀甫與同行，與裕華絲廠工人，與雙橋鎮農民及家庭內部的種種矛盾和糾葛。作者通過對民族資本家吳蓀甫等人物的刻畫，史詩性的再現了中國民族工業在帝國主義、買辦資產階級、統治階級重壓下的悲劇命運。小說以俯視的視角，整體展示這座現代都市的方方面面：資本家的豪奢客廳、夜總會的光怪陸離、工廠裏錯綜複雜的鬥爭、證券市場上聲嘶力竭的火拼，以及詩人、教授們的高談闊論、太太小姐們的傷心愛情，都被組合到《子夜》的情節裏。同時，作家又通過一些細節，側面點染了農村的情景和正發生的

中原的戰爭，更加擴大了作品的生活容量。

　　小說問世之後，也揭開文壇對《子夜》的評論熱潮。據筆者粗略統計，僅 1933 年在報刊上問世的書評就達 20 餘篇，1934 年問世的書評 10 餘篇，其他年份也問世了不少關於《子夜》的評論文章。主要分三類。一類是以肯定爲主。以瞿秋白和吳宓的書評爲代表。瞿秋白不但參與了《子夜》的具體寫作，小說初版後也迅速地發表了書評《〈子夜〉和國貨年》，高度評價了《子夜》的藝術成就和歷史地位。他認爲：「這是中國第一部寫實主義的成功的長篇小說，帶著很明顯的左拉的影響（左拉的『Largent』──《金錢》）。自然，它有許多缺點，甚至於錯誤。然而應用眞正的社會科學，在文藝上表現中國的社會階級關係，這在《子夜》不能夠說不是很大的成績。」所以，他自信地宣稱：「1933 年在將來的文學史上，沒有疑問的要記錄《子夜》的出版」。〔註 3〕4 個月後，瞿秋白又發表了《讀〈子夜〉》，再次評價了《子夜》的文學史意義：「在中國，從文學革命後，就沒有產生過表現社會的長篇小說，《子夜》可算是第一部；⋯⋯從『文學史時代的反映』上看來，《子夜》的確是中國文壇上新的收穫，這可說是值得誇耀的一件事。」〔註 4〕吳宓在讀了《子夜》後，以筆名「雲」發表了《茅盾著長篇小說〈子夜〉》，認爲《子夜》是「近頃小說中最佳之作也」。「第一，以此書乃作者著作中結構最佳之書。」「第二，此書寫人物之典型性與個性皆極軒豁，而環境之配置亦殊入妙。」「第三，茅盾君之筆勢俱如火如荼之美，酣姿噴微，不可控搏。」〔註 5〕

　　另一類是在肯定中有批評，以朱明、吳組緗等爲代表。朱明在《讀〈子夜〉》一文中首先肯定了《子夜》：「這是自他三部曲以來的第一篇力作，在我們中國新文學，也是第一次發現的巨大著作。」並稱茅盾爲中國的辛克萊。但也指出了作品的缺點，由於作者近乎與小資的「同路人」，因而缺少批評精神。「他在寫得很少的工人運動中，又不能忘情地著力描寫工作人員的性苦悶衝動的不能自持。因爲這是他的拿手，這是使他自己陶醉的地方。所以他把這一方面的現象寫了出來，爲能用另一方面的正面人物去把這氣氛克服過來。」「他還是根本以小資產階級的立場來觀察社會，來體味生活的，⋯⋯始終不肯從正面把群眾眞切有力的寫出來，卻把組織以外的張素素小姐的求刺

<hr>

〔註 3〕樂雯（瞿秋白）《〈子夜〉和國貨年》，《申報・自由談》，1933 年 4 月 3 日。
〔註 4〕施蒂而（瞿秋白）《讀〈子夜〉》，《中華日報》，1933 年 8 月 13 日。
〔註 5〕雲《茅盾著長篇小說〈子夜〉》，《大公報》（天津）1933 年 4 月 10 日。

激的以及臨陣惶恐而失卻自主的奔逃的心裏作爲主要描寫。」〔註6〕吳組緗也發表了《評茅盾〈子夜〉》，肯定小說「在消極的意義上暴露了民族資產階級的沒落，積極的意義上宣示著下層階級的興起」。他指出：「社會科學者用許多嚴密精審的數字告訴我們：中國社會經濟已走上怎樣的一個山窮水盡境界。——但這些都只是抽象的數字的概念。如今《子夜》就給我們這些數字，抽象的概念以一個具體的事實的例證。」他也指出了小說的缺點，如表現「下層階級的興起不力，描寫土豪曾滄海的家庭」，「破壞了本書的統一」，文字「時有勉強不自然的毛病」。〔註7〕

介紹「子夜」

本書爲茅盾新作一部三十餘萬言的長篇小說作者以一九三〇年在世界經濟恐慌與國內戰爭交迫下的中國社會經濟現象作爲題材支配了八十多個人物從民族工業的衰敗到勞資鬪爭從現企業中上海抛公債投機的熱狂從內戰的猛烈到一般社會的恐慌乃至頹廢享樂——一切民階期中的社會現象都有了深刻的描寫。

一中國社會到底是一個怎樣的社會呢？這是近年來許多人的爭論马茅盾在這部三十餘萬言的小說內也就企圖作一解答可是這樣一個社會科學上的題目經作者以藝術的手腕寫出來全書三十餘萬言却沒有一些乾燥無味的地方故事的穿插人物個性的描寫而比諸長篇更見縝密深刻尤其在結構方面全書自首至尾是戲劇的動作非常緊張中國新文壇自有長篇小說以來大多數的題材倘屬知識分子的青年男女生活這部子夜雖也有青年男女生活的描寫而主要題材却是廣闊得多了書由開明書店出版實價每册一元五角

〔註6〕朱明《讀〈子夜〉》，《出版消息》第 9 期，1933 年 4 月 1 日。
〔註7〕吳組緗《評茅盾〈子夜〉》，《文藝月報》第 1 卷 1 期，1933 年 6 月 1 日。

第三類是以否定為主。以曹聚仁和常風的書評為代表。陳思（曹聚仁）的《評茅盾〈子夜〉》應該是小說出版後的第一篇評論，但他對《子夜》的評價並不高，認為全文枝蔓太多，中心人物不突出，個別人物的轉變也寫得比較可笑，許多配角有頭無尾，書名還不如改為《交易所外史》。〔註 8〕禾金的書評既對小說有肯定也有批評，認為「從中國的新文藝產生以來，到現在為止，《子夜》還是一部在含量上突破一切記錄的創作長篇小說。……在各方面看，它是近年來較可注意的一個文藝產物。」但是他有認為全書在技術上是非常失敗的，一方面覺得故事和篇幅不太調和，行文上顯出了慌亂的變動。另一方面又覺得故事太多，篇幅太短。指出茅盾「滿心要寫『中國的社會現象』，結果卻只寫成了一部『資產階級生活素描』，或是『××鬥法記』而已。」〔註 9〕常風認為《子夜》是一個失敗之作，「子夜」是企圖在一個較緊嚴的結構內從一個中心的題材，中心的人物展開那時代和各種活動，如說《蝕》中的人物缺乏生命，則《子夜》中的人物類乎『精靈』──這不是他們空靈超凡，而是說他們飄飄蕩蕩，捉摸不定。」〔註 10〕

應該說，小說問世後引起的絕大多數書評都是在堅持學理立場的公開爭鳴。但是也有部分批評者甚至出現了肆意的歪曲的評論，如韓侍桁在《〈子夜〉的藝術思想及人物》一文中幾乎對小說持完全否定的態度，「它是一部偉大的作品，但它的偉大只在企圖上，而並沒有全部實現在書裏。」「它雖然有著巨大的企圖，但它並沒有尋到怎樣展開他的企圖的藝術」。「因為作者不能藝術地表現出他的巨大的企圖，於是把所有的公式的，理論的，術語的長篇大套的言談裝進在人物的口裏，而這書便不能不成為乾燥無味的東西了。為調和讀者的興趣，我的作家，也像現今一般流行的低級的小說一樣地，是設下了許多色情的人物與性欲的場面。」〔註 11〕最後他還聲明「我不是從無產階級文學的立場來觀察這書以及這作者，如果那樣的話，這書將更無價值，而這作者將要受到更多的非難。」顯然，韓侍桁的看法是站在庸俗主義的立場，試圖通過否定《子夜》來否定左翼文藝運動的目的的。他的觀點很快就遭到

〔註 8〕陳思《評茅盾〈子夜〉》，《濤聲》第 2 卷 5 期，1933 年 2 月 18 日。

〔註 9〕禾金《讀茅盾的〈子夜〉》，《中國新書月報》第 3 卷 2、3 號合刊，1933 年 3 月。

〔註 10〕常風《茅盾：〈泡沫〉》，《棄餘集》，第 58 頁，北京新民印書館 1944 年版。

〔註 11〕侍桁《〈子夜〉的藝術，思想及人物》，《現代》第 4 卷 1 期，1933 年 11 月 1 日。

了馮雪峰的反駁，在《〈子夜〉與革命的現實主義的文學》中，馮雪峰首先就揭露了韓侍桁否定《子夜》的目的：「無非是想證明公認的革命作家的茅盾並非革命作家，於是茅盾就一定降低了作家的地位，這樣也就證明了普洛革命文學不能成立，如此而已」。他指出「《子夜》並且是把魯迅先驅地英勇地開闢的中國現代文學的戰鬥的文學的路，現實主義的創作的路，接引到普洛革命上來的『里程碑』之一。」〔註 12〕他的論斷也首次揭示了《子夜》在中國現代文學史上的重要價值和歷史地位。

除了以上列舉的書評外，還有余定義的《評〈子夜〉》（《戈壁》第 1 卷第 3 期，1933 年 3 月 1 日）、盧藝植《讀〈子夜〉》（《讀書與出版》第 2 卷第 3 期，1933 年 5 月）、國梅《子夜》（《中學生》第 36 期，1933 年 6 月 1 日、林樾的《子夜》（《東方文藝》第 1 卷 5、6 期合刊，1933 年 6 月 15 日）、楊邨人的《茅盾的〈子夜〉》（《時事新報‧星期學燈》，1933 年 6 月 18 日）、徐泉影的《子夜》（《學風》第 3 卷 6 期，1933 年 7 月 15 日）、芸夫的《〈子夜〉中所表現現階段的中國經濟的性質》（《中學生》第 41 期，1934 年 1 月 1 日）、李辰冬的《讀茅盾的〈子夜〉》（天津《大公報》，1934 年 9 月 22 日）、門言的《從〈子夜〉說起》（《清華周刊》第 39 卷第 5、6 期合刊，1933 年 4 月 19 日）、朱自清的《子夜》（《文學季刊》第 1 卷第 2 期，1934 年 4 月 1 日）、郭雲浦的《〈子夜〉與〈紅樓夢〉》（《青年界》第 8 卷第 4 期，1935 年 11 月）、姜松如等的《讀書錄：〈子夜〉》（《紫晶》第 9 卷 1 期，1935 年 9 月 1 日）、蕭三的《論長篇小說〈子夜〉》（見 1937 年蘇聯國家文學出版社俄文版《子夜》）、鄭學稼《茅盾論》（《文藝青年》第 2 卷 4、5 期合刊，1941 年 12 月 1 日）、唐湜《師陀的〈結婚〉》（《文訊》第 8 卷第 3 期，1948 年 3 月 15 日）、林海的《〈子夜〉與〈戰爭與和平〉》（《時與文》第 3 卷第 2 期，1948 年 9 月 24 日）等，這些作者在文章中都對《子夜》發表了自己的看法，儘管他們都指出了小說在故事情節、結構以及作者意識上的缺點，但大多是還是肯定了《子夜》在文學史上的價值和地位。筆者認為，在《子夜》中，儘管茅盾描寫三十年代中國社會縮影的創作意圖未能完全實現，但他以「兼具文藝家寫創作於科學家寫論文的精神」〔註 13〕力圖實現對時代精神的形象塑造，在繼承中外長篇小說

〔註 12〕 馮雪峰《〈子夜〉與革命的現實主義的文學》，《木屑文叢》第 1 輯，1935 年 4 月 20 日。

〔註 13〕 葉聖陶《略談雁冰兄的文學工作》，《新華日報》1945 年 6 月 24 日。

營養的基礎上，對長篇小說結構藝術、敘事藝術的創新，對小說人物的細緻刻畫等方面均取得了很高的成就，歷史已經證明，《子夜》不但是茅盾的代表作，也是左翼文藝運動的重要收穫，《子夜》與巴金的《家》、老舍的《駱駝祥子》一起代表了三十年代新文學長篇小說的最高成就。

　　與批評界的評論熱潮相呼應的是該書在讀者中間引起了巨大轟動。《子夜》一出版，立刻脫銷，不到三個月，重版 4 次，初版 3000 冊，再版 5000 冊。遠在北京的某書店一天之內售出《子夜》100 多冊。據茅盾自己介紹，「連向來不看新文學作品的資本家少奶奶、大小姐，現在都爭著看《子夜》，因為《子夜》描寫到她們了。」〔註 14〕一時間，爭閱《子夜》成為上海市民的一種時髦，不少人還組織「子夜會」進行學習討論。甚至連舞女也談《子夜》。《子夜》儼然成為了 1933 年的的暢銷書。《子夜》的暢銷以及熱評引起了國民黨當局的恐慌。1934 年 2 月，國民黨中央黨部以「鼓吹階級鬥爭」的罪名，查禁 149 種著作，矛盾的《子夜》就在被查禁之列。後來經開明書店的據理力爭，《子夜》列為應刪之列。檢查人員在這部書下面有如下批示：「二十萬言長篇創作，描寫帝國主義以重量資本操縱我國金融之情形。P97 至 P124（即第四章）譏刺本黨，應刪去。十五章描寫工潮，應刪改。」〔註 15〕迫於當局的淫威，從 1934 年 6 月開明書店印行《子夜》第五版開始，只得出版了 17 章的刪節本（刪節本出版過幾次，不詳，但不久又恢復到原 19 章版本，因為第九版為足本）。〔註 16〕開明版《子夜》1951 年 12 月印至第 26 版。1952 年 9 月，人民文學出版社據開明書店紙型重印，恢復到原來的 19 章版本。1954 年人民文學出版社第五次印刷時「經作者修訂，重排出版」，是為修訂本。〔註 17〕1958 年，《子夜》收入《矛盾文集》第三卷時，作者根據修訂本

〔註 14〕茅盾《我走過的道路》（上），第 516 頁，人民文學出版社 1997 年版。
〔註 15〕轉引自鍾桂松《茅盾傳》，第 140 頁，東方出版社 1996 年版。
〔註 16〕在國民黨查禁《子夜》後，巴黎進步華僑辦的「救國出版社」卻全部翻印了這本書，並在前言中高度評價了這本書。
〔註 17〕修訂本是《子夜》版本系列中修改次數最多的，刪節本改動非常明瞭，全集本改動非作者所為。修訂本在初版本基礎上改動 600 餘處，修改最多的是第 15 章，最少的是第 19 章。這些修改包括對初版本誤植的訂正、標點符號的增加和改換、字詞的改換、句子和段落的刪改。文字的修改主要在字、詞方面。而從內容上看，重要的修改又主要在性內容和革命(者)及農工人的敘述方面。其他的修改可歸為藝術加工或語言規範化方面。參見金宏宇《中國現代長篇小說名著版本校評》，第 109 頁，人民文學出版社 2004 年版。

校閱後編入。1984 年，《子夜》編入《茅盾全集》第三卷時，根「據《矛盾文集》本並參照初版本校注後編入」，附有《後記》、《再來補充幾句話》、《致德國讀者》及蒙文版序、朝文版序等。

新文學第一暢銷書《家》

巴金著　激流第一部　家　開明書店印行 1933 年 5 月初版

著者在《激流總序》中這樣説:「在這裡我所欲展示給讀者的乃是描寫過去十多年間的一副圖畫,自然這裡只有生活底一小部分,但已經可以看見那一股由愛與恨,歡樂與受苦所組織成的生活之激流是如何地在檔動了。」在本書《後記》中這樣説:「這只是一年以內的事,……然而單從這一年內大小事變的描寫,我們已經可以看到一個正在崩壞的資產階級的家庭全部悲歡離合的歷史了。這裡所描寫的高家正是一個這類家庭底典型,我們在各地都可以找到和這相似的家來。」我們從這兩段話中可以知道本書內容如何地值得注意了。全文曾經在一九三一年《時報》上發表,共二十餘萬言。現經作者增刪修改,排印成單行本,讀者連續讀去,一定比從報紙上逐日讀一小段更能得到此書的妙處。書系三十二開本,凡六百六十面,平裝一厚冊,實價大洋一元七角。

廣告載《中學生》第 38 期,1933 年 10 月 1 日

巴金的處女座《滅亡》發表在 1929 年《小説月報》第 20 卷第 1 至 4 號,同年 10 月,單行本由開明書店出版。小説問世之後很快引起文壇的注意。毛一波在《幾部小説的介紹與批評》(《眞美善》第 4 卷 5 號,1929 年 9 月 16 日)和剛果倫(錢杏邨)在《一九二九年中國文壇的回顧》(《現代小説》第 3 卷第 3 期,1929 年 1 月 15 日)中都對小説給予了好評。處女作一炮打響自然給巴金創作的動力,在朋友的建議下,模仿左拉小説的創作模式,「打算在《滅亡》前後各加兩部,寫成連續的五部小説,連書名都想出來了:《春夢》、《一生》、

《滅亡》、《新生》、《黎明》。」〔註1〕由於《春夢》屬於第一部，接下來自然要先動筆寫，這樣，巴金就在廉價的練習薄上時斷時續地寫作《春夢》。但是，在1929年7月巴金與大哥的見面卻改變了《春夢》的寫作計劃。「1929年7月我大哥來上海，我和他在一起過了一個月愉快的生活。……他常常對我談起過去的事情，我也因他而想起許多往事。我有一次對他說，我要拿他作主人公寫一部《春夢》。……我找到真正的主人公了，而且還有一個有聲有色的背景和一個豐富的材料庫。我下決心丟開杜家的事改寫離家的事。」〔註2〕巴金的大哥不但支持巴金的想法，並寫信鼓勵他：「《春夢》你要寫，我很贊成；並且以我家人物爲主人翁，尤其贊成。實在的，我的歷史可以代表一切家族的歷史。我自從得到《新青年》等書報讀過以後，我就想寫一部書。但是我實在寫不出來。現在你想寫，我簡直喜歡得了不得。」〔註3〕正因大哥的鼓勵和期待，使巴金決心構思以李家的事寫作《春夢》。

正當巴金在腦中構思新的《春夢》之際，《時報》約稿催生了新的《春夢》的問世。1931年春，巴金在爲召開世界語學會作籌備工作時，結識了與報界常有聯繫的文化人火雪明，時火雪明正受《時報》編輯吳靈緣之託，爲他物色爲報紙撰連載小說的作者。由於巴金已發表過中篇小說《滅亡》和短篇小說《房東太太》等，在文壇已有一些影響。於是火雪明代吳靈緣向巴金約稿，請他爲《時報》撰寫一部連載小說。巴金一口答應了火雪明的請求，隨即就開始投入到新《春夢》的寫作中，很快就完成了前六章的寫作。4月18日，這部作品開始在《時報》上連載，爲了擴大宣傳，報紙還在當天刊登了一則啓事，大字標題稱作者爲「新文壇巨子」。在連載的開始，巴金特爲小說寫了幾百字的《引言……》。由於小說主要是展示他自己對生活的看法，顯然原先的書名「春夢」已不妥了，於是他以「生活之激流」中的「激流」作爲小說的書名。小說開始連載的第二天，巴金就收到了家裏的電報，告知大哥堯枚服毒自殺。大哥的死使巴金認識到了罪惡的元兇，「死了的人不能復活，但是對那吃人的封建制度，我一定要打擊它，用全力打擊它！」爲了紀念大哥，

〔註1〕巴金《談〈新生〉及其他》，《巴金全集》第20卷，第399頁，人民文學出版社1993年版。

〔註2〕巴金《談〈新生〉及其他》，《巴金全集》第20卷，第401頁，人民文學出版社1993年版。

〔註3〕轉引自巴金《關於〈激流〉》，《巴金全集》第20卷，第674頁，人民文學出版社1993年版。

巴金從第七章《舊事重提》開始，決定把覺新作為這部小說的最主要角色來寫。正因為小說角色的調整以及內容上以「暴露出封建大家庭的種種醜惡」的確立。作為從大家庭裏出來的巴金十分熟悉，所以他的寫作格外流暢，以致在連載期間，他還寫了另外兩部小說，即《新生》和《愛情三部曲》中的《霧》。由於報紙的版面有限，連載一次的字數太少，使得《激流》連載的時間持續很長。自「九一八」事變以後，國人關注東北抗戰情況，報紙應讀者要求增加了許多戰地新聞，而連載《激流》的版面受到擠壓，被迫中斷。巴金也意識到了小說將會遭到腰斬，他寫信去告訴編輯，為了對讀者負責，他希望報紙盡可能把小說登完。至於稿費，他準備不要了。就這樣，《時報》在暫停了一段時間之後，重新恢復了小說連載，終於在 1932 年 5 月 22 日載完。

小說的單行本仍然由開明書店出版於 1933 年 5 月出版。在出版前，作者對小說進行了首次全面修改，用《家》取代原書名《激流》（使「激流」成為以《家》開頭的三部曲的總題），首次連載的《引言……》改題為《〈激流〉總序》，以 1932 年 4 月寫的《呈獻給一個人》作為《家》的初版代序，書後有《後記》。小說正文通過少數章節的合併、擴寫和部分章題的調整、修改變成 40 章。初版本為 32 開本，封面由錢君匋設計，最上標明是「激流之一」，中間以小方框內圍住「家」字，意味家就是一個堅固的堡壘，家裏的人需要衝出這樊籠。全書共 669 頁，25 萬餘字。小說以「五四」的浪潮波及到了閉塞的內地——四川成都為背景，真實地寫出了高家這個很有代表性的封建大家庭腐爛、潰敗的歷史。通過覺慧與鳴鳳，覺新與錢梅芬、李瑞玨，覺民與琴三對青年愛情上的不同遭遇，以及他們所選擇的不同生活道路為主幹，揭露了封建家庭的敗落，和青年一代對光明和新的道路的追求和探索。其矛頭不僅針對舊禮教，而且更集中地指向了作為封建統治核心的專制主義，沉痛地控訴了封建家族制度、封建禮教和封建迷信對年輕生命的摧殘，深刻的揭露了封

建大家庭的罪惡及其腐朽沒落，同時還著力表現了青年一代在五四新思潮影響下的覺醒和對封建勢力的不妥協鬥爭，熱情地歌頌了他們叛逆封建家庭和封建制度的革命行動。小說中的人物有七十來個，其中既有專橫、衰老的高老太爺，荒淫殘忍的假道學馮樂山，腐化墮落的五老爺克定，又有敢於以死向封建專制抗議的丫頭鳴鳳，溫馴的梅芬，善良的長孫媳瑞鈺等；以及受新潮思想、嚮往自由平等的覺慧、覺民、琴等青年覺悟者和叛逆者的形象。

　　與《子夜》出版後的評論熱潮相比，同年出版的《家》受到文壇的關注就小了許多。5 月初版問世之後，第一篇書評《家》在 9 月 11 日的天津《大公報》刊出，署名爲「羨林」（即季羨林），作者當時爲清華大學學生。文章主要著眼於現實的社會意義談《家》，喜悅於《家》的出現所顯示的巴金的變化，並揭示了眾多知識青年感到小說十分親切的緣由。認爲《家》很像《紅樓夢》，所不同的是《家》裏有覺慧那樣的叛徒。〔註 4〕兩個月後，聞國新也發表了《家》的評論，他也認爲《家》與《紅樓夢》很相似，「如果有一點不同的話，那就是《紅樓夢》是整個大家庭的解剖，裏面絲毫看不見當時的社會的影子。而在《家》的裏面，則有些是在剝削統治社會的醜惡的罷」。但他認爲作者的筆鋒太淺近，太笨拙，「以作者空虛的想像，不從社會演化的歷史上加以研究和觀察，便想抓住大家庭崩潰的核心，這態度是不正確的，他給大眾的力量是薄弱的。」〔註 5〕除了這兩篇外，30 年代期間單獨以《家》爲對象的書評就沒有見諸報端。隨著《春》、《秋》陸續問世之後，又出現了徐中玉的《評巴金的家春秋》（《藝術集刊》1942 年第 1 輯）和王易庵的《巴金的〈家·春·秋〉及其它》（《雜誌》1942 年第 6 期）的書評。40 年代中期，《語林》第 1 卷第 5 期還刊登了丁志進的《巴金的〈家〉》一篇書評。可見，文壇對巴金的《家》的反映並不太熱烈。但是此書問世後卻頗受青年讀者的歡迎，當年 11 月再版。到 1936 年時，已印至第五版，以後幾乎每一年都有再版。王易庵的《巴金的〈家·春·秋〉及其它》的文章中專門描述了巴金在蘇州青年讀者中的地位和影響，據此也可一窺巴金作品在讀者中受歡迎的情況：

　　　　六月前住在蘇州，和當地的文學青年頗多接觸的機會，在他們
　　中間最容易感到的一件事，就是對巴金作品的愛好，口有談，談巴
　　金，目有視，視巴金的作品，只要兩三個青年合在一起，你就可以

〔註 4〕羨林《家》，《大公報》（天津），1933 年 9 月 11 日。

〔註 5〕聞國新《家》，《晨報副刊·學園》第 598 期，1933 年 11 月 7 日。

最得他們巴金長，巴金短的談個不歇，甚至還有人疑神見鬼的說巴
金業已到了蘇州，並且有人曾見他在吳苑深處吃茶，實際上，他們
連巴金的面長面短都不知道，而巴金的足迹也根本沒有到過蘇州，
又有一天，我在吳縣日報上，見到一條廣告，是願出重價徵求巴金
的全部作品，此人不用說也是個「巴金迷」，在任何書店裏都高高陳
列著巴金作品的當時的蘇州，此人卻還恐有所遺漏，願出重價徵集
巴金的全部作品，即此可見巴金的作品受人歡迎的一斑了。

正因爲廣大青年朋友的熱烈歡迎，《家》不斷得到重印也就理所當然了。據統
計，迄 1951 年 4 月，開明書店共印行 32 版（次），平均每年將近印兩次。迄
1985 年 11 月，僅人民文學出版社就印行了 20 版次，可以說《家》是新文學
第一暢銷書。

巴金是一位喜歡修改自己舊作的作家。他說：「無論如何，修改一次總比
不修改好，至少可以減少一些毛病。」〔註 6〕「大的毛病是沒法治好的了，
小的還可以施行手術治療。我一次一次地修改也無非想治好一些小瘡小疤。」
〔註 7〕「幾十年來我不斷地修改自己的作品，因爲我的思想不斷地在變化，
有時變化小，有時變化大。」〔註 8〕在《家》的不斷再版過程中，巴金不斷
對《家》進行了修改，他自己說共改了八次。不但修改導致出現大量的不同
版本，其版本演變之複雜，修改次數之多，堪稱新文學作品之最。具體說來，
除了上文已提及從初刊到初版有過一次修改外，其主要的修改順序如下：1936
年開明初版本《家》第五次印刷時，巴金趁機做了一些修改，增加了《五版
題記》。1938 年開明書店第十次印刷《家》時，作者又從頭到尾修改了一遍。
刪去各章章題，只留章碼，文字內容改動很多，又增加了《十版改訂本代序
——給我底一個表哥》。1953 年人民文學出版社初次印刷《家》，巴金又修改
了一次，增寫了注釋，新寫了一篇《後記》，文末附《〈激流〉總序》，刪去十
版改訂本中的兩篇《代序》和一篇《題記》。1958 年，人民文學出版社在出
《巴金文集》時，巴金再次對正文文字內容進行了改動。卷首和卷尾的序、
後記以及附錄等篇章文字也有所修改。1959 年 2 月由外文出版社出版了《家》
的英譯本，這個版本的中文底本是刪改本。1962 年 1 月又由人民文學出版社

〔註 6〕巴金《談〈秋〉》，《收穫》1958 年第 3 期。
〔註 7〕巴金《《談〈春〉》，《收穫》1958 年第 2 期。
〔註 8〕巴金《關於〈火〉》，《文匯報》（香港）1980 年 2 月 24 日。

出版過挖版改動本。1977 年，人民文學出版社重印《家》，正文未作改動，只改正了少數幾個錯字。另外增收《關於〈激流〉》一文並新寫一篇重印《後記》。1982 年，四川人民出版社推出《巴金選集》第一卷，《家》收入其中，這是巴金對《家》的最後一次修改，序、跋文除保留文集本所收之外，卷首增收選集總「代序」《文學生活五十年》。卷首增收 1977 年人文重印本的重印《後記》，但改題為《1977 年再版後記》，並刪去最後兩段文字。1986 年所出的《巴金全集》第一卷收入《家》，以選集本為底本，卷首、文末有十篇序跋文，這是最後的定本。〔註 9〕

　　在《家》初版後記中，巴金說：「假如我底健康允許，我還要用更多的字來寫一個社會底歷史，因為我的主人公是從家庭走進社會裏面去了。如果還繼續寫的話，第二部底題名便是《群》。」〔註 10〕但是，巴金並未按他的預計寫作，而是仍舊圍繞大家庭的崩潰寫出了《春》、《秋》，卻把原先作為第二部的《群》列為激流第四部（後未能寫出）。王易庵指責巴金：「《家》實在是一部結構嚴謹的完整的藝術品，有了《家》，盡可不必再有《春》和《秋》，可是為了《家》的賣錢，便不惜損害了自己的藝術，畫蛇添足，隨入市儈主義的庸俗的圈子，這我們是不能不為巴金惜的。」〔註 11〕應該

說，《家》不但為巴金帶來了全國聲譽，確也為巴金帶來了豐厚的收益。青年的熱烈歡迎，《家》不斷再版，確實讓巴金看到此類以揭露大家族罪惡的小說

〔註 9〕參見金宏宇《中國長篇小說名著版本校評》，第 60〜61 頁，人民文學出版社 2004 年版。另，關於《家》每一版本的具體修改內容在該書中都有詳細的介紹和分析，此處省略。

〔註 10〕巴金《後記》，《家》，上海開明書店 1933 年版。

〔註 11〕王易庵的《巴金的〈家・春・秋〉及其它》，《雜誌》第 9 卷第 6 期，1942 年 9 月 10 日。

的市場價值。這客觀上確實打斷了巴金原來計劃寫社會底歷史，轉而繼續圍繞《家》的成員展開敘述。但在我看來，《家》實際上才揭開大家庭的一角，而《春》、《秋》的出現則完整充分地「描寫了家長們如何利用舊式家庭教育和倫理觀念，經包辦婚姻把一個個善良、懦弱的青年男女推上絕路。他們自己荒淫無恥地揮霍祖上產業，最終也挖空了家庭的根基，使大家族在風雨飄搖中自行崩潰。」〔註12〕從《家》到《秋》〔註13〕，小說的基調從高昂轉向低沉，而且在敘述方式上也由主觀的傾訴型轉向客觀的敘述型。儘管藝術成就上，《春》、《秋》不及《家》，但它們的出現不但不是畫蛇添足，而且也因《春》、《秋》的出現，才使讀者清晰地看到了封建家庭、禮教崩潰以及這種制度下的人成為陪葬品、犧牲品的必然歷史。

　　儘管 1933 年被稱之為「《子夜》年」，但是同在 1933 年出版的《家》仍在中國新文學史上具有獨特的意義。具體體現在如下幾個方面：第一，《家》的問世宣告了新文學史上一位青春激情型作家的誕生，《家》在巴金的創作歷程中具有里程碑式意義，是其前期文學創作的最高成就。第二，《家》以及《春》、《秋》的出現成為新文學史上以「表現日常家庭生活，抨擊舊式家庭制度的題材」的代表作，由此形成的了新文學上一個以批判舊式家庭制度為寫作歸趨的「母題」，它直接影響到了路翎的《財主底兒女們》、錢鍾書的《圍城》、老舍的《四世同堂》等一大批涉及到舊式家庭的作品。第三，作為新文學史上的第一暢銷書，《家》的不斷再版證明了新文學作品不但在思想、形式上高出以鴛鴦蝴蝶派為代表的通俗小說，就是在市場反響上也毫不遜色於通俗小說。第四，《家》的出現也證明了，新文學作家儘管在接受域外文學營養，深受域外作家作品的影響，但是他們的作品中仍舊有中國傳統文學的資源。

〔註12〕嚴家炎主編《二十世紀中國文學史》（上冊），第 358 頁，高等教育出版社 2010 年版。

〔註13〕開明書店在還特為「激流三部曲」合寫了一則廣告。文字如下：生活的激流永遠動蕩著，發散出種種的水花，這裡面有愛，有恨，有苦難。這一套三部曲，就為我們展示這樣的一副圖畫。全書共約一百萬字，分為《家》、《春》、《秋》三冊。這三部小說的內容，循著一貫的主題發展，寫的是一個正在崩壞的大家庭底全部悲歡離合的故事。作者自己就是生長在這種大家庭裏的，他親眼目睹許多不合理的現象，他看出了不合理的就家庭制度必然崩潰。可是，就在崩潰的途中，為過去那些犧牲者喊冤，向這個垂死的制度提出控訴。我們願意把這部書推薦給無數的青年朋友。引自巴金《新生》（上海開明書店1949 年 1 月 21 版）封底。

新文學作品珍璧：《良友文學叢書》

良友文學叢書　趙家璧主編　每冊九角

本叢書五大特點

1、本叢書完全用布面軟式洋裝，圓脊燙金，堪與 Modern Libtrary 相比。

2、本叢書所用紙張，完全爲淡黃色道林紙，開中國文學書出版形式之新紀錄。

3、本叢書內容自八萬字至二十萬字，篇幅自二百二十頁至四百五十頁，一律
　　實售大洋九角，郵費國內二分國外一角。

4、本叢書僅有作者簽名本一百冊以直接向本公司購買者爲限，書籍保藏家應
　　捷足先得。

5、本叢書所選稿件，都係第一流作家之出品，第一期六冊，於本月份出齊，
　　尚有六種陸續出版。

好評摘錄

　　《東方雜誌》（三十卷五六期）：良友文學叢書第一期十二冊。選得很純
粹，並且多是不可多得的作品。而印刷裝訂，俱極美麗。

　　《現代》雜誌（二卷四期）：良友文學叢書是一九三三年中國文壇上最大
之貢獻。

　　《時事新報》（二月十五日）：過去出版界上所出之新書，在量的方面可
並不少，但求其質的良善，實不多覯。良友文學叢書，確爲中國出版界上創
一新紀錄。

　　《申報》（三月二十七）：良友圖書公司創辦的良友文學叢書，是在這文
藝園地荒蕪的中國，散佈了有力的種子，開放了燦爛的花葩。

　　　　　　　　　　　　　　廣告載《良友》第 74 期，1933 年 2 月 15 日

　　1932 年 8 月，從光華大學畢業的趙家璧正式參加了良友圖書公司，主要
負責文藝書部門的編輯工作。由於此前為良友圖書公司編輯綜合性《一角叢
書》袖珍本取得了成功，這給了趙家璧「編輯系列化叢書的想法得到了鼓舞」
〔註 1〕。而一次逛書店的偶然所見，使他決心在文藝領域編輯一套叢書。一次，
趙家璧在外國人辦的一家書店中看到一套美國出版的「近代叢書」（Modern
Libtrary），軟布面精裝，每本一律美金九角，共出一百餘種，包括古典的和現
代的世界文學名著。這套書給了趙家璧一個大膽的想法，何不自己也編一套
文學叢書？趙家璧為這套叢書寫的廣告中，交代了編選這套叢書的緣起：「自
新文學運動以來，中國文藝作品之印成書本者，至今不可數計，但是大半都
零落散亂，很少有系統的計劃，而書籍之印刷裝幀，更多因陋就簡，從未如
歐美各國般之重視。我們看到美國的近代叢書 Modern Library，不但選稿精
良，形式可愛，而且定價一律，出書整齊，給予世界文藝讀者以無上之便利」。
於是「約請第一流作家執筆，用米色道林紙印，軟布面精裝，不論厚薄，書
價一律九角；試圖從裝幀、印刷、售價上，對當時流行市上的紙面平裝文藝
出版物來一個突破。」〔註 2〕趙家璧向圖書公司總經理伍聯德談了這個構想，
此時的伍聯德正欲擴大營業面，提高書店的名譽地位，他不但贊同這個想法，
並承諾將全力支持趙家璧去開闢一個新局面。

　　確定好出版《良友文學叢書》的出版計劃後，接下來的是物色作家。對
於一套叢書來講，由於大多是分批次出版，所以第一批書至為關鍵，這批書
的著者就是叢書的旗幟，一套叢書能否具有市場影響，讀者是否喜歡主要就
看第一批次所出作品的作家在文壇的知名度。所以，叢書的首批著者是非常
重要的。對於趙家璧來講，《一角叢書》的成功使他認識到「必須大膽衝向社
會，向具有影響的作家組稿。得不到作家的支持，編輯將束手無策，一事無
成。」〔註 3〕所以，趙家璧首先就想到了把魯迅作為《良友文學叢書》組稿的
第一對象。「考慮到組稿對象的，第一個想到的作者，當然是最受讀者愛戴，
左翼作家聯盟的旗手魯迅先生了。」〔註 4〕為了得到魯迅的稿件，在鄭伯奇的
引薦下，趙家璧拜訪了魯迅，並懇求他給一部書，以便列入叢書的第一種。

〔註 1〕趙家璧《書比人長壽：編輯憶舊集外集》，第 187 頁，中華書局 2008 年版。
〔註 2〕趙家璧《編輯憶舊》，第 52 頁，生活・讀書・新知三聯書店 1984 年版。
〔註 3〕趙家璧《編輯憶舊》，第 29 頁，生活・讀書・新知三聯書店 1984 年版。
〔註 4〕趙家璧《編輯憶舊》，第 52 頁，生活・讀書・新知三聯書店 1984 年版。

魯迅儘管答應盡力幫忙，但此時手上沒有創作，只有譯作，爲了讓魯迅的譯作納入叢書，原本主要以創作爲主的《良友文學叢書》，決定打破原先計劃的叢書體例，把魯迅的譯稿《新俄作家二十人集》收入（爲了顧全叢書的篇幅和售價，此書分成《豎琴》（1933 年 1 月初版）和《一天的工作》（1933 年 3 月初版）兩本）。正如趙家璧事後認爲，拿到了魯迅的文稿，無異於爲《良友文學叢書》打開了一條路。〔註5〕但在拿到魯迅的文稿之後，趙家璧又組到了何家槐的小說集《曖昧》、巴金的長篇小說《雨》，張天翼的長篇小說《一天》，這四本書作爲首批良友文學叢書於 1933 年 1 月出版。從後來的出版情況看，正因爲第一批叢書的著者都是文壇知名作家，這首先給了這套叢書一個很高的定位，後來的著者也因第一批作家的盛名而樂意參加。從這些叢書的作者看，《良友文學叢書》書幾乎把新文學文壇的知名作家都囊括進來了，這不但有趙家璧的組稿之功，也與魯迅、巴金爲叢書開了個好頭有密切關係。

這套叢書從 1933 年 1 月開始出版，直到 1937 年 7 月，共出版了 43 種（其中包括四種特大本）。叢書具體的排序及出版情況如下：

序號	書名	作（譯）者	類別	初版及再版情況
1	豎琴	魯迅編譯	蘇聯小說集	33．1 初版，6 月再版，35.12 四版
2	曖昧	何家槐	小說集	33．1 初版，9 月再版，34.12 三版
3	雨	巴金	長篇小說	33．1 初版，35.5 四版，36.4 五版
4	一天的工作	魯迅編譯	蘇聯小說集	33．3 初版，36.3 四版
5	一年	張天翼	長篇小說	33．1 初版，6 月再版，36.4 四版
6	剪影集	篷子	短篇小說集	33．5 初版，34.12 再版，36.7 三版
7	母親	丁玲	長篇小說	33．8 初版，36.4 四版，45.5 再版
8	離婚	老舍	長篇小說	33．8 初版，12 月再版，36.5 四版
9	善女人行品	施蟄存	短篇小說集	33．11 初版，36.4 再版
10	記丁玲	沈從文	長篇傳記	34.9 初版，35.6 再版
	記丁玲續集	沈從文	長篇傳記	39.9 初版，40.5 再版
11	趕集	老舍	短篇小說集	34.9 初版，12 月再版，36.4 三版

〔註 5〕趙家璧《編輯憶舊》，第 52 頁，生活·讀書·新知三聯書店 1984 年版。

12	革命的前一幕	陳銓	長篇小說	34.10 初版
13	移行	張天翼	短篇小說集	34.10 初版
14	歐行日記	鄭振鐸	旅行日記集	34.10 初版，36.4 再版
15	蟲蝕	靳以	短篇小說集	34.12 初版
16	話匣子	茅盾	散文隨筆集	34.12 初版，36.3 再版
17	電	巴金	長篇小說	35.3 初版
18	參差集	侍桁	文藝論文集	35.3 初版
19	車廂社會	豐子愷	散文集	35.7 初版，43.5 桂林初版
20	小哥兒倆	淩叔華	短篇小說集	35.10 初版
21	殘碑	沈起予	長篇小說集	35.12 初版
22	霧	巴金	長篇小說	36.1 初版，39.4 月版，40.5 再版，41.5 三版，43.5 桂林初版
23	苦竹雜記	周作人	散文集	36.2 初版
24	愛眉小箚	徐志摩	日記書信集	36.3 初版，40.6 三版，43.10 再版
25	孟實文鈔	朱光潛	文藝論文集	36.4 初版
26	閑書	郁達夫	隨筆散文集	36.5 初版
27	一個女兵的自傳	謝冰瑩	長篇傳記	36.7 初版
28	燕郊集	俞平伯	散文集	36.8 初版
29	四三集	葉聖陶	短篇小說集	36.8 初版，45.6 再版
30	新傳統	趙家璧	美國作家論	36.8 初版
31	打火機	鄭伯奇	短篇小說集	36.9 初版
32	新與舊	沈從文	短篇小說集	36.11 初版
33	意外集	丁玲	短篇小說集	36.11 初版
34	春花	王統照	長篇小說	36.12 初版，45.6 再版
35	河邊	魯彥	短篇小說集	37.1 初版
36	漩渦裏外	杜衡	長篇小說	37.2 初版
37	煙雲集	茅盾	短篇小說集	37.5 初版
38	野火	魯彥	長篇小說	37.5 初版
39	在城市裏	張天翼	長篇小說	37.6 初版

　　除了以上的 39 種外，1935 年下半年起，趙家璧還仿照美國的「近代叢書」出版了《良友文學叢書特大本》，特大本用布面精裝白報紙印，每種七百頁至一千頁。先後出版了四種。本來趙家璧還曾約郁達夫選編一本，但是抗戰爆發，這一本特大本沒能出版。筆者認爲這四種也可歸入《良友文學叢書系列》，分別爲：

　　1、畸人集　張天翼作　1936 年 1 月 20 日初版，45 年 7 月再版

　　2、愛情三部曲　巴金創作　1936 年 4 月 30 日初版，11 月再版，37 年 4 月三版

　　3、從文小說習作選　沈從文作　1936 年 5 月 1 日初版。

　　4、蘇聯作家二十人集　Ｍ．笱彌亞丁等著，魯迅編譯　1936 年 7 月 30 日，37 年 3 月再版

　　抗戰爆發後，良友圖書全遭損毀，公司被迫停業，趙家璧被公司解雇。1943 年年初，趙家璧到達桂林，在巴金等人的幫助下，良友復興圖書公司在桂林懋業大樓成立。利用《良友文學叢書》已有的名聲，在桂林用土紙續出了四種：

　　1、耿濟之譯、陀斯托夫斯基著的《兄弟們》第一部，1943 年 1 月初版，良友文學叢書第 41 種。

　　2、趙家璧譯、斯坦培克著的《月亮下去了》，1943 年 4 月初版，良友文學叢書第 41 種。〔註6〕

　　3、沈從文的《從文自傳》（長篇自傳），1943 年 9 月初版，第 43 種。

　　4、端木蕻良的《大江》（長篇小說），1944 年 4 月初版，未標明多少種。

　　湘桂戰爭爆發後，桂林的良友復興圖書公司停業，趙家璧轉往重慶。1945 年 3 月 1 日，良友復興公司又在重慶民族路英年大樓成立了。重慶期間，以良友文學叢書名義出版的圖書只有一種：

　　5、茅盾的《時間的記錄》，散文集，1945 年 7 月出版，第 44 種。

　　抗戰勝利後，趙家璧回到上海，他又以良友復興圖書印刷公司公名義出版了《良友文學叢書新編》四種，分別是：

　　　　老舍的《惶惑》（《四世同堂》第一部）（上下冊）「良友文學叢

〔註 6〕原書上注明爲「良友文學叢書第 41 種」，估計是印刷時未來得及把「41」改爲「42」。

書新編」第 1、2 種，1946 年 1～3 月初版。

　　巴金的《第四病室》，良友文學叢書新編第 3 種，1946 年 1 月初版。

　　王西彥的《村野戀人》，良友文學叢書新編第 4 種，1946 年 1 月初版。

以上九種在封面或扉頁仍注明屬「良友文學叢書」，筆者認爲也可歸爲良友文學叢書中。只不過由於出版條件的限制，抗戰以後出版的良友文學叢書在裝幀、紙張、售價等方面都與抗戰前所出的 43 種有了很大的差別。

抗戰前所出的良友文學叢書，具有以下幾個方面的特點。第一，獨標一格的裝幀設計。全套叢書每本都採用布面精裝，外加封套。封套的書脊上，用燙金方式上印「良友文學」叢書，中印書名、作者，下印「良友」的出版標誌。軟面布精裝的封面上，統一在左上角用大號凹字印出書名，作者，右下角印「良友」的出版標記。軟精裝外加護封，印刷精美，正面右下角印有作者照片，或畫像，或與內容相關的圖畫。初版本在護封外又包以透明紙。在版式設計上，叢書書眉整齊統一，在天頭部分劃出兩道橫線，列出該書的書名（如該書是小

說集，則右面是集名，左面是篇名）和頁碼，採用今五號字大小，豎式排版。版式疏朗，令人賞心悅目。〔註 6〕第二，在民國紙業中，道林紙是一種強度較好、紙張光滑的名牌紙，良友文學叢書不惜紙價偏高採用淡黃色米色道林紙，正如廣告所說「開中國文學書出版形式之新紀錄」。由於每一本定價統一爲九角（預定價五折），所以每一本良友文學叢書「內容自八萬字至二十萬字，篇幅自二百二十頁至四百五十頁」。這樣的叢書價格相同，紙張一致，厚薄相當，具有一種勻稱感。第三，上海版的 39 種初版本，都有一百部作者的簽名本，

〔註 6〕張志強《面壁齋研書錄》，第 30 頁，江蘇教育出版社 2001 年版。

編號發售，著者在書本扉頁左下角固定的位置簽名，編號則在右上角。這是趙家璧的一個創舉，「爲了使中國讀者養成這種愛好作者簽名本的習慣，叢書創刊後，也引進了這個辦法，每種新書出版，先在門市部出售編號的作者簽名本一百冊，書價相同。」〔註7〕第四，從所出的叢書及作者看，確實是新文學文壇第一流作家之出品，集中體現了三十年代文壇的多元發展格局，既有魯迅、丁玲、張天翼等左翼作家〔註8〕，也有茅盾、鄭振鐸、葉聖陶、老舍、王統照、豐子愷等文學研究會作家，也有徐志摩、陳銓、沈從文、淩叔華、朱光潛等新月派作家，作品類別上看，既有短篇小說、長篇小說，又有散文隨筆、日記，還有文藝論文等，種類多樣化。

在《良友文學叢書》出齊前 20 種以後，曾在《良友畫報》等報刊上預告了後 20 種預約書目預告，但後來因種種原因有四部長篇小說沒有出版〔註9〕，留下了些遺憾。但是卻留下了這四部書的廣告，特引錄文字以窺一斑。

施蟄存　銷金鍋　長篇

本書是作者第一個長篇創作，可以稱爲現代中國社會的素描圖。因爲裏邊描繪下來的有封建重壓下的女性，不景氣中的小市民，我們在這裡可以找到我們朋友的面相，也許連自己都在內。

郭新源　子履先生及其門徒們　長篇

這是一部被大時代所淘汰的人們的合傳。從一個中學教師和他的學生們的日常生活，寫到每一個不同性格的人物，在以後的不同的環境裏所遭遇的不同故事。是許多短篇合起來的長篇。

穆時英　中國行進　長篇

這一部預告了三年的長篇，現在已全部脫稿了。寫一九三一年大水災和九一八的前夕中國農村的破落，城市里民族資本主義和國際資本主義的鬥爭。作者在這裡不但保持了他所特有的輕快的筆調，故事的結構，也有了新的發見。

〔註7〕趙家璧《編輯憶舊》，第 86 頁，生活·讀書·新知三聯書店 1984 年版。

〔註8〕1934 年 2 月，上海大批進步書籍被查禁，《良友文學叢書》的《豎琴》、《一天的工作》，《母親》《一年》四種遭到查禁，後得到通知，暫緩執行禁令。

〔註9〕沈從文用小說集《新與舊》代替了《鳳子》，增加了丁玲的《意外集》，王統照的長篇小說《春花》，魯彥的長篇小說《野火》。原計劃把獲得「良友文學獎金」的長篇納入叢書最後一種，但是因爲最後評出了左兵的《天下太平》和陳涉的《像樣的人》兩種，只好單獨出版。而改約請曹禺編譯的獨幕劇集，也未能出版。所以預定的 20 種只出版了 19 種。

沈從文　鳳子　長篇

　　沈從文先生是一個既善於短篇，又長於長篇的小説家。他過去十年的許多作品，已得到無數讀者的讚頌。這部長篇寫一個叫做鳳子的女孩子的故事。全書都十餘萬字。

　　爲了造成社會影響，良友圖書公司在這套叢書的推銷上可謂費盡心機，不遺餘力地大作宣傳廣告。不但在良友圖書公司所出的《良友畫報》、《人間世》以及本版書的書末刊有本叢書的廣告，就是《申報》、《時事新報》登報紙上也時有該叢書廣告，這些廣告不但多樣，而且持續時間長，幾乎每出一種新書就會刊出廣告。出版社爲每一種叢書撰寫了 100 字右的廣告詞，適當配以著者的肖像以及介紹本叢書的紙張、裝幀等，盡量展現了本叢書的賣點。1935年年底，爲了便於下一個 20 種的預約，主編趙家璧還特別編了一本《良友文學叢書預約》樣本，全書 72 頁，包括良友圖書印刷公司出版圖書介紹，有作者像、著作的內容題要、出版品簡目等。正是在這樣廣泛以及高密度的宣傳，《良友文學叢書》推出不久，立即引起了整個文壇的關注。這可從其上引廣告中的好評摘錄可知。這麼多報刊在該叢書推出第一批作品後就給予好評，可見此套叢書確實是頗有其獨到之處。由於報刊上好評的推波助瀾，以及猛烈地廣告攻勢，《良友文學叢書》的市場前景也十分可觀，這也可從該叢書在《良友》第 111 期（1935 年 11 月 15 日）上的廣告文字中可以找到證據：本叢書自創刊以來，即掀動全國文壇，被目爲中國第一部編選最精，裝訂最美，銷數最廣之文藝讀物。每隔一月必有新書添入，初版三千部，平均三個月內，即需再版。全書二十種，截止最近爲止，已實銷二十萬部，自明年起續編二集二十部。應該說，自新文學開始以來，《良友文學叢書》是新文學作品出版史上的第一套暢銷文藝叢書。

良友文學叢書

趙家璧主編

每冊九角　　　　每冊九角

豎琴
魯迅編譯

曖昧
何家槐作

雨
巴金創作

一天的工作
魯迅編譯

一年
張天翼作

善女人行品
施蟄存作

　　正因爲這套叢書銷售情況十分可觀，才使得趙家璧有了繼續編撰下去的計劃，所以在《良友》113 期（1936 年 1 月 15 日）的廣告中，他又預告了下一個二十集的出版計劃：近二年來陸續出版了二十種，銷路竟達二十萬部。我們既看到了國內讀書界有此需要，便另約十九位作家寫了十九部長短篇散文論著，預算在二十五年度全部出齊。同時舉辦良友文學獎金一種，徵求長篇小說一部，作爲紀念文學叢書第二集的出版，這得獎小說就列入第二集中，並成二十部。又爲了減低讀者的負擔起見，先售半價預定，自即日起至三月底止。另有文學叢書特大本一種 Giant Edition，日內亦可先出二冊。遺憾的事，抗戰中斷了這套叢書的編選計劃，原本預定要出版的作品也因此中斷，儘管此後在桂林、重慶等地又續出版了 5 種，抗戰勝利後又出版了良友文學叢書新編 4 種。但由於良友圖書公司自抗戰爆發遭受重大損失，此後由於內部糾紛，公司經營上沒有辦法回覆到原有的輝煌。趙家璧離開良友之後，個人獨立支撐良友復興圖書公司也舉步維艱。直到 1946 年在老舍的幫助下，成立了晨光圖書公司，又重新開闢了一個出版新局面。

　　《良友文學叢書》及新編，儘管只出版了 52 種，但囊括了三十年代文壇各種流派、團體的主要作家，而且納入的作品又都是這些作家最新的創作，涉及到的小說、散文、隨筆、文論和翻譯等領域，顯示了三十年代中國文壇的創作實績。這套叢書的編選出版也推動了新文學叢書出版的高潮的到來。《良友文學叢書》由於其精美的裝幀設計、編選體例等優點贏得了大量的讀者，在文化市場上取得了極大的成功，引得許多家書店眼紅，這也給其他書店指出了一條路子，即出版文藝叢書是有可能盈利的。在《良友文學叢書》推出不久，現代書局的《現代創作叢刊》（1933 年 5 月開始陸續問世）、生活書店的《創作文庫》（1934 年 5 月開始問世）、文化生活出版的的《文學叢刊》（1935 年 11 月陸續問世）、開明書店的《開明文學新刊》（1935 年 12 月開始出版）等接連策劃出版，使新文學文學叢書出版成爲了一種潮流，也大大地豐富了新文學作品的出版市場，客觀上也推動了新文學的發展。這樣看來，叢書實際上成了一個催逼作家創作的機制，因爲叢書要出版，只要作家應了約，自然要勉力完成才好，這就給了作家創作的緊迫感。《良友文學叢書》中的《離婚》就是被被逼出來的。老舍本沒想到要寫《離婚》這本小說，但是已經答應給良友文學叢書一本，原來準備是等《貓城記》在《現代》雜誌連載完成後即交給良友公司刊納入《良友文學叢書》，但是現代書局因有印行《貓

城記》的優先權,不願讓給良友,爲了應趙家璧的諾,老舍只得在 1933 年暑假揮汗如雨趕寫《離婚》。此外如《煙雲集》、《四三集》、《閒書》也是被主編趙家璧逼出來的作品。這些逼出來的作品不但增加了該叢書的分量,也爲新文學催生了一部分名著。此外,叢書還具有作品的收集整理之功。新文學作品大多會經歷先刊後書的過程,作家們的作品大多是先發表在報刊上,等到一定數量和時機時加以結集出版,作家利用加入某一叢書的契機,對自己發表過或未發表的作品來一次收集整理出版,這一過程本身就包含有去粗取精。如葉聖陶的《四三集》的編選出版就包含了作者對自己所發表的作品的一次收集整理過程。在《自序》中著者交代了編選這本書的情況:「小說集子不同於『分類活葉文選』。其中多數是最近一念間的習作。然而也有八九年前的舊稿,就是那篇《冥世別》。以前編集的當兒,那篇東西漏了網,未免有點兒『敝帚自珍』的心情,覺得可惜。直到去年,才從一個紙包裏撿到了原稿,現在就把它收在這裡。有少數幾篇是童話,在《新少年》登載過。童話本是兒童閱讀的小說,《文學概論》的編者固然要嚴定區別,但是實際上未嘗不可以與小說『並家』。我這樣想,就把幾篇童話收在這裡。」〔註 10〕儘管著者交代的是如何編入這些作品,但是編選過程本身也就是一個收集整理過程。應該說,《良友文學叢書》及新編的出版也讓一些作家作品得到了一次及時的收集整理。

〔註 10〕葉聖陶《〈四三集〉自序》,《四三集》,上海良友圖書公司 1936 年版。

新詩草創的見證：《初期白話詩稿》

初期白話詩稿　　劉半農編

民國二十二年北平琉璃廠南華街星雲堂書店影印流通 1933 年 2 月初版

定價棉邊紙本一元六角，毛邊紙本一元

　　北平友人，越來越闊，信箋是「唐人寫世說新語格」的，請帖是琉璃廠榮寶齋印的，圖章是古雅大方的，官話是旗人老媽調的。這本用珂羅版印的《初期白話詩稿》，也是一樣精緻可愛的。深藍地的封面，鎏金的紅簽，潔白的紙質，美麗的裝潢，都令人愛惜。但是這並不是挖苦的話，因爲它的内容是胡適、李大釗、沈尹默、沈兼士、陳獨秀、周作人、陳衡哲諸人新青年時代的筆迹，唐俟（即魯迅）之詩稿是周豈明代抄的，尤爲寶貴。這類筆迹，雖然裝潢美麗也是應該的，幾百年後，也許可與《道咸同光名人手簡》，《昭代經師手簡》一樣地有古董的價值。（林語堂撰）

廣告載《論語》第 13 期，1933 年 3 月 16 日

　　劉半農（1891～1934），名復，原名壽彭，字半農，江蘇江陰人。中國近現代史上著名的文學家、語言學家和教育家，「五四」新文化運動的先驅之一。1917 年夏，經陳獨秀極力推薦，他得以進入北京大學任法科預科教授，並參與《新青年》雜誌的編輯工作，積極投身文學革命，反對文言文，提倡白話文。爲了響應胡適、陳獨秀的「文學革命」的主張，給保守勢力以打擊，他與錢玄同在《新青年》雜誌上發表了著名的「雙簧信」。在新文學革命期間，他也與胡適、沈尹默、錢玄同、周作人等積極嘗試白話詩的寫作，而《新青年》無疑是他們展示新詩創作的重要平臺。朱自清就曾指出：「新詩第一

次出現在《新青年》四卷一號上，作者三人，胡氏之外，有沈尹默、劉半農二氏……這時是民國七年正月。」〔註1〕在早期的新詩選如《新詩集》（第一集）、《分類白話詩選》中都收有劉半農新詩多首（前者收 5 首，後者收 11 首）。1926 年，劉半農還出版了個人詩集《瓦釜集》和《揚鞭集》。劉半農在新文學革命期間新詩理論、新詩創作方面的實績使之成爲中國新詩的先驅人物之一。1920 年之後，劉半農轉向學術研究，1925 年獲得法國國家文學博士學位，回國後繼續任北京大學國文系教授，講授語音學。儘管劉後來主要精力用於學術研究，但他並未能忘情於新詩，其 1932 年編的《初期白話詩稿》無疑就是證明。

由於劉半農參與過《新青年》的編務，自然接觸了一些詩歌來搞。在刊登出這些詩歌之後，這些詩人的詩歌手迹保留了下來。所以，《初期白話詩稿》的搜集和整理在 1917 年和 1919 年間。據劉半農自己說：「當時所以搜集，只是爲著好玩，並沒有什麼目的，更沒有想過，若干年後可以變爲古董。」〔註2〕事實上，儘管搜集整理這些詩歌時間早，但他並未有想到要出版。此

〔註1〕朱自清《導言》，《中國新文學大系·詩集》，上海良友圖書出版印刷公司 1935 年版。

〔註2〕劉半農《序》，《初期白話詩稿》，北平星雲堂書店 1933 年版。

後隨著他留學英法，以及轉向學術研究，此稿只好束之高閣。直到 1932 年，也就是文學革命以及白話新詩出現的十五週年，他才下決心讓其出版。促使其決心出版的原因有二個方面的因素。其一，「從民國六年到現在，已整整過了十五年。這十五年中國文藝界已經有了顯著地變動和相當的進步，就把我們這班當初努力於文藝革新的人，一擠擠成三代以上的古人，這是我們應當慚愧之餘感到十二分的喜悅與安慰的」。編選出版此詩稿就有「憶往昔崢嶸歲月」的意味以及再現新詩草創時的歷史原貌。其二，這也與三十年代初的文化背景有關。1928 年，國民黨在政治上實現了全國的統一，在文化上鼓吹尊孔讀經，白話文經過十多年的使用和發展，但還是未能取得壓倒性優勢，文言文與復古之風仍有市場。以線裝影印白話新詩出版《初期白話新詩稿》也有對當前的復古之風的一種反抗。

《詩稿》共收八位作者的白話詩 26 首，這些全部發表《新青年》，按詩稿目錄順序如下：

李大釗一首

《山中即景》（刊五卷三期，1918 年 9 月 15 日）。

沈尹默九首

《公園裏的二月藍》（刊五卷一期，1918 年 7 月 15 日），《月》（刊五卷一期，1918 年 7 月 15 日），《雪》（刊四卷四期，1918 年 4 月 15 日），《除夕》（刊四卷三期，1918 年 3 月 15 日），《劉三來言，子谷死矣》（刊五卷六期，1918 年 12 月 15 日），《白楊樹》（刊七卷二期，1920 年 1 月 1 日），《秋》（刊七卷二期，1920 年 1 月 1 日），《三弦》（刊五卷二期，1918 年 8 月 15 日），《牛》（刊五卷一期，1918 年 7 月 15 日）。

沈兼士六首

《山中西風大作》（刊五卷四期，1918 年 10 月 15 日），《山中雜詩二首》（收入詩稿時分別爲《見聞》和《早秋》，刊五卷六期，1918 年 12 月 15 日），《眞》（刊五卷三期，1918 年 9 月 15 日），《邀先入山相訪》（發表不詳），《泉》（發表不詳）。

周作人一首

《兩個掃雪的人》（刊六卷三期，1919 年 3 月 15 日）。

胡適五首

《唯心論兩稿》（原題爲《一念》，刊四卷一期，1918 年 1 月 1 日），《鴿子》（刊四卷一期，1918 年 1 月 1 日），《十二月五夜月》（發表不詳），《四月二十五作》（刊五卷一期，1918 年 9 月 15 日），《除夕詩》（刊四卷三期，1918 年 3 月 15 日）。

陳衡哲一首

《「人家說我發了癡」》（刊五卷三期，1918 年 9 月 15 日）。

陳獨秀一首

《丁巳除夕歌》（刊四卷一期，1918 年 3 月 15 日）。

魯迅二首

《他們的花園》（署名唐俟，刊五卷一期，1918 年 7 月 15 日），

《人與時》（署名唐俟，刊五卷一期，1918 年 7 月 15 日）。

所收錄的詩稿均據原大小、原色影印，不僅保留了作者書翰的神韻，也因不同作者所用不同的箋紙設計而增添別樣的藝術魅力。扉頁有馬衡題簽「初期白話詩稿」，字體秀麗遒勁，下署「馬衡題」，並鈐有菱形朱文印章。詩稿由北平琉璃廠南華街星雲堂書店影印。分棉連紙與毛邊紙兩種版本，棉連紙色白，毛邊紙色黃。全書「開本廓大，方近徑尺，堂皇美麗，書品精美。」〔註3〕因此，此詩稿不但是白話新詩作品，也因其獨特的裝幀以及箋紙及詩人書翰的多樣化給人以美的享受。

縱觀這 26 首白話詩，題材比較廣泛，自然景色、社會生活、人間疾苦等均有反映，尤以反映的社會問題居多。如陳獨秀的《丁巳除夕歌》、魯迅的《他們的花園》和《人與時》等反映人民生活悲慘狀況、貧富懸殊。但是這些白話詩在思想表達上大多比較淺露，還未能達到較圓熟的地步。此外，這些白話詩在藝術技巧上還保留了不少舊體詩的殘餘和痕迹。茅盾在《論初期白話詩》中對草創期的白話詩有非常肯定的評價，認爲「初期白話詩的最一貫而堅定的方向是寫實主義」，題材上主要以「社會問題和人生問題」的大量抒寫，寫作方法主要用「具體的做法不可用抽象的說法」，詩歌內容上「明快有餘而深刻不足」等〔註4〕。應該說茅盾所提及的幾點在《初期白話詩稿》中均有較明顯的體現。

十分遺憾的是，劉半農沒有收入自己的白話詩歌手迹。事實上，劉半農

〔註3〕胡從經《柘園草》，第 482 頁，湖南人民出版社 1982 年版。

〔註4〕茅盾《論初期白話詩》，《文學》第 8 卷第 1 期，1937 年 1 月 1 日。

是新詩草創期僅次於胡適的初期白話詩歌倡導者，期間也寫了不少較好的白話詩。如上提及的早期新詩選中都選了其不少詩歌。他寫的《相隔一層紙》、《教我如何不想她》等就不失爲名篇。儘管當時有朋友勸其把自己的詩歌也放進去一兩首進去，可他卻未能從命。儘管他這種謙虛的態度值得敬佩，但是作爲一本體現新詩早期創作成就的詩集，因個人的謙虛而使得此詩集不夠完整。好在劉半農爲此書寫了《序》（寫於 1932 年 12 月 28 日），部分彌補了此詩集沒有劉半農文字的遺憾。在序言中，他敘述了保存這批詩稿的經過，追溯了新詩運動勃興的始末以及印行此詩稿的緣由等，最後還特別交代自己未能把自己的詩放進去的兩點原因。由於劉半農是新詩草創期的參與者，深諳新詩發展道路的艱難曲折，這篇序言對瞭解新文學革命初期的文壇以及三十年代初的文壇現狀是極有參考價值。

儘管《初期白話詩稿》出版的時間較晚，但卻是在 1917 年至 1918 年間搜集起來的。這比北社在 1922 年編了一本 1919 年的《新詩年選》早五年左右。如果說《嘗試集》、《女神》只能顯示胡適和郭沫若早期的詩歌風貌，那麼「《初期白話詩稿》卻能顯示初期白話詩的整個風貌，顯示初期白話詩的戰鬥陣容和勝利成果，是中國新詩史上第一部白話詩選集，儘管所選詩人的作品都還嫌少一些，但在『反對舊文學提倡新文學』這面旗幟之下，它卻顯示了白話詩在文學革命中的實績。」〔註5〕《初期白話詩稿》的編選及出版也「宣佈了中國新詩史上第一個流派」〔註6〕的出現。

書出版之後，劉半農曾託臺靜農寄五冊贈魯迅。《魯迅日記》1933 年 3 月 1 日有如下記載：「得靜農信，並《初期白話詩稿》五本，半農所贈。」後來，魯迅將此書複本又轉贈許壽裳、沈雁冰、端仁等三位朋友，自己保存了兩本。據上面的廣告看，劉半農應該還寄贈給林語堂，並請求他在《論語》上廣而告之。於是才有了林語堂爲此書寫廣告的事。從這則廣告文字看，林以實話實說的幽默語調，既把此書精美的裝幀介紹了一番，又把此書的價值全盤托出。儘管沒直接號召讀者購買，但是喜愛新文學作品的讀者是很難抵擋這本書的誘惑的。

〔註 5〕吳奔星《劉半農在中國新詩史上的歷史地位》，《新文學史料》1984 年第 3 期。

〔註 6〕吳奔星《中國新詩史上的第一個流派——談劉半農的〈初期白話詩稿〉》，《海南師範學院學報》1991 年第 2 期。

現代情書中的聖品：《兩地書》

兩地書　上海青光書局 1933 年 4 月初版

魯迅與景宋的通信　實價一元

　　本書凡信一百三十五通，共分三集：第一集爲北京，第二集爲廈門到廣州，第三集爲北平到上海，按年編次，依地分輯。魯迅在自序裏說：「回想六七年來，環繞我們的風波也可謂不少了，在不斷的掙扎中，相助的也有，下石的也有，笑罵污蔑的也有。但我們咬緊了牙關，卻也已經掙扎著生活了六七年」。這本結集的年代是一九二五年三月到一九二九年六月，這本書是可以與幾本編年的雜感集如《熱風》、《華蓋》等合看的。就是《朝華夕拾》也有好些可與本書互相發明。總之，這本書好像是情書，其實仍給了我們一種如讀他的雜感一般的辛辣和痛快。我們讀了這本書以後，可以對於這位作家的生活和性格更爲明瞭，可以知道他是怎樣地在與黑暗的舊社會和舊勢力搏戰，雖在現在，還是有許多深的意義的。

廣告載《青年界》3 卷 3 號，1933 年 5 月 5 日

　　民國時期，出現了一大批以「書信」爲體裁的著作版本，如張澤賢的《民國書信版本經眼錄》（上海遠東出版社 2009 年版）就收錄 130 多種，事實上應該還有一些未能收入。爲大家所熟悉的就有《三葉集》、《現代作家書簡》、《袁世凱家書》、《給青年的十二封信》、《兩地書》、《情書一束》等等。在這些書信著作中，情書著作尤爲引人注意。正如李歐梵所說「愛情與性所具有的內在吸引力，當然不會被那些利欲薰心的出版商和作家所忽略」，[註 1] 在

〔註 1〕李歐梵《現代性的追求》，第 103 頁，生活・讀書・新知三聯書店 2000 年版。

民國出版的商業化中，讀者的需求自然影響了出版，出版商投其所好，推波助瀾。而對情書的作者而言，儘管出版情書有售賣隱私之嫌，但還是有不少人願意把情書公開出版。正是在讀者、出版商以及作者三方的共同驅動下，催生了大量情書著作。如魯迅與許廣平的《兩地書》、章衣萍與吳曙天的《情書一束》、《情書二束》、蔣光慈與宋若瑜的《紀念碑》、黃廬隱與李唯建《雲歐情書集》、楊騷與白薇《昨夜》等，甚至一些外國名人的情書也被翻譯出版，如有《蕭伯納情書》、《囂俄的情書》、《歐洲近二百年名人的情書》等。在我看來，在民國出版的情書著作中，魯迅和許廣平的《兩地書》應該是最具特色，影響最大、版本最多的一部。

1925 年 3 月 11 日，魯迅收到一個落款「謹受教的一個小學生許廣平」的第一封信。就在當日，魯迅以「廣平兄」的稱呼回了許廣平的第一封信。自此，他們二人的通信開始，直到 1927 年 1 月 18 日，魯迅與許廣平在廣州見面，不再需要寫信為止。1927 年 10 月 3 日開始，魯迅和許廣平抵上海，隨後開始同居，二人也不需要寫信。1929 年 5 月 13 日，魯迅從上海赴北平探親，直到 6 月 5 日返回上海，期間二人又以書信保持聯繫。1932 年 11 月 11 日又從上海去北平探望母病，30 日返回，他們靠書信保持聯繫。魯迅和許廣平的通信涉及到的地點有北京、廈門和廣州、上海和北平三個時空，時間跨度 7 年半，共計 164 封。從第一封開始到最後一封，記錄下了魯迅與許廣平的戀愛全過程、以及探親期間夫妻二人的互相關心思念等。對於他們來說，這是他們的絕對隱私，裏面有珍貴的記憶，愛情的見證。原沒有打算公之於眾，但因為韋素園的逝世出一本紀念冊需要信箋，在尋找韋素園的信件時無意中翻出了二人的通信，為著紀念和保存，於是他們決定將二人寫給對方的信整理出版。

當他們把決定告訴北新書局老闆李小峰，書局當然十分歡迎。一經確定，書局就開始催稿，大概在 1932 年 9 月，魯許二人就開始著手編撰這部書稿。

他們先把二人所有的的書信核查好所寫的日期，排好序，由許廣平先把這些原信抄錄一遍。然後在原信抄錄稿中的基礎上按時間和地點的不同，分為三部分，書名為《兩地書》。然後由魯迅、許廣平在確定選用的抄錄稿上修改、刪節等。在刪改完成之際，魯迅在 1932 年 12 月 16 日還為此書寫了序言。此後，魯迅在改定原稿的基礎上還抄錄了一份留底。一直到 1933 年 1 月 13 日，他們的工作基本完成。魯迅日記上有「復閱《兩地書》迄。」隨後，北新書局把他們二人改定的《兩地書》取走。由於《兩地書》有很好的市場前景，北新書局迅速把它納入出版程序，1933 年 4 月，《兩地書》就問世了，初版 1000 冊。由於此前「北新書局出版了一本民間故事《小豬八戒》，內容有侮辱伊斯蘭教之處，引起回族人士聚眾抗議，擊毀店面，並向當時的南京政府請願，該政府責令該書銷毀，該局停業。幾經疏通，始改用青光書局名義復業。」〔註 2〕所以，《兩地書》的初版以及上引的廣告上都是以青光書局名義刊行。

全書共收 135 封書信，時間從 1925 年 3 月至 1929 年 6 月，這是愛情從萌芽、相戀、同居到結果的全過程。主要分三集：第一集北京（1925 年 3 月至 7 月），先是一個進步學生向老師的請教，通信都是對當前時局的描述、討論、請教，雖然從許廣平的去信中也透著愛，但那是敬愛，是對師長和導師的愛，之後逐漸發生變化，兩人在相互通信中確立戀愛關係。第二集廈門——廣州（1926 年 9 月至 1927 年 7 月），由於各自環境的不同，互相間寫的多是生活中的瑣事，也對各人的去處表示些擔憂。在許廣平，更多的是關心魯迅過得開不開心、吃得好不好、住得慣不慣。這一時期應該是兩人感情昇華期，從通信的語氣上看，相互間沒有了那種師長和學生間的拘謹，更多的是男女情愛的關懷。第三集北平——上海（1929 年 5 月至 6 月）則不多，看上去就是夫妻間的生活上的關心了，也似乎已經有了生命的延續在孕育之中，所以魯迅也是多寫些少活動多休息的關心語。正如魯迅自己所說：「其中既沒有死呀活呀的熱情，也沒有花呀月呀的佳句；……只是信筆寫來，大背文律，活該進『文章病院』的居多。所講的又不外乎學校風潮，本身情況，飯菜好壞，天氣陰晴……如果定要恭維這一本書的特色，那麼，我想，恐怕是因為他的平凡罷。」〔註 3〕在 1934 年 12 月 6 日魯迅寫給蕭軍、蕭紅的信中說：「《兩地書》其實並不像所謂『情書』，一者因為我們通信之初，實在並未有什麼關於後來的預料的；二則

〔註 2〕朱聯保《近現代上海出版業印象記》，第 60 頁，學林出版社 1993 年版。
〔註 3〕魯迅《〈兩地書〉序言》，《兩地書》，上海青光書局 1933 年版。

年齡，境遇，都已傾向了沉靜方面。所以決不會顯出什麼熱烈。」〔註4〕儘管魯迅自謙這不是一部平凡的傑作，但正如廣告所說：「我們讀了這本書以後，可以對於這位作家的生活和性格更爲明瞭，可以知道他是怎樣地在與黑暗的舊社會和舊勢力搏戰，雖在現在，還是有許多深的意義的。」

由於魯迅已有事實上的婚姻，在魯迅與許廣平的師生戀愛之初，社會各界視之爲一件轟動新聞，北京、上海、廣州等地的各種小報也大肆渲染、造謠。魯迅在《兩地書》的序言中也有簡要的回顧：「回想六七年來，環繞我們的風波也可謂不少了，在不斷的掙扎中，相助的也有，下石的也有，笑罵污蔑的也有，但我們緊咬了牙關，卻也已經掙扎著生活了六七年。」〔註5〕但在他們同居上海後，關於他們的流言逐漸平息。等到他們出版二人的情書《兩地書》之際，一些好事者又開始關注《兩地書》的內容。但等他們閱讀了《兩地書》後

卻很失望，「《兩地書》卻沒有帶給任何一方以滿意的答覆，因爲信裏討論的不是愛情，而是工作……很少涉及他們兩人之間的私事。『熱烈』派沒有發現『死呀活呀』的叫喊，『含蓄』派也找不到可以作爲愛情的暗示的例證」。〔註6〕儘管有不少人抱著窺私的想法閱讀此書，但對於該書的正面的評論確實不少。如郁達夫在日記中稱讚了該書，說這書信集是最顯正面的文章。鄒韜奮用了三個夜晚讀完《兩地書》，認爲「我們在這裡看得到他們流露於字裏行間的深摯的情誼和幽默的情趣，就是不認識他們倆的人，看了也感覺得到他們倆的個性活露紙上。」〔註7〕陳可陵在《讀〈兩地書〉後》中認爲，「《兩地書》在改正這無聊而又肉麻的風氣上，無疑地，是不無效果的，倘使說現

〔註4〕魯迅《魯迅全集》第13卷，第279頁，人民文學出版社2005年版。
〔註5〕魯迅《〈兩地書〉序言》，《兩地書》，上海青光書局1933年版。
〔註6〕唐弢《〈兩地書〉英譯本序》，《人民文學》1981年第9期。
〔註7〕韜奮《韜奮漫筆》，第107頁，上海生活書店1933年版。

在流行的是一種病症的時候，那《兩地書》便是一種對症的藥品。」〔註8〕黃詔年在書評《兩地書》中也對該書給與了好評。〔註9〕此書初版後，一直到魯迅去世，短短三年半的時間裏，共印行四版，可見還是很受讀者歡迎。

事實上，北新版的《兩地書》是經魯迅、許廣平選擇修改而成。由於送交北新書局的修改原稿沒能保存下來，留下來的是魯迅在送交北新書局之前的抄錄稿。魯迅辭世之後，《兩地書》原信和抄錄稿幾經輾轉，得以保存在魯迅博物館。比較《兩地書》和原信，「既有增刪，也有修改，有的整段整段地刪去，弄得『面目全非』。」〔註10〕王得後在仔細比較了《兩地書》和原信後認為：「原信自然更豐富，更生動，特別是有更多的細緻的心裏活動的表現。但《兩地書》卻更準確，更精練」。根據讀者以及研究者的需要，也為了再現《兩地書》原信的歷史面貌，周海嬰在王得後的協助下，編輯了《魯迅景宋通信集——〈兩地書〉的原信》，由湖南人民出版社1984年出版，這應是《兩地書》的第二個版本。但此書不但收錄了《兩地書》全部原信135封，又收入了《兩地書》之外的29封。編者把這兩部分書信合在一起重新編號。1996年上海古籍出版社影印出版了周海嬰整理編成的《兩地書真迹》。這部書共兩冊，一冊是原信，一冊是魯迅抄錄改訂本的手稿（儘管此稿以修改原稿抄錄，但與初版《兩地書》文字上又有些不同，改動不是「一兩個字」，卻又不算多，這應該是最後的定本。〔註11〕）《兩地書》中的原信和改訂本的信，編號是完全一致，而《兩地書》之外的魯許通信則一律注明，並另行編號。〔註12〕這可算是《兩地書》的第三個版本。2005年1月，中國青年出版社出版了《兩地書・原信》，這是首次單獨出版原信，以寫信的時間順序來排印。值得一提的是，《兩地書・原信》沒有經過任何刪節，原汁原味，並且經過王得後重新校訂、更正了以往版本的錯誤，這應該是《兩地書》第四個版本，也是最權威的版本。

《兩地書》自1933年出版以來，從未有人對「合著」提出異議，但在1997年，此書的版權引發了糾紛，一方是魯迅和許廣平之子周海嬰，另一方是人民文學出版社。雙方就《兩地書》究竟是合作作品還是編輯作品產生了分歧。

〔註8〕陳可陵《讀〈兩地書〉後》，《出版消息》第16期，1933年7月16日。
〔註9〕黃詔年《兩地書》，《東方文藝》第6期，1933年6月。
〔註10〕袁良駿《王得後的〈〈兩地書〉研究〉》，《魯迅研究月刊》1989年第3期。
〔註11〕王得後《〈兩地書・原信版〉讀後記》，《博覽群書》2005年第1期。
〔註12〕倪墨炎《論〈兩地書〉的成書於出版》，《魯迅研究月刊》2006年第10期。

人民文學出版社依據《著作權法》認爲《兩地書》是將著作權屬於不同署名作者的作品彙集編排而成的圖書，由於作品中的各部分又能確定誰是作者，「如果各部分都有作者的獨立署名，那麼署名者就是這一部分的作者，也就是這部分作品著作權的單獨享有者。……在單獨使用署名者的作品時，只要不用原書的名稱，不聯帶使用他人署名的作品，就不會侵犯整體著作權和他人的著作權」〔註13〕而周海嬰認爲《兩地書》是合著作品，儘管魯迅逝世已超過五十年，但許廣平去世不足五十年，所以他應該擁有這部書的版權，出版社不經作者繼承人的同意，擅自將《兩地書》肢解，顯然侵害了作品的完整權。直到1998年1月，雙方經協商達成協議，周海嬰同意人民文學出版社在出版1981年版《魯迅全集》時，繼續使用《兩地書》一書，使用期限爲三年。人民文學出版社出版使用《兩地書》的稿酬標準爲：版稅10%。〔註14〕

長時期以來，魯迅研究逐漸成爲一門顯學，對《兩地書》的研究也顯得頗爲熱鬧。專著有王得後的《〈兩地書〉研究》（天津人民出版社1982年版）和英國漢學家杜博妮的《現代中國的情書與隱私》（Love-letters and Privacy in Modern China: The Intimate Lives of Lu Xun and Xu Guangping, Oxford University Press, 2002），論文有魯歌、衛華的《讀魯迅致許廣平書信手稿與〈兩地書〉》、郭豔的《有意遮蔽的現代性體驗——〈兩地書〉與其手稿之比較》、張小鼎《魯迅致許廣平書簡與〈兩地書〉》、高起祥的《〈兩地書〉的思想意義》、倪墨炎的《論〈兩地書〉的成書於出版》等等。從不同角度分析了《兩地書》，深化了該書的歷史意義和思想價值。

〔註13〕 李文兵《李文兵致周海嬰信——談〈兩地書〉是「合作作品」還是「編輯作品」》，《魯迅研究月刊》1997年第8期。

〔註14〕 祝曉風《〈兩地書〉著作權協議只管三年〈魯迅全集〉被侵權問題遠未解決》，《中華讀書報》1998年9月9日。

葉靈鳳早期散文的代表作

靈鳳小品集　葉靈鳳著　現代書局 1933 年 4 月初版

　　本書收散文隨筆六十餘篇，是葉先生六七年來散見各雜誌的小品文的總集。全書約十五萬字，共分五輯。第一輯雙鳳樓隨筆十篇，第二輯她們十二篇，第三輯遊記及文藝隨筆十二篇，第四輯白葉雜記二十餘篇，第五輯太陽夜記等七篇。葉先生的文字，素來以艷麗見稱。這集子裏的小品更能代表他那一種婉約的作風，所描寫的都是一種空靈的無可奈何的悲哀和曇花一樣的歡樂。如珠走盤、如水銀瀉地，能使讀者蕩氣迴腸，不能自持。幾年以來，爲作者這種文筆所傾倒已經不知有多少人，實在是中國文壇上小品文園地中唯一的奇葩。對於追求夢幻和爲生活所麻醉的人們，這是最適宜的一貼安神劑。

廣告載《現代》第 3 卷 1 號，1933 年 5 月 1 日

　　葉靈鳳（1904～1975），原名葉韞璞，筆名葉林豐、霜崖等。江蘇南京人。畢業於上海美術專門學校。1925 年加入創造社，開始文學創作。曾主編過《洪水》半月刊，是創造社後期的重要成員。1926 年與潘漢年主編《幻洲》半月刊。1928 年主編《現代小說》和《現代文藝》。一度參加中國左翼作家聯盟。1934 年與穆時英合編《文藝畫報》。1938 年去香港，在港 30 多年一直主編《星島日報》副刊《星座》，還編過《立報·言林》、《萬人周刊》等。主要作品有短篇小說集《女媧氏之遺孽》、《菊子夫人》、《鳩綠媚》，長篇自傳體小說《窮愁的自傳》、《我的生活》，長篇小說《紅的天使》，隨筆小品《靈鳳小品集》《讀書隨筆》等，另有一些譯作問世。在中國新文學史上，葉靈

鳳的文學史地位至今沒能得到應有的評價。作爲新文學文壇中集編輯家、小
說家、散文家、翻譯家、美術家、藏書家等多才多藝的「全才藝」人物，在
中國文學史上並不多見。但由於與魯迅展開過論戰、被誣之爲「漢奸」以及
後來移居香港等原因，在絕大多數現代文學史中至今仍難找到對葉靈鳳其人
其文的公允評價。

　　儘管葉氏以小說家的身份問鼎文壇，在二十年代出版過小說集《女媧氏
之遺孽》（1927 年）、《鳩綠媚》（1928）、《處女的夢》（1929）長篇小說《愛的
滋味》（1928）等。後又從事過文學翻譯，出版了《蒙地加羅》（1928）、《貝
利與露西》（1928）。但在小說創作、文學翻譯之餘，隨筆、小品的寫作也在
二十年代中期就開始了。三十年代末到香港之後，更主要以散文、書話爲主
要創作類型。他在「散文隨筆創作方面所作出的獨創性的貢獻，絲毫不比他
的創造社同人遜色。而他長期堅持書話寫作，更是與唐弢、黃裳鼎足而立，
成爲二十世紀中國散文史上的「書話三大家」。〔註 1〕姜德明說：「我有一個偏
見，儘管葉靈鳳先生的創作主要是小說，我卻覺得他一生在文學事業上的貢
獻還是在於隨筆小品方面。」〔註 2〕二十年代出版了《白葉雜記》、《天竹》，
三十年代有《葉靈鳳隨筆集》、四十年代有《忘憂草》、《讀書隨筆》、《新雨集》。
到港以後的散文更多，有《香港方物志》、《文藝隨筆》、《晚晴雜記》等。可
以說，在葉靈鳳半個世紀的創作生涯中，其散文成就絲毫不遜色於其小說。
如果以抵港的時間爲界，葉靈鳳散文創作分前後兩個時期，而三十年代出版
《靈風小品集》應該算是其早期散文創作的代表作。

　　在創造社被封之後，由於與張靜廬的交誼，葉得以在現代書局任職。負
責《現代》期刊以及現代書局所出圖書的裝幀設計。得了近水樓臺之便，葉
氏在現代書局出版了小說集《處女的夢》（1929）、《靈風小說集》（1931）、譯
作《木乃伊戀史》（1930）、《九月的玫瑰》（1931）。而散文集《靈風小品集》
也由現代書局於 1933 年 4 月初版。全書共 62 篇散文小品，分 5 輯。第 1 輯
有《雙鳳樓隨筆》（8 篇），主要描述日常閒居生活，其中不乏對現代文明發展
所帶來的城市污染的憂慮。取名「雙鳳樓」是因爲葉氏第一任夫人郭林鳳與
葉氏的名字都有鳳字。他們結婚後，葉靈鳳把寫於此時期的小品命名爲「雙

〔註 1〕陳子善《〈葉靈鳳散文〉前言》，《葉靈鳳散文》，浙江文藝出版社 2003 年版。
〔註 2〕姜德明《葉靈鳳的散文》，《葉靈鳳卷》，三聯書店（香港）有限公司 1995 年
　　　版。

鳳樓隨筆」。此外還有《天竹》和《笑》兩篇。第2輯《她們》（11篇），主要是對男女性愛的描寫，是以小說筆法寫散文。第3輯是抒情小品（5篇）與文藝隨筆（7篇），其中有《北遊漫筆》、《新秋隨筆》、《憔悴的弦聲》等名篇。第4輯《白葉雜記》（16篇）寫的是一個美妙的、粉紅色的幻夢。此外，還有《紅燈小擷》（4篇）以及《病榻囈言》和《桃色的恐怖》兩篇。第5輯《太陽夜記》（5篇）記親歷或目擊之事，充滿著對不平等的社會的憤激之情。後還有《靨夢》和《獄中五日記》兩篇。其中第2、3、4輯中的篇什多選自《白葉雜記》和《天竹》這兩本集子。所選的這些小品文多寫於1925～1930年，從中我們可以窺見那個時代知識分子的愛與憂，熱情與夢想。整個集子抒情氣息濃鬱，注重謀篇布局，色彩鮮明，有一定的藝術感染力。

　　為了使自己的散文作品選有更好的市場反響，葉靈鳳不但親自選輯了自己所寫的作品，還為本書作了裝幀設計。此書的封面以一株花為主體，色彩上採用綠紅黑三種顏色，書名用較大的美術字，黑底白字。與三十年代常用鉛字排印書名的做法不同。他的作品深受比亞茲萊的影響，帶有強烈的裝飾風格。此外，他還受到日本圖案的影響，作品中帶有日本圖案的痕迹。此書的襯頁上還有一個以方框式的黑白色構圖，中間有書名、作者以及出版社和

出版時間。封底還有紅色的現代出版社的出版標記、綠色手寫體的著者名以及紅黑綠三色的抽象構圖。在正文的版式設計也比較雍容，三十二開本，正文的天頭地角都比較開闊，行距較大，字體適中，每一頁頂上還有一粗黑線，上有「靈風小品集」標誌。總體上看，此書的裝幀設計別具一格，匠心獨運，也可見出著者對此書頗為重視。葉氏還為此書撰寫了廣告（見上引），作者對自己的小品風格以及給讀者的感受作了很精準而形象的介紹：「這集子裏的小品更能代表他那一種婉約的作風，所描寫的都是一種空靈的無可奈何的悲哀和曇花一樣的歡樂。」儘管也有對其小品過高的吹捧，如認為其小品「如珠走盤、如水銀瀉地，能使讀者盪氣迴腸，不能自持。」但總體上還是說得比較中肯。此外，葉氏還為此書寫了序言性質的《自題》，作者說道：「這裡面的每一篇文字，在現在讀起來，我都能追憶著當日將他們寫下的心情，每一篇裏面所包含的故事。這是我的生活的里程碑，許多用了全部年少的熱情和夢想去追尋的境地，都在這裡留下了他們的殘迹。」〔註3〕從這小品集中，確實留下了作者最近六七年生活的影子。

作為「創造社小夥計」期間，葉靈鳳受創造社元老們的影響，他主動發起了對魯迅的攻擊。在 1928 年，他先是在自己主編的《戈壁》第 2 期雜誌上，發表了一幅名為《魯迅先生》的諷刺漫畫，在這幅畫中，能看到一個大酒缸，上面伸出幾隻手來，分別揮舞著炸彈、狼牙棒、小說集等「武器」，裏面還注著「小說舊聞抄」、「有閒階級」、「權威」、「吶喊」等文字，諷刺魯迅是「陰陽臉的老人，掛著他以往的戰績，躲在酒缸的後面」。畫面中雖沒有魯迅的像出現，一望即知是對魯迅的攻擊。次年，葉靈鳳又在自己主編的《現代小說》第 3 卷第 2 期上，發表了自著小說《窮愁的自傳》，其中主人公有這麼一段：「照著老例，起身後我便將十二枚銅元從舊貨攤上買來的一冊《吶喊》撕下三面到露臺上去大便。」針對葉靈鳳的攻擊，魯迅先是在《革命咖啡店》一文中說：「革命文學家，要年青貌美，齒白唇紅，如潘漢年葉靈鳳輩，這才是天生的文豪；樂園的好料……」〔註4〕魯迅這一段話，使葉靈鳳從此戴上了「齒白唇紅」這頂帽子。1931 年，魯迅在《上海文藝之一瞥》中，又逮著葉靈鳳的短處大肆冷嘲熱諷：「在現在，新的流氓畫家出現了葉靈鳳先生，葉先生的

〔註3〕葉靈鳳《自題》，《靈鳳小品集》，上海現代書局 1933 年版。

〔註4〕魯迅《革命的咖啡店》，《魯迅全集》第 4 卷，第 118 頁，人民文學出版社 2005 年版。

畫是從英國的琵亞詞侶（Aubrey Beardsley）剝來的，琵亞詞侶是『為藝術的藝術』派，他的畫極受日本的『浮世繪』（Uliyoe）的影響。」〔註5〕談到革命文學時，魯迅又不忘順帶一筆：「還有最徹底的革命文學家葉靈鳳先生，他描寫革命家，徹底到每次上茅廁時候都用我的《吶喊》去揩屁股，現在卻竟會莫名其妙的跟在所謂民族主義文學家屁股後面了。」〔註6〕

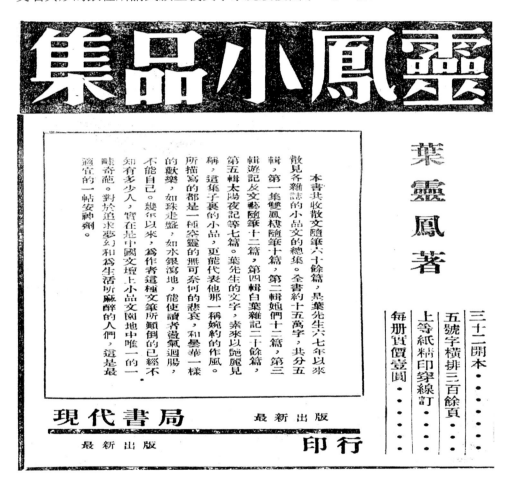

對於魯迅對他的攻擊，葉靈鳳自然不甘示弱，在此書《自題》中，葉靈鳳針對魯迅的冷嘲熱風，他也借題發揮進行了回擊。「我知道這就是我自己的弱

〔註5〕魯迅《上海文藝之一瞥》，《魯迅全集》第4卷，第300頁，人民文學出版社2005年版。

〔註6〕魯迅《上海文藝之一瞥》，《魯迅全集》第4卷，第305頁，人民文學出版社2005年版。

點，因爲有一位年歲很大的作家，就專門藉了這一點來向我攻擊」，這一句自然是針對魯迅在《革命咖啡店》裏諷刺他「年青貌美，齒白唇紅」而言。而「譬如說，如想做中國的高爾基之類——雖然中國的『高爾基先生』也只能將舊作雜湊起來，加一張照像，出一冊矇騙讀者的自選集而已。」這一句又是針對魯迅以及 1933 年 3 月由天馬書店出版的《魯迅自選集》而言的。因爲魯迅在當時已被一部分人稱爲「中國的高爾基」，以致蕭伯納在 1933 年 2 月 17 日會見魯迅時說：「他們稱你爲中國的高爾基，但你比高爾基漂亮」。〔註 7〕而天馬書店出版的《魯迅自選集》，書前確有魯迅的照片一張。魯迅在《〈魯迅自選集〉序言》中也有「取出二十二篇來，湊成一本」一句。

　　儘管葉氏譏嘲《魯迅自選集》是一本雜湊的集子，而他的《靈鳳小品集》又何嘗不是呢？從編入的篇目看，他把《白葉雜記》和《天竹》這兩本集子的內容幾乎全部收入（《白葉雜記》選入 20 篇，《天竹》選入 12 篇，占全部數量的一半），給人有拼湊之嫌。儘管如此，在葉氏自己的一手策劃下，該小品集初版問世之後，市場反映應該說還相當不錯，初版 2000 冊很快就售罄，當年 7 月再版，1934 年 3 月印至第三版。可見，《靈鳳小品集》確實給「對於追求夢幻和爲生活所麻醉的人們，這是最適宜的一貼安神劑。」

〔註 7〕轉引自鏡涵《魯迅比高爾基漂亮》，《魯迅研究月刊》1992 年第 11 期。

作爲「話題」的長篇雜文《文壇登龍術》

文壇登龍術　章克標著　綠楊堂 1933 年 5 月初版

甲種大洋一元　乙種大洋八角

　　文壇文壇，是多麼令人心醉的名詞，是怎樣爲青年人所羨慕的地盤，而且這個地盤，是沒有軍閥的盤踞，貪污的搜括，土劣的蟄伏，頗有令人疑爲人間樂園的。但是要進身文壇，又是多麼一件不容易的事啊！這壇上有群英割據，各霸一方，大有把主地盤的武人樣子，其守土有責，誓同存亡，遠非我國現在長期抵抗之武人所可企及。因之可以令人想到中國地大物博，人民馴如羔羊，山川美麗肥沃，地下蘊藏豐富，還不及文壇的好。固武人之愛土地人民財貨遠不及文人之愛佔據文壇也，是這樣好的文壇，你想登身於文壇嗎，那麼請快讀這《文壇登龍術》呢！

　　本書目錄：序論 ①資格 ②氣質 ③生活 ④社交 ⑤著作 ⑥出版 ⑦宣傳 ⑧守成 ⑨應變

　　洋洋十萬言之巨著，暴露文壇之秘密，給文學青年以最有益之暗示，此本書不可以不先睹爲快也。但漏地無機，恐幹無恕，因此不敢廣爲流佈，爰限售一千五百部，只賣預約，恕不單行。甲種用中國上等海日致，乙種用毛邊紙精印，線裝古樸可喜，要者從速預約，甲種限五百部，乙種限一千部，滿額印行截止，幸勿失之交臂。

　　中國美術刊行社總代發行

　　預約本埠限五月三十一日止，外埠寬放十日

　　　　　　廣告載《論語》第 17 期，1933 年 5 月 16 日

　　章克標（1900～2007），可說是 20 世紀中國文壇最高壽的作家。在其漫長的人生歷程中，經歷了晚清、民國及中華人民共和國，見證了整個20世紀的歷史，身歷和目睹了百年中國的滄桑巨變。作爲一個從事寫作的作家，在其一生中有兩件事曾轟動一時。其中之一就是三十年代初寫作出版長篇雜文《文壇登龍術》（另一是以百歲高齡登報徵婚，成爲「海上聞人」）。這本書對章克標來說可謂毀譽參半，學界至今仍有不同的看法。但章克標卻因此書的問世確實是轟動文壇，暴得大名。

　　1926 年，章克標從日本留學回國後，幹編輯，主編教科書，參加文學社團等。1929 年，與詩人邵洵美創辦時代圖書公司，出任總經理，並主編《十日談》旬刊等，不時有作品在《申報・自由談》、《論語》等刊物上發表。在上海這個頗具濃鬱商業氣息的文壇裏浸潤日久，也見慣了文壇的種種怪現狀。受坪內逍遙的《一唱三歎當事書生氣質》啓發，決定以詼諧、諷刺、幽默的筆調寫一部不正經的文章《文壇登龍術》。此書從 1931 年下半年開始寫作，由於「一二八」事件被迫中斷，直到 1933 年年初又開始續寫，終於完成初稿。

　　由於章克標在時代圖書公司任職，本可利用職務之便讓自己的書順利面世。但頗有商業頭腦的他自信這本書一經出版就能暢銷，深諳圖書出版之道的他顯然不願讓書店盤剝自己，爲了讓自己收益更多，所以決定自費印行。關於此書的印行出版，章在晚年有較詳細的回憶：

　　　　那時我在邵洵美辦的時代書店（全名叫時代圖書出版印刷發行公司），交此店出版是最順當的事，或者也可以交開明書店，但並不這麼做。因爲經過他們的手，就有很多麻煩。經過編輯部、出版部的種種手續，而且稿酬也還拿不到現金。版稅、書銷出以後才算帳付款。而時代書店裏則更拿不出錢來，所以由自己直交印刷所及裝訂所，出書後交時代書店總代銷，虛擬了一個綠楊堂的名字。

　　既然決定自費印行，章自然要迅速著手出版事宜。他把書稿提交到與時代書店有業務往來的印刷所和裝訂所，這樣可以欠賬，又想辦法賒到了一些紙張。幾經籌劃終於在 1933 年 5 月該書以「綠楊堂」名義出版。封面裝幀是是新文學作品中極爲少見的倣古線狀本，有點古色古香，有冒充古籍之嫌。該書初版只有 1500 冊，分甲乙兩種，甲種用柿青紙作封面，分定上下冊，正文用較好的海日紙，定價一元六角，共 500 部；乙種爲線狀普及本，訂一厚冊，封面用有色紙，正文用毛邊紙，定價一元，計 1000 部。

　　爲了擴大影響，章克標不惜冒著別人「牆內喝彩」的指責，還爲自己的書寫了預約廣告（見上引）。在廣告詞裏，他大肆渲染文壇的吸引力，最後落腳點在「給文學青年以最有益之暗示」，推銷之意溢於言表。初版問世後，銷路情況頗佳，1500 冊不到兩個月內就賣完。章克標大爲高興，8 月初，他就著手再版事宜。爲此，他又爲再版發售預約寫了廣告詞（見《十日談》第 2 期，1933 年 8 月 20 日），內容如下：

　　　　　文壇登龍術　　再版發售預約　　章克標著
　　　預約期限九月底截止　　出書定十月中　　定價大洋一元六角　　預約特價一元正

　　　　本書印行以來，震撼天下，轟動一時。文學界僉認爲非常重大之發明，以爲有得諾貝爾科學獎金之資格。只以初版印數既少，且不售單行本，致失之交臂者望洋興歎，或來信作不平之鳴，或發言爲冷嘲惡謔，奇文不共欣賞，卒至怨聲載道，冷箭乃同飛蝗急雨，長此以往，不圖挽救，勢必結怨天下，干犯眾怒，其何以堪。茲商得著作人之同意，印行再版一次，以廣流傳，並使善男信女，得以瞻仰頂禮，文學青年，藉資揣摩借運焉。（以上廣告文句希國內各大批評家勿斤斤於遣詞造句上之計較）全書十餘萬言，用中國潔白連史紙精印，分訂上下二冊，極爲珍貴美觀，在此預約期內，特售特價。並爲讀者購買便利起見，已加請現代書局開明書店，爲特約代理處，各該店全國各埠分店均可預約，茲特廣告如上。
　　本書目錄
　　序論　第一章　資格　第二章　氣質　第三章　生活　第四章　社交　第五章　著作　第六章　出版　第七章　宣傳　第八章　守成　第九章　應變
　　　總代發行：中國美術刊行社　　特約代理：現代書局開明書店
　　　成功秘訣揚名捷徑　　　　　　寄遞如需掛號另外大洋一角

再版的廣告中，章克標大肆誇張此書初版後的反響，甚至大言不慚地說「有得諾貝爾科學獎金之資格」。1933 年 10 月，《文壇登龍術》再版問世。由於此書已在文壇產生了熱烈反響，購讀者仍頗為踴躍。由於此時章克標是《十日談》的編輯，利用職務之便，他連續在《十日談》（第 13～24 期）刊出廣告，彙報圖書銷售情況。據《十日談》第 19 期（1034 年 2 月 10 日）上的廣告（有「現已售罄」的文字）看，再版本出版在四個月內就基本售完。

　　既然再版本也很快售完，章克標又開始籌劃印第三版。1934 年 4 月初，章克標又為三版寫了發售預約的廣告（載《人言》第 1 卷第 8 期，1934 年 4 月 7 日），內容如下：

　　　　文壇登龍術　　章克標著，三版印行，發售預約

　　　中國潔白連史紙印　　分訂上下二冊，定價大洋一元六角　　預約特價一元正　　寄遞如需掛號另外大洋一角

　　　限期：五月十五日截止　　同時出版　　外埠寬放十日郵戳為憑

　　　揚名秘訣　　成功捷徑

　　　《文壇登龍術》自出版問世以來，謬承各界不棄，予以熱烈之歡迎。譽揚與貶，抑嘵嘵眾口，此實因該書確能抉擇文壇秘事之精英，道出揚名之秘訣，成功之捷徑，轟動一時，非無故也。茲因再版限售預約，印數又少，致後來者均不能購得，實有負愛好者諸君之雅意；茲特商得著者同意，印行三版一次，以副渴望一讀該書諸君之高誼，此次用潔白中國連史紙精印，分訂上下二冊，仍照初版依中國古式裝訂，極清雅可愛，愛讀奇文之士以及欲明瞭登文壇之妙法者，不可不亟來預約也。

　　　　上海第一出版社發行　　　　　　　　　　　　綠楊堂謹識

　　三版預約廣告宣稱此書能「抉擇文壇秘事之精英，道出揚名之秘訣，成功之捷徑」。他也主要解釋了此書三版的緣由，印數太少，讀者購讀熱情。1934 年 5 月，《文壇登龍術》三版問世，章克標又為三版寫了廣告（載《十日談》第 29 期，1934 年 5 月 20 日），這則廣告，文字如下：

　　　　文壇登龍術　　章克標著　　定價一元六角

　　　連史紙印　上下二冊古式裝訂　風雅可愛內容充實　趣味悠長既莊且諧　亦喜亦憎

　　　暴露鮮明　指責入微借鏡有道　趨避須問莫入歧路　離此迷津春雷

　　一聲　直上青雲

第一出版社啓

這則廣告字數較少，但全用四字句，共 16 句，64 字，但把此書的裝幀、內容、語言風格以及效用都精關表達出來。

　　可見，爲了此書的編校、印刷及宣傳，章克標費了許多心力。由於是自費印行，爲了便於盡快得到書款，以便支付圖書出版的部分費用，章克標還採用預售的發行方式。圖書預約（預售），簡單地講就是出版社在某一圖書未出版之前就與消費者（讀者）達成協議，提前賣出該圖書的一種發行方式，這是一種雙贏的營銷策略。作爲民國出版業重要組成部分的新文學出版，同樣也採用過圖書預約（預售）策略。如《北平箋譜》、《中國新文學大系》、《魯迅全集》等都採用過圖書預售。預約對那些出版資金並不很充足的圖書來講特別有利。通過預約（預售）提前把書買給了讀者，提前得到了書款，這筆書款可以爲出版該書提供資金上的保證。而章克標在出版《文壇登龍術》時無疑玩了一次空手道，由於是現款預售，更多地在上海一地發賣，外地讀者預定這本書則很比較困難。時爲中學生的冀汸就曾無緣購買到此書，只得望廣告興歎。〔註 1〕加之，此書是交書店代理髮行，章克標未能親自掌握圖書的銷售情況，使得賣書的款項他也未能掌握，直到他離開時代書店，與書店的帳仍未能結清，他想大賺一筆的如意算盤並未實現。反而讓時代書局的老闆邵洵美對他產生了不滿：

　　　　因之滿以爲可以有點實際收益的，卻又實際是落了空。第一版
　　很快脫銷，立刻再版，因而又得先付出紙張費用。收回來的款項，
　　雖然也有少量餘款，但是拿不出來，直到我離開時代書店，這錢仍
　　未結清。只有存書一百餘部是存放在我自己誠信坊家裏，書的紙型，

〔註 1〕冀汸《望山居偶語》，第 365 頁，華東師範大學出版社 1998 年版。

也還放在時代的棧房裏，以後也損失了。所以這事是沒有得到經濟上的任何收益，徒然空費心力而已。此外當然給邵洵美一種印象，我也是要鬧獨立，不情願在他的支配之下的印象，至少有人可以這樣說，因此來作爲眞憑實據。〔註2〕

著者爲此書寫了序言性質的《解題》，主要圍繞此書的書名作了一些交代：「當漢之末代，天下大亂，有所謂黨錮之禍，是一種禁止言論自由，壓迫民眾呼聲的大獄，因爲當時的文人，崇尚氣節，指謫朝政，不稍假借，清議的力量很大，遭當局者之忌，而要被捕殺，不是偶然的。但天下輿論都尊崇那些文人，其中李膺最爲有名，凡人得著他的接見，便爲人所羨慕，當時人稱爲登龍門。登龍倘使作爲登龍門的略語，則文壇登龍術可以說就是文人揚名的法術了。」〔註3〕在《後記》中則主要交代了此書的寫作過程，最後他還自詡本書的偉大價值：「實在本書雖則叫『文壇登龍術』，其實不限於文壇，凡在社會上想露頭角的，都可沿用本書上的原理而得達到其目的，所以本書的力量，益加偉大了，抗日等情豈有不能借助之理。倘使你是懂得舉一反三的道理，對於此地的這一番話，更將獲得無限的利益。」〔註4〕正文除了《緒言》和《結文》外，還有九章，分別爲資格、氣質、生活、社交、著作、出版、宣傳、守成、應變，每一章又有若干小節。全書共計約14萬字，對當年文壇的各種流派進行了剖析與比較，對文化界各種軼聞、怪事、醜事、醜態在嬉笑怒罵中進行了揭露和批評。作者用諷喻的手法，畫出了文壇的眾生相，刺痛了一些所謂的「文人」，但是作者的記敘議論不免流於油滑，使得全書顯得不嚴肅反而給人一種輕浮之感。

該書問世後，在文壇引起了熱烈的反響，關於文壇登龍的文章也見諸報端。如有陳子展的《文壇龍頭論》、魯迅的《登龍術拾遺》和《「滑稽」例解》、傖的《處女與登龍》、蒲殿俊的《讀了〈處女與登龍〉以後》等，都對文壇現象予以批評。尤以魯迅的文章影響最大。魯迅通過《論語》（1933年6月16日）上刊載關於此書的廣告文字、《解題》和《後記》對此書有了一個大致的瞭解。對於魯迅這樣的文壇中人，自然對文壇的現象十分熟悉。於是，他藉此寫出了《登龍術拾遺》，以諧謔的筆調諷刺了利用婦家的經濟實力而

〔註2〕章克標《章克標文集》（下），第175頁，上海社會科學院出版社2003年版。
〔註3〕章克標《解題》，《文壇登龍術》，四川文藝出版社1999年版。
〔註4〕章克標《後記》，《文壇登龍術》，四川文藝出版社1999年版。

登文壇的乘龍快婿：「要登文壇，須闊太太，遺產必需，官司莫怕。」以及從文壇上去做女婿的登龍之術：「尋一個家裏有些錢，而自己能寫幾句『阿呀呀，我悲哀呀』的女士，做文章登報，尊之爲『女詩人』。待到看得她有了『知己之感』，就照電影上那樣的屈一膝跪下，說道『我的生命呵，阿呀呀，我悲哀呀！』——則由登龍而乘龍，又又乘龍而更登龍，十分美滿。」〔註5〕顯然，魯迅對文壇這樣的登龍之士十分厭惡，藉此挖苦了文壇的一些好名之士。魯迅在《「滑稽」例解》中儘管未有所指，但聯繫到《登龍術拾遺》，似覺得對《文壇登龍術》有批評：「中國之自以爲滑稽文章者，也還是油滑，輕薄，猥褻之談，和眞的滑稽有別。這是『狸貓換太子』的關鍵，是在歷來的自以爲正經的言論和事實，大抵滑稽者多，人們看慣，漸漸以爲平常，便將油滑之類，誤認爲滑稽了。」〔註6〕

　　由於魯迅的批評，以及章個人政治上的污點，這本《文壇登龍術》長期以來不被文壇所重視，作者也被貼上無聊文人的標籤。直到文革結束之後，《文壇登龍術》再次進入讀者的視野。1988年黑龍江教育出版社重版了該書。1999年四川文藝出版社再次推出了《文壇登龍術》，兩次重版數量共上萬冊。文化界又再次談論章克標及其《文壇登龍術》，據筆者所讀到的就有流沙河的《笑讀〈文壇登龍術〉》、冀汸的《〈登龍術拾遺〉之拾遺》、龔明德的《試讀〈登龍術拾遺〉》、高信的《畸形文壇的一面鏡子》、徐重慶的《章克標的〈文壇登龍術〉》、楊建民的《〈文壇登龍術〉的由來及遭遇》、郭建業的《魯迅讚賞過〈文壇登龍術〉？》、顧農的《也談〈文壇登龍術〉》等等。儘管他們的觀點頗不一致，但是自由的探討及其爭鳴的氣氛還是讓章克標及其《文壇登龍術》越來越爲廣大讀者所知。

〔註5〕魯迅《登龍術拾遺》，《申報‧自由談》1933年9月1日。
〔註6〕魯迅《「滑稽」例解》，《申報‧自由談》1933年10月26日。

魯迅的雜文與雜文的經典化

何凝編錄並序　魯迅雜感選集　上海青光書局1933年7月初版

　　魯迅先生的雜感集共有六種。(1)熱風，(2)華蓋集，(3)華蓋續集，(4)而已集，(5)三閒集，(6)二心集。全部售價爲四元零五分。現在這部選集，只售洋一元二角：在時間上我們也可以經濟不少。在生活匆遽的現代，以最低的價格和最經濟的時間來瞭解魯迅先生的思想，最好是買這一本書。對於他的思想系統明瞭以後，再細讀他的各個專集，一切便都可以了然，彷彿「迎刃而解」了。

廣告載《青年界》第4卷第1號，1933年8月1日

　　在二十世紀雜文的發展史上，魯迅無疑是確立雜文文類特徵並使之佔據獨立文類地位的重要推手，他以雜文創作及其開創的「魯迅風」雜文在二十世紀文學史上具有獨特的意義。從魯迅寫作雜文的時間看，最初從《新青年》、《語絲》、《莽原》、《京報副刊》、《晨報副刊》，30年代又有《萌芽》、《太白》、《文學》、《申報·自由談》等。可以說，魯迅在二十餘年的文學創作生涯中，雜文越來越成爲其重要的創作部分。特別是後期思想最成熟的年月裏，傾注了他的大部分生命與心血於雜文創作中。從1925年魯迅出版雜文集《熱風》開始，陸續問世了《華蓋集》、《華蓋集續編》、《墳》、《而已集》、《三閒集》、《僞自由書》、《南腔北調集》、《拾零集》、《準風月談》、《花邊文學》等。直到1936年去世，魯迅幾乎每年都有雜文集問世。隨著魯迅雜文的大量問世，在文壇上對於魯迅雜文的價值意義的探討也頗多分歧，但眞正確立魯迅雜文獨特價值和意義並使之經典化的事件是瞿秋白編選的《魯迅雜感選集》。

《魯迅雜感選集》為什麼由瞿秋白
來編選？這自然要從魯迅和瞿秋白的
戰鬥友誼談起。1930 年秋，在中共黨內
失勢的瞿秋白來到上海並領導左翼文
化運動。關於瞿秋白，魯迅是早已知道
的。他最初從馮雪峰（其時為共產黨的
青年作家）口裏知道了瞿秋白從事文藝
著譯，其時他們還未見過面。他還想通
過馮雪峰讓瞿秋白多翻譯一些馬列文
藝理論著作。而瞿秋白一開始也是對魯
迅抱著深深的敬意。1931 年底，他們在
《關於翻譯的通信》中就彼此以「敬愛
的同志」相稱。1932 年夏秋之間，魯迅
在寓所接待了瞿秋白楊之華夫婦。許廣
平這樣回憶那天見面的情形：「魯迅對

這一位稀客，款待之如久別重逢有許多話要說的老朋友，又如毫無隔閡的親
人骨肉一樣，真是至親相見，不須拘禮的樣子。總之，有誰看到過從外面攜
回幾尾魚兒，忽然放到水池中見了水的汪洋得意之狀的嗎？那情形就彷彿相
似。」〔註1〕由於國民黨實行白色恐怖，瞿秋白夫婦曾三次到魯迅家中避難。
第一次避難是在 1932 年 11 月。其時，兩人有談不完的話。第二次避難是在
1933 年 2 月初，2 月底便走了。第三次瞿秋白來魯迅家避難，是在 1933 年 7
月下半月。此外，為了安全起見，魯迅還親自為瞿秋白夫婦在上海租得一處
較安全的住處——北四川路日照里 12 號的亭子間。此住處離魯迅住地又非常
近，他們交往更為頻繁，文藝思想也日益親近，瞿魯甚至還在 1933 年 3、4
月合寫了雜文十餘篇。在魯迅家避難的時間裏以及長期的交往中，瞿秋白對
魯迅有了進一步瞭解。這也成為他編輯《魯迅雜感選集》並為之寫作序言的
思想基礎。

瞿秋白為什麼要在1933 年 3 月開始編選《魯迅雜感選集》呢？楊之華曾
如是說：「當時社會上有些人對魯迅的為人和他的偉大作品缺乏正確的認識，
甚至對他進行攻擊和謾罵。……秋白同志認為有必要為魯迅辨明是非，給魯

〔註1〕許廣平《魯迅回憶錄》，第 118～119 頁，作家出版社 1961 年版。

迅一個正確的評價。同時，秋白認爲魯迅革命立場堅定，是一貫爲人民群眾利益而鬥爭的好榜樣，有很多優點值得共產黨員和革命青年學習，認爲自己有責任號召大家向魯迅學習。」〔註2〕事實確實如此，儘管魯迅成爲「左聯」的盟主，但創造社、太陽社的一些成員仍然不能認識魯迅在中國的價值，甚至依舊對魯迅冷嘲熱諷。如錢杏邨在《中國新型文學中的幾個具體問題》（《拓荒者》第1期，1930年1月10日）、黎炎光編的《轉變後的魯迅》（北平東方書店1931年版）、舒月的《我觀魯迅》（《現代出版界》第7期，1932年12月1日）等文章中不但對魯迅有譏嘲之意，就是對魯迅的認識也頗爲錯誤。右翼文人也隔岸觀火，趁機對魯迅肆意污蔑攻擊。所以，瞿秋白覺得他必須及時地站出來，全面論析魯迅及其作品的價值和意義，以便糾正人們對魯迅的錯誤認識。

瞿秋白決定編選《魯迅雜感選集》一事也獲得了魯迅的鼎力支持。由於瞿秋白不能公開露面又不能暴露真實姓名，所以他們兩人有了分工和合作。3月20日晚，魯迅先致信給正在印製《兩地書》的北新書局李小峰：「有一本書我倒希望北新印，就是：我們有幾個人在選我的隨筆，從《墳》起到《二心》止，有長序，字數還未一定。因爲此書如有別的書店出版，倒是於北新有礙的。」〔註3〕得到李的同意後，瞿秋白立即投入選編及序言的撰寫，他的所選篇目主要從魯迅已經出版的七部著作（包括《熱風》9篇、《墳》9篇、《華蓋集》11篇、《華蓋集續編》11篇、《而已集》13篇、《三閒集》11篇、《二心集》10篇）選出74篇，時間跨度從1918年到1932年。完成篇目的選擇以及排序之後，又花了四夜的功夫寫出了一萬五千餘字的長篇序言《〈魯迅雜感選集〉序言》。出於迷惑敵人的需要，瞿秋白化名「何凝」並故意在《序言》末署「一九三三・四・八・北平」的字樣。4月13日，瞿秋白把編選的稿件及序言交給魯迅，他的工作初步完成。而魯迅在接下來的四個月裏負責該書的出版工作。

魯迅接到瞿秋白的書稿後，立即投入到對這將近二十萬字的書稿的校閱工作，同日他又立即致信給李小峰，報告了選集的字數，交代了怎樣排版，如何付給編選者酬金，自己的版稅以及序言等情況。並特別交代「此書印行，似以速爲佳」。4月20日，他已校閱書稿至大半，又致信給李小峰，表示要將

〔註2〕楊之華《〈魯迅雜感選集〉序言是怎樣產生的》，《光明日報》1961年9月23日。

〔註3〕《魯迅全集》第12卷，第383頁，人民文學出版社2005年版。

書稿改為橫行，格式全照《兩地書》排版。4月26日，魯迅寫信通知李小峰派店友去取書稿，對序言又作了特別交代：「序文亦寄來，內中有稍激烈處，但當無妨於出版，兄閱後仍交還，當於本文印好後與目錄一同付印刷局也。」〔註4〕從拿到書稿到提交書稿，魯迅只用了半個月的時間把這本雜感選集的出版事宜（包括字號、字型、排版格式、裝幀等方面）全部安排妥當，即體現出魯迅工作的「從速」，〔註5〕又反映了他一絲不苟的精神。書稿提交給北新書局之後，魯迅的工作仍然未完。書局5月初就投入了排版工作，魯迅替代瞿秋白獨自擔任校對。從魯迅的日記中可知，他於5月7日開始校《雜感選集》，以後的一個多月時間裏，他陸陸續續校正稿件，到6月16日夜才校畢投入付印。7月上旬，首批1000冊印出，7月8日收到20冊樣書，魯迅這才鬆了一口氣。

何凝編錄并序

魯迅雜感選集

青光書局發行

魯迅先生的雜感集共有六種(1)熱風，(2)華蓋集，(3)華蓋續集，(4)而已集，(5)三閒集，(6)二心集；全部售價為四元零五分，現在的這部選集只售洋一元二角；在時間上我們也可以經濟不少。在生活匆邃的現代，以最低的價格和最經濟的時間來了解魯迅先生的思想，最好是買這一本書。對於他的思想系統明暸以後，再細讀他的各個專集，一切便都可以了然，彷彿"迎刃而解"了。

〔註4〕《魯迅全集》第12卷，第390頁，人民文學出版社2005年版。
〔註5〕魯迅從速印行這本選集也有以經濟上幫助秋白夫婦的含意在。由於秋白有病，楊之華也無固定工作，所以生活頗為困頓。秋白剛剛編定《選集》目錄的4月5日，魯迅就決定先送他一筆錢。後在讀到秋白的《序言》後立即決定送他三百元。接著在書稿尚未發出，出版之日也未可知的情況下，他自己首先付出一百元給秋白以解決他的生活急需。7月10日，魯迅又提前支給二百多元給秋白。

　　此書以青光書局的名義出版，共 292 頁（包括序言以扉頁插圖 32 頁），二十四開本。版權頁上注明：1933 年 5 月付印，1933 年 7 月出版。書封面用淺黃色布紋紙，封面的上半部畫了一個橫的方格，面積比一般名片稍大。方格裏印著三行字：靠上的第一行是「何凝編錄並序」；當中是「魯迅雜感選集」，字體比第一行大一倍；第三行是「青光書局」發行，字體與第一行相同。書前有司徒喬 1928 年用炭筆手繪的魯迅畫像一幀。《選集》問世之初，書局還為此書作了廣告（文字如上引），儘管宣稱此書「以最低的價格和最經濟的時間來瞭解魯迅先生的思想」，但似乎銷路並不太好，兩年後才在 1935 年 9 月再版一次。

　　與確定選集的篇目相比，瞿秋白更為看重選集的《序言》，他花了四整夜的功夫寫出了一萬五千餘字的序言。序言共分八個部分。總論部分，瞿秋白首先引用了魯迅關於自己使命的自白：「自己背著因襲的重擔，肩住了黑暗的閘門，放他們到寬闊光明的地方去。」把魯迅當成革命殉道者的象徵，接著他又以盧那蔡爾斯基《高爾基作品選集序》的表述，構成中蘇文藝對稱結構，以高爾基和魯迅的共同之處來確立魯迅為中國的高爾基。第二部分是過渡部分，把魯迅比作神話中敢於蔑視羅馬城的萊謨斯，突出其對傳統文化的叛逆：「魯迅是萊謨斯，是野獸的奶汁所餵養大的，是封建宗法社會的逆子，是紳士階級的貳臣，而同時也是一些浪漫諦克的革命家的諍友！他從他自己的道路回到了狼的懷抱。」這裡瞿秋白把魯迅革命思想的邏輯起點確定為魯迅的家庭出身，這樣自然過渡到以階級論闡釋魯迅的基本思路。然後「從第三部分到第七部分，瞿秋白嫻熟地根據革命進化論邏輯，在歷史性敘述中按照『辛亥革命——五四前——五四時期——大革命時期——革命文學論爭時期』的進程，對魯迅從進化論到階級論進行了革命思想生長的梳理和總結。」〔註6〕最後一部分是瞿秋白的結論歸納，根據階級論的敘述模式，魯迅雜感寫作史也從進化論過渡到階級論，魯迅也從紳士階級的逆子貳臣進到無產階級和勞動群眾的友人。最後，瞿秋白還總結出魯迅雜感的四點特色：第一，是最清醒的現實主義；第二，是「韌」的戰鬥；第三，是反自由主義；第四，是反虛偽的精神。

　　應該說，瞿秋白在《序言》中實現了對魯迅在中國精神文化史上獨特價值的分析和確認以及對魯迅雜文文體特徵及其精神文化意義的概括與總結。

〔註 6〕傅修海 陳華積《瞿秋白與魯迅經典化進程》，《魯迅研究月刊》2011 年第 2 期。

但是，瞿秋白個人的政治立場決定了他對魯迅及其雜文的價值和意義的闡發
是帶有強烈的政治色彩的，主要是出於他在當時政治鬥爭和思想鬥爭中的切
身感受進而編輯出了自己想塑造的、現實革命也需要的紅色魯迅。在現今對
三十年代文學與政治有了清晰的認識後來理解這篇序言，瞿秋白所發現的魯
迅的「革命傳統」是存在矛盾和不夠周全的，他也未能把魯迅及其雜文放在
一個更高的視域來考查，得出的結論自然有其歷史的局限性。正如張夢陽就
認為這篇序言的局限主要表現在兩個方面：一是視域仍然不夠開豁，僅從當
時無產階級政黨的政治利益出發認識魯迅，而未能從整個人類的精神文化史
的廣闊視野中對魯迅思想的終極意義作宏觀把握。二是在理論表述中一些概
念缺乏足夠的準確性。〔註 7〕所以瞿秋白在序言末也坦承，魯迅的雜感的意
義，不是序言中這些簡單的敘述所能夠完全包括得了的。不過為著文藝戰線
的新的任務，需要指出雜感的價值和魯迅在思想鬥爭史上的重要地位，以引
導我們對魯迅雜文戰鬥精神的高度體認。這也說明，瞿秋白編選和序論魯迅
雜感的真正意圖和思想內核，並不在文學領域的探討，而是對魯迅革命思想
的梳理和確認。不得不承認，瞿秋白這篇序言在二十世紀的魯迅研究史上開
創了從政治角度認識魯迅的一種傳統，即它的出現不僅為中國新文學史樹立
了堪稱經典作家的魯迅，更塑造了一位革命文藝戰線上的紅色旗手，從而開
啟了建構革命魯迅的進程。

〔註 7〕張夢陽《中國魯迅學通史》（上卷 1），第 151 頁，廣東教育出版社 2005 年版。

代表戴望舒詩歌成就的《望舒草》

望舒草　戴望舒定本第一詩集　現代書局 1933 年 8 月初版

戴望舒先生的詩，是近年來新詩壇的尤物。凡讀過他的詩的人，都能感到一種特殊的魅惑，不是文字的，也不是音節的，而是一種詩的情緒的魅惑。從前戴先生曾有過一冊題名爲《我的記憶》的詩集，但其中有大部分已不爲作者自己所喜，所以現在刪去他自己所不滿意的，加入許多新作，編成這定本第一詩集。卷首有作者老友杜衡先生的序文，給這一集詩以欣賞的估價。卷末附作者之詩論零箋，使讀者得以約略窺見作者對於新詩的主張。每冊定價五角。

廣告載《現代》第 3 卷第 4 期，1933 年 8 月 1 日

1929 年 4 月，戴望舒自己編訂的第一本詩集《我底記憶》由水沫書店出版。該詩集一共收錄詩人在 1929 年之前創作的新詩 26 首，大致以時間爲序，分成三輯：「舊錦囊」、「雨巷」、「我底記憶」。「舊錦囊」共 12 首詩，帶有詩人鮮明的生活經歷的投影，多有感時憂國之慨，從內容到形式都有濃鬱的古典詩歌氣息。「雨巷」（6 首）和「我底記憶」（8 首）兩部分的詩歌主要記錄了詩人與施絳年的愛情經歷。整部詩集以《雨巷》最爲出名，葉聖陶稱讚《雨巷》「替新詩的音節開了一個新紀元」，〔註1〕保爾（徐元度）從中國新詩藝術發展的高度，充分肯定了此詩集的意義，強調了它的象徵主義及其性質在題材、章法、音樂性方面的突破性成就，「這本集子給中國的新詩開出了一條出路，他的作者在中國詩壇上正如 Ruben Dario 在西班牙詩壇一樣重要」〔註2〕。

〔註 1〕轉引自杜衡《〈望舒草〉序》，戴望舒《望舒草》，上海現代書局 1933 年版。
〔註 2〕保爾《一條出路》，《新文藝》第 1 卷 2 號，1929 年 10 月。

朱湘認爲《雨巷》的音節完美無瑕，「兼有西詩之行斷意不斷的長處，在音節
上比起唐人長短句來實在毫無遜色」。〔註 3〕此外，還有趙景深、狄克對該詩
集都給予了很高的評價。應該說，《雨巷》以及詩集《我底記憶》的問世，使
戴望舒成爲二十年代末詩壇最有名的詩人之一。

　　儘管《我底記憶》引起了詩壇的好評，但眞正代表戴望舒對新詩創作傾
向的最後選擇和定性的還是第二本詩集《望舒草》。作爲戴望舒的好友施蟄
存，一直看重其詩歌並時時鼓勵，在他不斷的催促、策劃下，《望舒草》才順
利問世。1932 年 10 月，戴望舒乘船赴法國留學。1932 年 12 月 27 日，施蟄
存寫信給戴望舒，告訴他「你的詩尤其應當隨時寄來」。〔註 4〕1933 年 1 月 7
日，他又寫信給戴，籌劃爲戴望舒再編一本詩集，「你的詩集我在《現代》上
登了一個消息，說你有新作未發表者十餘篇編入，現在我想橫豎未印，可否
請你眞的寄些未發表的新詩來，雖不必定要十餘首，但總至少要七八首爲佳。」
〔註 5〕作爲這本詩集的編輯，施蟄存在半個世紀之後還記得這本詩集編選及出
版過程，在編《戴望舒詩全編·引言》有詳細的回顧：

　　　　水沫書店因淞滬抗日戰爭發生而歇業，《我底記憶》和其他的書

〔註 3〕朱湘《〈上元燈〉與〈我底記憶〉》，《新文藝》第 1 卷 3 號，1929 年 11 月。
〔註 4〕孔另境主編《現代作家書簡》，第 75 頁，生活書店 1936 年版。
〔註 5〕孔另境主編《現代作家書簡》，第 76 頁，生活書店 1936 年版。

都絕版了。1932 年，我爲現代書局編《現代》文學月刊，爲戴望舒
發表了新的詩作和《詩論零箚》，在青年詩人中引起了很大的興趣，
各地都有人向書店中訪求《我底記憶》，可是已無貨供應了。於是我
請望舒再編一本詩集，列入我編的《現代創作叢刊》，由現代書局出
版。我的原意是重印《我底記憶》，再加入幾篇新作詩就行了。豈知
望舒交給我的題名《望舒草》的第二個詩集，確是一個大幅度的改
編本。他把《我底記憶》中的《九錦囊》和《雨巷》兩輯共十八首，
全部刪汰，僅保留了《我底記憶》一輯中的八首（實爲 7 首），加入
了集外新詩，共四十一首，於 1933 年 8 月印出，杜衡爲撰序文。

　　《望舒草》初版印了 2000 冊，正文有 115 頁，共收詩 41 首，除了收《我
底記憶》集中 7 首外，其餘都是詩人寫於 1929 至 1933 年間的新詩 34 首。書
後附《詩論零箚》17 條，是施蟄存從戴望舒的手冊裏抄下的一些片斷，曾發
表在《現代》二卷一期「創作特大號」上。此時的詩人生活在大革命失敗後
的白色恐怖中，理想和現實的矛盾，使他的精神苦悶而低沉。「在苦難和不幸
底中間，望舒始終沒有拋下的就是寫詩這件事情，這差不多是他靈魂底蘇息、
淨化，從烏煙瘴氣的現實社會中逃避過來，低低地念著『我是比天風更輕，
更輕，是你永遠追隨不到的』這樣的句子，想像自己是世俗的網所網羅不到
的，而藉此以忘記。」〔註6〕但詩人不論從藝術上還是心理上都已不再稚嫩，
也不再是穿著別人的鞋子走路，而是努力開拓自己的詩歌創作領域，從而形
成了自己的風格。在藝術追求上，收入該詩集的《詩論零箚》集中了詩人的
詩歌主張。，他認爲詩歌應當「爲自己製最合自己腳的鞋子」，「詩不應該藉
重音樂，它應該去了音樂的成分」，同時「不能藉重繪畫的長處」，反對「韻
和整齊的字句」(《詩論零箚》)。這些主張是針對聞一多 20 年代中期發表的《詩
的格律》中提出的詩的音樂美、建築美、繪畫美等「三美」說的反叛。詩作
追求內在的詩情，不重視格律的整齊和音韻節奏之美，而注重象徵與暗示，
以朦朧的意象創造含蓄蘊藉的意境。

　　爲了符合他的詩歌理論，他利用編選《望舒草》的機會，全部淘汰了《我
底記憶》中以音韻見長的《舊錦囊》和《雨巷》兩輯的詩歌，甚至連那首讓
他獲得「雨巷詩人」頭銜的《雨巷》也不能例外。收入該詩集詩歌大致可以
分爲以下三個方面的內容：一是抒寫尋夢者、遊子和夜行者的形象與悲哀的

〔註 6〕杜衡《〈望舒草〉序》，戴望舒《望舒草》，上海現代書局 1933 年版。

詩歌。如《遊子謠》、《樂園鳥》、《尋夢者》、《對於秋天的懷鄉病》等。一是愛情詩歌，包括直接對愛情或者已經逝去的愛情的沉思、渴望與追憶。如《路上的小語》、《林下的小語》、《到我這裡來》、《單戀者》、《過時》等。一是獨自面對孤獨和青春易老的現實的詩歌。如《煩憂》、《印象》、《獨自的時候》、《夜》等。總體上看，這些詩篇大都比喻貼切，意象新奇，藝術上比較成熟。詩人「在現代日常生活中尋找可觀對應物，半隱半顯地表現自己生活中的複雜細微的思想情緒。這些抒情意象是現代的、新鮮的，而非傳統的、陳舊的。他以比喻暗示的手法在這些普通具體的形象中隱藏起自己的感情，為新詩帶來了朦朧美。」〔註7〕在語言上，不再追求華美精緻的書面語，而是採用日常生活口語，追求現代日常口語的自然瀟灑又不失樸素清新。在拋棄詩歌音韻節奏之後，詩人以情緒的抑揚頓挫來建構詩的節奏，重新恢復並推動了新詩形式的散文化趨向。應該說，經過詩人的探索和實驗，他終於找到了新詩應該有的情緒和表現這種情緒的形式，形成了他獨特的抒情藝術風格，為象徵主義詩歌在中國的成熟奠定了堅實的基礎。

望舒草　　戴望舒定本第一詩集

戴望舒先生的詩，是近年來新詩壇的尤物。凡讀過他的詩的人，都能感到一種特殊的魅惑。這魅惑，不是文字的，也不是音節的，而是一種詩的情緒的魅惑。從前戴先生曾有過一冊題名為「我底記憶」的詩集，但其中有大部分已不為作者自己所喜，所以現在刪去他自己所不滿意的，加入許多新作，編成這定本第一詩集。卷首有作者老友杜衡先生的序文，給這一集詩以欣賞的估價。卷末附作者之詩論零札，使讀者得以約略窺見作者對於新詩的主張。每冊定價五角

現代書局　版

〔註7〕嚴家炎主編《二十世紀中國文學史》（中冊），第77頁，高等教育出版社2010年版。

作為戴望舒的大學同學，又與戴一同編刊物、搞創作，對戴也極為瞭解的杜衡。他來為《望舒草》寫序確實為一時之選。在這篇長序中，杜衡對戴望舒寫詩的歷程、詩風的變化、所受的影響等方面都有了詳細的論述。如寫詩歷程方面，認為他開初追求音律的美，「努力使新詩成為跟舊詩一樣地可『吟』的東西。押韻是當然的，甚至還講究平仄聲」。稍後，放棄音樂性，追求情緒的流動。對於寫詩的態度及見解方面，杜衡引用了詩人《詩論零劄》中的片段，「由真實經過想像而出來的，不但是真實，亦不單是想像」，表明詩人試圖「謹慎著把他底詩裏的『真實』巧妙地隱藏在『想像』底屏障裏」。詩也不能直白說出，「在詩作裏泄露隱秘的靈魂，然而也只是像夢一般地朦朧。從這種情境，我們體味到詩是一種吞吞吐吐的東西，術語地來說，它底動機是在於表現自己跟隱藏自己之間。」在詩人所受的影響上，杜衡認為詩人受歐洲象徵派的影響。「1925 年到 1926，望舒學習法文，他直接地讀了 Verlainc，Fort，Gourmont，Jammes 詩人底作品，而這些人底作品當然也影響他。這篇序言對於讀者瞭解詩人有極大地參考價值。

《望舒草》問世之後，對於該書的批評也陸續見諸報端，這些批評大都指出了戴詩的特色，也揭示了其弊端，比較中肯。如程會昌（程千帆）在《戴望舒著望舒草》中指出了詩人因著詩歌內容的改變而改變了形式，而為了內容的表現，詩集所收詩歌的形式上的特點有：（一）全集都用散文句法，（二）用了很多連接詞，（三）對於舊古典的應用。此外，他還把戴詩與李金髮的詩歌經行了比較，認為儘管他們都屬象徵派，具有許多相似之處，但戴望舒也有自己的詩歌特色。〔註 8〕程心芬在《評〈望舒草〉》中列出了該詩集詩歌的六方面的特點：散文寫詩；喜用連接詞；古典入詩；感傷頹廢；異國情調；擬人法的運用。評論者認為「在現代中國，這種費解，神秘的象徵派，終不能長足的進展，近來已見其沒落，戴氏如不變其作風，則只是一位歷史上的詩人而已」。〔註 9〕稍後，又有江離寫了《煙斗詩人和望舒草》，論者對他的詩歌風格有一比較式評價：「《望舒草》的作風，如與當代詩人比較，則意境幽深似李金髮，而不似他的艱澀；意象生動似臧克家，而不似他的冷靜；情致清悒似新近逝世的朱湘而不似他的瑰奇。」〔註 10〕隨後，他又列出了《望舒

〔註 8〕程會昌《戴望舒著望舒草》，《圖書評論》第 2 卷 3 期，1933 年 11 月 1 日。
〔註 9〕程心芬《評〈望舒草〉》，《眾志月刊》。第 1 卷 1 期，1934 年 4 月 15 日。
〔註 10〕江離《煙斗詩人和望舒草》，《青年界》第 7 卷 5 期，1935 年 5 月。

草》的五大特色：（一）散文式的，（二）擬人法的，（三）神經質的，（四）本國式的，（五）以煙斗做題材的很多。

胡適力倡自傳的成果《四十自述》

四十自述　胡適著　上海亞東圖書館 1933 年 9 月初版

　　本書係著者四十歲後記四十年中生活的自傳。原定分三個階段：留學以前爲一段，留學的七年爲一段，歸國以後爲一段，但著者因事物紛繁，種種打斷，只寫成了這第一段的六章，現在先把這六章出版，作爲第一冊。章目如：我的母親的訂婚，九年的家鄉教育，從拜神到無神，在上海一，在上海二，我怎樣到外國去？卷首有自序，詳述本書的旨趣及修正出版之經過，附著者的父母及著者四十歲像。

廣告載《生活周刊》第 8 卷第 40 期，1933 年 10 月 7 日

　　「五四」新文化運動帶來了中國現代知識分子個性的大解放，而自傳便成了人們表現自我、張揚個性的一種方式。儘管自傳在我國歷史悠久，但並不發達。《太史公自序》可謂自傳文學之源頭，但大多書籍的序或跋帶有自傳性的內容。眞正把自傳視爲一種文學樣式那是從「五四」開始對西方傳記文學理論和傳記名作的譯介之後。胡適、郁達夫、朱東潤等不但試圖在中國建立起現代傳記理論，而且還大力提倡寫自傳。三十年代中期，中國文壇出現了一股自傳熱，一大批表現自我、張揚自我的自傳作品爭相湧現，如盧隱的《盧隱自傳》、沈從文的《從文自傳》、張資平的《資平自傳》、許欽文的《欽文自傳》、郁達夫的《達夫自傳》、郭沫若的《沫若自傳》、謝冰瑩的《女兵自傳》等不斷問世。作爲新文化運動先驅的胡適也是第一位大力提倡傳記文學的理論家、鼓動者和實踐者。他寫的《南通張季直先生傳記序》（1929 年 12 月）是五四以來關於中國傳記文學的第一篇專論，首次對現代傳記文學的寫

作進行了界定。同時，他積極動員梁啓超、張元濟、高夢旦、蔡元培、陳獨秀、熊希齡、林長民等中國名人寫自傳，而且自己還身體力行，寫出了《四十自述》和《丁文江的傳記》。

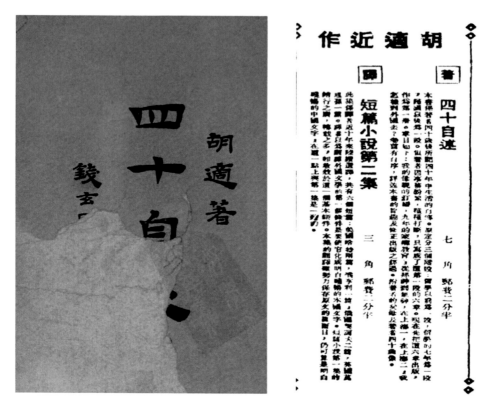

《四十自述》應該是胡適傳記作品的代表作，影響極大，但嚴格地講，這卻是一個殘篇。著者原計劃分為三個階段：留學以前為一階段，留學的七年為一段，歸國以後為一段。從 1930 年 6 月起，胡適開始了《四十自述》的寫作，但是由於他的社會活動太多，事物紛繁，種種打斷，自傳的寫作和發表也是斷斷續續的，具體的寫作及發表情況如下：6 月 26 日，寫成了《我的母親的訂婚》，後作為序幕，發表在《新月》第 3 卷 1 期（1931 年 3 月 10 日）；1 月 21 日寫出了第一章《九年的家鄉教育》，刊登於《新月》第 3 卷第 3 期（1931 年 5 月 10 日）；12 月 25 日寫出第二章《從拜神到無神》，後發表於《新月》第 3 卷第 4 期（1931 年 6 月 10 日）；1931 年 3 月完成第三、四章《在上海》（一）（二），分別發表在《新月》第 3 卷 7 期（1931 年 9 月 10 日）、10 期（1931 年 12 月 10 日）上；1932 年 9 月完成第五章《我怎樣到外國去》，後在 1932

年 11 月出版的《新月》4 卷 4 期上刊出。《四十自述》只寫出六章,只完成了留學前的一段。連載完成以後,爲了幫助亞東圖書館度過因「九一八」遭受的經濟困難,胡適把這部書稿交給亞東圖書館出版。1933 年 9 月,亞東版《四十自述》初版問世。錢玄同爲該書題寫了書名,扉頁上注明是《四十自述》(第一冊),正文前還有胡適父親、母親以及自己的照片三幀,書店還專爲此書刊登了廣告(文字見上引)。

　　1933 年 6 月 27 日,胡適在由上海開往美國的船上爲《四十自述》寫了序,序言中首先就交代了他到處勸說朋友們寫作自傳,但林長民、梁啓超、梁士詒等朋友還來不及寫就告別了人世,留下了諸多遺憾。而自己寫出的《四十自述》還只是一小段,其餘的能否繼續下去,尚不能確定,所以,只得先印行這幾章。對於此書的體例以及寫作過程中的變化,胡適詳細地給予說明,這對自傳的寫作有參考價值:

　　　　……我本想從這四十年中挑出十來個比較有趣味的題目,用每個題目來寫一篇小說式的文字,略如第一篇寫我的父母的結婚。這個計劃曾經得死友徐志摩的熱烈的贊許,我自己也很高興,因爲這個方法是自傳文學上的一條新路子,並且可以讓我(遇必要時)用假的人名地名,描寫一些太親切的情緒方面的生活。但我究竟是一個受史學訓練深於文學訓練的人,寫完了第一篇,寫到了自己的幼年生活,就不知不覺的拋棄了小說的體裁,回到了謹嚴的歷史敍述的老路上去了。這一變頗使志摩失望,但他讀了那寫家庭和鄉村教育的一章,也曾表示贊許,還有許多朋友寫信來說這一章比前一章更動人。從此以後,我就爽性這樣寫下去了。因爲第一章只是用小說體追寫一個傳記,其中寫那太子會頗用想像補充的部分,雖經董人叔來信指出,我也不去更動了。但因爲傳聞究竟與我自己的親見親聞有別,所以我把這一章提出,稱爲「序幕」。〔註1〕

　　要瞭解胡適,《四十自述》應該是必讀的第一本書,從已寫出的前六篇看,胡適敍述了母親的訂婚、自己的家鄉求學、上海求學,直到考取留美公費生,出洋留學的經歷。除了序幕作者未能親身經歷,其餘五章因爲是作者自己的親歷歷史,過往的種種,生命中的重要人物彷彿過電影一樣一幕幕掠過:父親所做的四言韻文,母親隱忍的淚水,清晨的床邊教誨,胡適上海求學的學

〔註 1〕胡適《自序》,《四十自述》,上海亞東圖書館 1933 年版。

業有成就和桀驁不羈，退學之後的放浪形骸……等等都一一道來，讓人頗感平實、親切、情感眞摯、筆調淡定，從從容容的敘述中表現了一個時代的緊張和激變。可見，即使像胡適這樣的歷史偉人，他的成就也不是一朝一夕取得的。他的家庭，他的教育背景，他的早年經歷，加上他的天資和努力，成就了他後來的不平凡，全書比較完整地勾勒了傳主胡適早年的生活歷程。儘管胡適寫作中以嚴謹的歷史敘述爲主，但是，胡適先生散文寫作的特質在《四十自述》中表現得淋漓盡致，感情充沛卻不過分，文字平實卻耐琢磨，成爲胡適散文的代表作。

　　著者自謙此書是中國現代自傳文學的「引玉之磚」，但自《新月》上問世後，頗得文壇的好評。如《九年的家鄉教育》發表後，劉大杰曾寫信給胡適，十分激賞這篇文章：「我最愛第二篇《九年間的家鄉教育》，那篇給予人的印象是很深刻的。最成功的一點，是在純樸的家園的生活裏，反映出一個聰明的孩子和一個慈愛而又是孤苦的母親相依爲命的活潑的面影。」〔註2〕單行本問世之後，梁實秋很快就寫了該書的書評，也給此書以很高的評價：「在已出的幾種傳記之中，胡先生的《四十自述》無疑的是要占一個重要地位的，因爲他有那麼多精彩的事可述，他的文筆又是那樣的流利曉暢。」〔註3〕蘇雪林在《自傳文學與胡適的四十自述》也對該書給予了好評，：「全書文字簡潔，敘述生動，自具胡適文章的特色，尤其可貴的的是書中一種誠懇坦白的態度，……使讀者見得學者原來也不是超人，也有同凡人一樣的缺點，便對他發生親切的情感了。」此外，蘇雪林還認爲，此書不但對寫作自傳有參考價值，就是對我們如何做人也有不少借鑒之處：「我覺得青年朋友想研究一點自傳文學和想學一點做人的道理，這本書是值得看一看的。」〔註4〕而默莊的書評《胡適著四十自述》則是借胡適的教育歷程中談及中國傳統的文化以及私塾教育的優勢。在他看來，胡適等全盤西化派儘管宣佈了中國文化的死刑，但他們無不是中國傳統文化教育的產兒。所以，在我們處在是否向全盤接受英美文化還是回歸中國文化的十字路口，他希望「胡適先生趕快打開一條血路，趕快寫出四十以後的經驗，四十以後的自述，其俾益於青年的思想，國

〔註2〕《胡適來往書信選》（中），第52頁，中華書局1979年版。

〔註3〕諧庭（梁實秋）《四十自述》，《益世報・文學周刊》第47期，1933年10月21日。

〔註4〕蘇雪林《自傳文學與胡適的四十自述》，《世界文學》第1卷第2期，1934年12月1日。

家的前途非常巨大。」〔註5〕當然，也有人對胡適的《四十自述》表示反感，
如胡風在多年後還諷刺了胡適的自傳寫作，「改良主義的胡適在五四後是以白
話文的首倡者自居，躊躇滿志地認爲白話文勝利了，自己也就到了揚名聲顯
父母的時候，於是把父母照片、自己照片都刊載到《四十自述》這本書上，
大談其父親怎樣了不起，母親怎樣了不起。」〔註6〕

應該說，在出版《四十自述》後，胡適仍有繼續寫下去的想法。如 1933
年 12 月 3 日，他寫成了《逼上梁山——文學革命的開始》（後發表於《東方
雜誌》第 31 卷第 1 期，1934 年 1 月 1 日），但是他太忙了，第二階段才開
了個頭就結束了。1954 年，胡適在出臺灣版《四十自述》時，把這篇文章
作爲附錄收進去，還寫了《臺灣版自記》，交代了他爲什麼不能續寫下去的
原因：

> ……當時我曾對朋友說：「四十歲寫兒童時代，五十歲寫留學時
> 代到壯年時代，六十歲寫中年時代。」
>
> 但我的五十歲生日（民國三十年十二月十七），正是日本的空軍
> 海軍偷襲珍珠港的後十天，我正在華盛頓作駐美大使，當然沒有閒
> 功夫寫自傳，我的六十歲生日（民國四十年十二月十七）正當大陸
> 淪陷的第三年，正當韓戰的第二年，我當然沒有寫個人自傳的情緒。

〔註7〕

就這樣，《四十自述》如他的《白話文學史》、《中國哲學史大綱》一樣，都只
是完成了半部，其餘的均未有完成。也正應了他自己所說「自古成功在嘗試」。

儘管《四十自述》未能續寫完成，但是胡適的另一部自傳《胡適口述自傳》
（也可算部分地彌補了《四十自述》的遺憾）卻問世了。此書稿原是胡適爲美
國哥倫比亞大學「中國口述歷史學部」所作的英文口述自傳，由唐德剛記錄、
整理，後又經唐德剛翻譯、注釋出版了中文版本，最先由臺北傳記文學出版社
於 1981 年 3 月初版。全書共十二章，書中詳細記述了胡適一生的求學和研究
活動，爲讀者展示了胡適思想變化的完整脈絡。「本稿原定與《四十自述》英
文譯本，合二爲一，故凡《四十自述》中已有的故事，本稿均未重複。」〔註8〕

〔註5〕默莊《胡適著四十自述》，《人物月刊》第 1 卷第 1 期，1936 年 5 月 15 日。
〔註6〕胡風《胡風散文》，第 354 頁，浙江文藝出版社 2001 年版。
〔註7〕胡適《臺灣版自記》，《四十自述》，嶽麓書社 1998 年版。
〔註8〕唐德剛《編譯說明》《胡適口述自傳》，臺北傳記文學出版社於 1981 年版。

魯迅的時政雜感集《僞自由書》

魯迅　僞自由書　上海青光書局 1933 年 10 月初版

本書是魯迅先生 1933 年所寫的第七雜感集，大部分在「自由談」上發表過，當時曾引起一般人甚深的注意，還有幾篇是不曾發表過的，尤爲名貴。全書四十三篇，附錄十七篇，末附《後記》一篇，長約二萬字，也不曾發表過。文中「用剪刀和筆保存些因爲自由談而他而起的瑣聞」，頗可看出一般所謂文人的臉譜。其中提到内山書店主人，「我確信他做生意，是要賺錢的卻不做偵探，他賣書，是要賺錢的，卻不賣人血。這一點倒是凡有自以爲人而眞實是狗也不如的文人們應該竭力學學的。」説得最爲痛快。

作者自論他的文章道：「我的壞處是在……砭錮弊常取類型，與時宜不合，蓋寫類型者，於壞處恰如病理學上的圖，假如是瘡疽，則這圖便是一切某瘡某疽的標本，或和某甲的瘡有些相像，或和某乙的疽相同，而見者不察，以爲所畫的只是我某甲的瘡，無端侮辱，於是，就必欲制你畫者的死命了。」可見本書自有其社會的意義的。

廣告載《青年界》第 4 卷第 3 號，1933 年 10 月 1 日

1932 年 12 月 1 日，從巴黎大學留學歸來的黎烈文取代周瘦鵑擔任了《申報・自由談》的編輯。《申報》老闆史量才想以黎烈文這位沒有黨派背景的年輕人來推動《自由談》的改革。黎烈文接編之後，鋭意革新，主要刊登與時代脈搏緊密相連、反映社會精神生活的作品。他在《幕前致辭》中聲明，本欄目既不遷就一般的低級趣味，也決不願大唱高調，打起什麼旗號，吹起什麼號筒，或者宣傳什麼主義。但是「對於進步和近代化立足點都是要牢牢站

定的。」〔註1〕他的辦刊主張很快就得到了葉聖陶、郁達夫、傅東華、曹聚仁、陳望道、謝六逸、丁玲、張天翼、施蟄存、王任叔、沈從文、艾蕪、姚雪垠等人的支持。由於有名家的支持以及內容上豐富多樣，在很短的時間內，黎烈文主持的《自由談》就贏得了大量的讀者。

但黎烈文畢竟比較年輕，他結交的文壇中人主要是自己曾經在商務任編輯期間認識的作家，數量也並不太多。儘管改版後的《自由談》獲得了許多年輕作家和廣大讀者的支持，但是為了擴大稿源和欄目的影響力，他四處寫信約請文壇名家為該欄目寫稿。而魯迅和茅盾這樣的文壇老將更是他想約請的對象，儘管與他們不十分熟悉，黎烈文只好轉請人代為約稿了。茅盾就是收到了黎烈文通過開明書店轉來的約稿信，而魯迅則是黎烈文轉請郁達夫代為約稿的。他們兩人在觀察了改版後的《自由談》一段時間後決定支持這個年輕人以及他主持的欄目。為了引起讀者的注意，黎烈文在 1933 年 1 月 30 日的《自由談》上刊出了編輯室的《啓事》，宣告了兩位文壇老將將為本欄目撰稿。

> 編者為使本刊內容更為充實起見，近來約了兩位文壇老將何家乾和玄先生為本刊撰稿，希望讀者不要因為名字的生疏的緣故，錯過「奇文共賞」的機會。

從 1 月 25 日開始，魯迅就開始為《自由談》寫稿，當天在日記中有這樣的記載：「寄達夫信並小文二。」可見，第一次為《申報‧自由談》撰稿就寫了兩篇，分別為《「逃」的合理化》(收入集子時改為《逃的辯護》)和《觀鬥》，分別發表於當月的 30 日和 31 日的《自由談》上。從此開始，魯迅源源不斷地為《自由談》寫稿，每月投三、四篇至十幾篇不等。由於以魯迅為首的進步作家在這個《自由談》欄目上發表了大量針砭時弊，解剖社會的時政性文章，很快引起了政府當局的注意。國民黨社會事務局局長吳醒亞要求史量才解雇黎烈文，但遭到了拒絕。於是，上海市黨部舉起新聞檢查的大棒，對副刊上的文字進行監控和檢查，使得《自由談》以及黎烈文受到了嚴重的干擾。到了 1933 年 5 月 25 日，黎烈文迫於政府當局的壓力只得刊發了一則《編輯啓事》：

> 這年頭，說話難，搖筆桿尤難。這並不是說：「禍福無門，惟人自招」』，實在是「天下有道」，「庶人」相應「不議」。編者謹掬一瓣

〔註1〕黎烈文《目前致詞》，《申報‧自由談》，1932 年 12 月 1 日。

心香，籲請海內文豪，從茲多談風月，少發牢騷，庶作者編者，梁
蒙其休。若必論長議短，妄談大事，則塞之子麓既有所不忍，布之
報端又有所不能，陷編者於兩難之境，未免有失恕道。語云識時務
者爲俊傑，編者敢以此爲海內文豪告。區區苦衷，伏乞矜鑒！

魯迅不但對黎烈文的處境表示理解，而且答應繼續支持他主持的欄目。在 5
月 27 日魯迅寫給黎烈文的回信中說：「日前見啓事，便知大碰釘子無疑。放
言已久，不易改玄，非不爲也，不能也。……再一嘗試，其時恐當在六月中
旬矣。」可見，魯迅答應黎要改變方式，繼續爲其投稿。〔註2〕

　　到黎烈文刊出這則啓事爲止，魯迅在《自由談》上已發表文章 39 篇（其
中《王道詩話》、《伸冤》、《曲的解放》、《迎頭經》、《出賣靈魂的秘訣》、《最
藝術的國家》、《內外》、《透底》、《大觀園的人才》等 9 篇，是瞿秋白與魯迅
交換意見後執筆寫成，又經魯迅修改，用魯迅的筆名寄出發表的）。由於早在
3 月底就答應北新書局老闆李小峰，與之有了口頭的協議。黎烈文發表《編輯
啓事》後，魯迅決定把這一時期在該欄發表的文章收集整理出版，他還從黎
烈文手裏要回了未刊發的四篇，一共 43 篇，此外，作者在輯集此書時，還把
一部分論敵攻擊自己的文章 17 篇，加上按語附入書中以便讀者對照閱讀，把
握較爲確切的結論。爲了表示對當局標榜「言論自由」實則壓制言論的一種
嘲諷和批判，魯迅決定以「僞自由談」作爲這 43 篇文章結集的書名。寫好《前
記》（7 月 19 日）和《後記》（7 月 20 日）後，提交給北新書局出版。圖書的
封面由魯迅自己設計，封面十分簡單，右側手書：魯迅：僞自由書，在書名
旁又有：一名「不三不四」集。1933 年 10 月該書由北新書局以青光書局名義
出版，書局還爲此書撰寫了廣告（見上引）。1934 年 2 月 19 日，國民黨中央
宣傳部密令查禁革命和進步書籍，共計 149 種。後經書店老闆們的聯合請求，
允將 37 種「暫緩執行」，22 種經刪改抽調一些文章「方准發售」。魯迅的《而
已集》、《三閒集》、《二心集》、《僞自由書》、《魯迅自選集》及翻譯七種始終
屬於被禁之列。作者生前只印行過一版次。1936 年 11 月上海聯華書局發行的
普及本初版，封面題詞則爲《不三不四集》，上方又有紅色陰文拉丁化拼音的
「僞自由書」4 個字。

〔註 2〕據統計，魯迅從 1933 年 1 月 30 日至 1934 年 8 月 20 日，魯迅爲《申報》共
　　　　計撰寫了 151 篇，爲《自由談》欄目 143 篇，用筆名 42 個。可以説，魯迅眞
　　　　成爲了《自由談》的臺柱之一。

　　《僞自由書》43 篇文章中主要包括如下幾個方面：《「以夷制夷」》、《中國人的生命圈》、《天上地下》、《文章與題目》諸篇，揭穿了國民黨的「攘外必先安內」的實質，抨擊了它的不抵抗主義；《電的利弊》、《「多難之月」》等篇主要揭露國民黨依靠監獄的黑暗、刑罰的殘酷、特務的猖獗，以及政治迫害和經濟剝削來維持其統治；《推背圖》、《現代史》、《〈殺錯了人〉異議》等文指出袁世凱等是善於變戲法的騙子，是殺人不眨眼的「假革命的反革命」，革命的挫折和失敗是由於革命者「看錯了人」；《文學上的折扣》、《不通兩種》等文章抨擊了粉飾國民黨統治的幫閒文人。總之，《僞自由書》是一本集中譏評時事的雜文集，形式短小，但批判的鋒芒集中而尖銳。

　　《僞自由書》的譏評時事與當時的時代背景有密切關係。自 1931 年「九・一八」事變後，日本帝國主義得寸進尺，企圖侵佔上海作爲繼續侵略中國的基地。1932 年 1 月 28 日夜間，日本侵略軍由租界向閘北一帶進攻，駐守上海的 19 路軍在全國人民抗日高潮的推動下，奮起抵抗，開始了淞滬抗戰。1933 年 1 月到 3 月，日軍侵入山海關，佔領熱河和察北。國民黨借著「攘外必先安內」的方針，對中國共產黨領導的根據地發動軍事圍剿，與日本簽訂「塘沽協定」，承認日軍佔領東北和熱河。魯迅筆下所涉及的時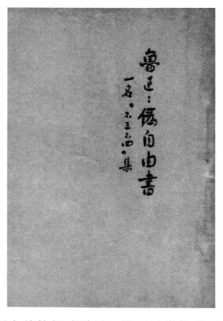
事，從美國總統的「和平」宣言到日本帝國主義的侵略戰爭；從國民黨的「不抵抗主義」到胡適的調查監獄，從上海的使用電刑到江西的出現坦克車，從古物的南遷到學生逃難……對於發生在中國社會的大大小小的時事，魯迅在其雜文中都給以犀利的剖析和精闢的論斷。而他戰鬥的主要目標主要集中在帝國主義、國民黨當局及其走狗的身上。但在當局的文化專制之下，魯迅在寫作中也不得不用語含蓄，以避免過於鋒芒。魯迅在旁徵博引、談古論今、說東道西中，卻曲折地表達了他的觀點和看法，讀來讓人回味悠長。爲了把說理形象化，魯迅在雜文中還塑造了大量的典型人物，使之成爲一類人和事的圖象和標本。魯迅在《〈僞自由書〉前記》中說：「這些短評，有的由於個人的

感觸，有的則出於時事的刺戟，但意思都極平常，說話也往往很晦澀，……然而我的壞處，是在論時事不留面子，砭錮弊常取類型，而後者尤與時宜不合。蓋寫類型者，與壞處，恰如病理學上的圖，假如是瘡疽，則這圖便是一切某瘡某疽的標本，或和甲的瘡有些相像，或和某乙的疽有點相同。」〔註3〕在《僞自由書》中，魯迅集中描繪了反共賣國投降者的形象，他們是「花旦而兼小丑的角色」，「要會媚笑，又要會撒潑，要會打情罵俏，又要會油腔滑調」。

魯迅在《〈準風月談〉後記》中說：「我的雜文，所寫的常是一鼻，一嘴，一毛，但合起來，已幾乎是或一形象的全體，不加什麼原話也過得去。但畫上一條尾巴，卻見得更加完善，所以我要寫後記，除了我是弄筆的人，總要動筆以外，只在要這一本書裏所畫的形象，更成為完全的一個具象，卻不是『完全爲了一條尾巴』」。〔註4〕和其它雜文集一樣，《僞自由書》也有魯迅寫的《前記》和《後記》，這兩篇文字佔全書四分之一的篇幅。在《前記》中，主要交代自己爲《自由談》寫稿的緣由、寫作這些雜文的目的。順帶也對陳源、王平陵、周木齋對自己的攻擊給與了回擊。如果說《前記》中的回擊還只是一筆帶過，在《後記》中，魯迅卻不惜筆墨摘錄了左翼文學陣營與各色各樣反動文人鬥爭的極其豐富、極其珍貴的史料，主要包括左翼與《自由談》的事、黎烈文與張資平的糾葛，崔萬秋與曾今可的互訐，以及曾今可的詞的解放案，楊邨人的轉變等。魯迅在《後記》中說出了摘錄這些文字的理由：「將來的戰鬥的青年，倘在類似的境遇中，能偶然看見這記錄，我想是必能開顏一笑，更明白所謂敵人者是怎樣的東西的。」〔註5〕從《前記》和《後記》中可以看出，魯迅化名爲《自由談》寫稿仍然有人別有用心地污蔑、攻擊，他確實時時處於敵人的「圍剿」中。但是魯迅並未屈服於敵人的「圍剿」，而是採用了獨特的回擊方式，讓這些「圍剿」永遠釘在歷史的恥辱柱上。所以，有人認爲：「《前言》和《後記》則扼要、形象地闡述了魯迅以雜文爲武器進行戰鬥的經驗和特點，無情地揭露了反動文人的陰面戰法，深刻地總結了階級鬥爭的規律。」〔註6〕《前記》和《後記》的存在不但可助於我們更好地理

〔註3〕魯迅《〈僞自由書〉前記》，《魯迅全集》第5卷，第4頁，人民文學出版社2005年版。

〔註4〕魯迅《魯迅全集》第5卷，第402～403頁，人民文學出版社2005年版。

〔註5〕魯迅《〈僞自由書〉後記》，《魯迅全集》第5卷，第191頁，人民文學出版社2005年版。

〔註6〕劉中樹《論〈僞自由書〉》，《吉林大學學報》1981年第4期。

解正文的內容，再現當時的「圍剿」與「反圍剿」的文化氛圍，還能體現出魯迅個人的反抗精神。正文與《前記》和《後記》實際上構成了一個統一不可分割的意義整體。

正如上引廣告所說，在《申報·自由談》陸續刊出魯迅的雜文時，就「曾引起一般人甚深的注意」。而《偽自由書》問世之後，更是成為文壇爭論的焦點。李倏針對書名的「偽自由」也正話反說，對當局的假自由給予揭露：「名之曰《偽自由書》，實在是罪過罪過。最十全十美的憲法草案起草完竣了，區區自由是決不吝惜的，何況民權之部也早經虔錄貯藏寶藏著了。魯迅先生實在沒有明白自由是定於一的道理。……」〔註7〕除了上述的表示支持的文章外，更多的是攻擊性魯迅及其《偽自由書》的文章。在及辰的《〈偽自由書〉讀後感》中卻從七個方面對魯迅這本書進行

了介紹和批評。如認為書《前記》和《後記》是自吹自擂；把魯迅比作倚老賣老的焦大；有意製造出使人易混的筆名；最後，他認為魯迅先生的雜感文是萬能的，能用以宣傳、罵人、發牢騷、射冷箭，進則足以掃蕩異方，退則足以掩護自己。〔註8〕稍後，在羅曼的《關於魯迅的〈偽自由書〉》中極力挑撥《自由談》與魯迅的關係，「魯迅先生從來是利用別人來替自己吶喊衝鋒的，不幸，今次卻被《自由談》來利用了。」論者對該書的價值也極力貶低，「內容的東西，說幽默，恐不見得；說普羅，也不見得像！只是隨口說了幾句閒話而已！」〔註9〕此外，還有《略論告密》（陳代，《時事新報·青光》，1933年11月21日）、《讀〈偽自由書〉書後》（莘，《社會新聞》第5卷13期，1933

〔註7〕李倏《讀〈偽自由書〉》，《濤聲》（周刊）第2卷41期，1933年10月21日。

〔註8〕及辰《〈偽自由書〉讀後感》，《益世報》（天津），1933年10月27日。

〔註9〕羅曼《關於魯迅的〈偽自由書〉》，《新壘》（半月刊）第1卷第7期，1933年11月15日。

年 11 月)、《「魯迅的狂吠」與〈偽自由書〉》（曾今可，《新時代月刊》第 5 卷
第 6 期，1933 年 12 月 1 日)、《魯迅生財有道》（卡斯，《新壘》第 2 卷第 6 期，
1933 年 12 月 15 日）等文章陸續見諸報端，這些文章都對魯迅及其《偽自由
書》給以了攻擊、嘲諷、挖苦、謾罵。但歷史已經證明，這些攻擊者並未有
把魯迅罵倒，魯迅迎著這眾多的罵聲、攻擊和污蔑，還不斷創作問世了《準
風月談》、《花邊文學》、、《且介亭雜文》等一大批膾炙人口並影響深遠的雜
文集。

賽珍珠《大地》的譯介及接受

大地（全譯本） 賽珍珠（布克夫人）作 胡仲持譯 開明書店 1933 年 10 月初版

　　本書作者係生長於中國的美國人，對中國社會有深切的認識，在美國為中國最有力之宣傳者。書中以農人王龍的一生為經，以水旱兵匪這些天災人禍為緯，表現了中國農民真實的性格和生活。在作者優美文體中反映出來的農民內心的痛苦是大足以打動讀者的心坎的。原書近年來轟動了歐美的文壇，並獲得了一九三二 Puliter 一年間最好小說之榮獎。這譯本的初稿曾刊載於去年東方雜誌，亦大受我國愛好文藝者之歡迎。現經譯者重行增訂付本店出版，可說是國內唯一完全的譯本。實價一元　　開明書店出版

廣告載《中學生》第 39 期，1933 年 11 月 1 日

　　賽珍珠於 1892 年出生在美國弗吉尼亞州，出生四個月即被作為傳教士的父母帶到中國，後全家定居江蘇鎮江。從童年開始就得以瞭解中國的風土人情和社會習俗，受到了東西方兩種文化的薰陶。在中國完成中學教育之後，於 17 歲時回到美國讀大學，畢業後回到中國。後與美國農藝師約翰・洛森布克（John Lossing Book）結婚（又有「布克夫人」之稱）。1922 年開始，夫婦倆雙雙在南京金陵大學任教。在教書之餘，她一邊研讀《紅樓夢》、《水滸》等中國小說，一邊開始寫作關於中國社會現狀的文章投寄美國各大雜誌。1927 年春，賽珍珠避居上海，在此期間她開始小說創作。第一部長篇小說《東風・西風》（「East Wind: West Wind」）於 1930 年由美國戴約翰出版公司（John Day Company）出版，小說以東方的情調和優美的文筆博得了英美各報的好評。1930 年 7 月，她攜著她的第二部長篇小說《大地》（The Good Earth）赴美，最初在

美國《大西洋月刊》（The Atlantic Monthly）發表，次年三月她的小說又被戴約翰出版公司推出。此書一出，大受美國人歡迎，立即被美國出版界所組織的每月新書會推選爲傑作，當年就銷行十餘版。1932 年，賽珍珠憑藉該書獲得了「普利策獎小說獎」，她也一舉成名。小說迅速在歐美諸國以及日本、中國得到了翻譯和介紹。

小說以 19 世紀中國皖北農村爲背景，以農民王龍的一生爲經，以水旱兵匪這些天災人禍爲緯，表現了中國農民眞實的性格和生活。貧苦農民王龍娶了黃家大院女傭阿蘭爲妻。夫妻二人無休止地在小塊土地上辛勤勞作，節衣縮食，餘下錢來購置更多的土地。在阿蘭快生第四個孩子時，一場空前的旱災和隨之而來的飢饉肆虐大地。面對死亡的威脅，阿蘭狠心地掐死剛發出第一聲啼哭的嬰兒，隨著全家背井離鄉，來到南方某城。王龍拉黃包車，阿蘭帶著孩子們沿街乞討。一天，一家豪富的大門被憤怒的饑民撞開，王龍和阿蘭也卷了進去，搶到一些金銀珠寶。饑荒過後，王龍一家返回故土。隨著土地的擴大，財富的增長，王龍變得游手好閒，成了鎮上茶館的常客，地裏的活全讓長工去幹。不久，王龍又迷上了漂亮的妓女蓮花，不顧阿蘭的反對，把蓮花買了回來，並把阿蘭的首飾送給小老婆作禮物。阿蘭長期操勞，心力交瘁。直到阿蘭臨死時，王龍才恢復對土地和妻子的摯愛。阿蘭死後，王龍帶領子女搬進黃家大院。他的三個兒子都已長大成人，老大老二管理父親事務，老三成了革命領袖，不過弟兄三人都脫離了上一代人賴以生存的土地。

《大地》在美國出版後，立即引起了中國文壇的關注。在中國文壇，搶先拉開翻譯和評論這本書的是胡仲持。1932 年 1 月 1 日至 12 月 16 日，《東方雜誌》第 29 卷第 1～8 期上連載了宜閒（胡仲持的筆名）翻譯的《大地》。在第 1 期譯文前，譯者寫有《譯者的前言》。譯者認爲《大地》「加以表現的農民，雖有不少地方，因爲偏於想像的緣故，似乎有些離奇，而不近情，然而大體上可以說是寫得眞切的。……可以領略一些外國的文學者對於中國農民社會的觀感。又本篇對於中國舊禮教弱點的深刻的描寫，……也可以發我們的深省的。」〔註1〕連載完成後，譯文交到開明書店，單行本《大地》於 1933 年 10 月由開明書店推出，書店爲此書撰寫了廣告（如上引），譯者又爲小說寫了《譯序》，序中詳細介紹了賽珍珠的生平，創作的起始。對於《大地》的結構、人物，譯者給予了較高的評價：「以農人的生涯爲經，而以水旱兵匪的

〔註 1〕宜閒《前言》，《東方雜誌》第 29 卷 1 期，1931 年 1 月 1 日。

災禍爲緯，作者抓住的簡直是貧困的中國目前最嚴重的幾個問題。主人公王龍可以算得占著中國人口的最大多數的農民的典型。其前半的生涯代表著顛沛流離的飢餓的貧民，後半則代表著生活優裕的富農。作者擺脫了『勤儉致富』這一種因襲的道德觀念，偏以都市貧民的暴動作爲王龍一生的轉變點，這正是作者的偉大的所在。」但是，譯者也指出了小說的缺點，「也許因爲力求迎合美國的大眾趣味的緣故吧，作者對於中國舊禮教未免刻畫的太過分了，而且她對於崇拜著林黛玉式女性美的中國人的性心理的描寫似乎也有幾分不自然」。〔註2〕

葉公超、陳衡哲兩人也在 1931 年讀到了英文本《大地》，他們用英文撰寫了書評。葉公超在《反映中國農民的史詩——評賽珍珠的〈大地〉》中認爲「賽珍珠忠實地刻畫了中國人在中國背景下的生活，她完全瞭解他們的思想與感情。一個外國小說家沒有沉溺於自己的幻想之中，而是深入地描寫了我們昏暗的現實社會的底層，這是唯一的一次。《大地》是這塊國土的史詩，並且將作爲史詩銘記在許許多多閱讀過它的人們的心中。」〔註3〕但是，他舉出了實例來說明著者有關中國的知識還有必要加以修正。在陳衡哲的《合情合理地看待中國——評賽珍珠的〈大地〉》

中，她首先就指出《大地》是「最能展現、同時也是最忠實地」反映了中國現階段的人民集文化的看法，著者「熟知中國下層百姓的生活，而這源於她對他們日常生活的細緻入微的體察」。但是，她也指出賽珍珠的本旨也僅限於觀察，「《大地》的作者終究是個外國人，畢竟沒有融入中國人之中，她同中國人的關係也僅限於小姐與阿媽、學生與家庭教師而已，不可能有心智之間

〔註2〕 胡仲持《序》，賽珍珠《大地》，上海開明書店 1933 年版。
〔註3〕 葉公超《中國社會政治科學評論》(The Chinese Social and Political Science Review)，1931 年第 3 期，1931 年 10 月。

的密切聯繫，而這是需要在日常生活中通過與中國人自由自在和坦誠相見的交往中才能達到的境界。」〔註4〕

繼胡仲持的譯本《大地》之後，第二個中文譯本爲伍蠡甫譯《福地述評》，由黎明書局於 1932 年 7 月出版，本書包括兩部分，一部分是「述福地」，包括賽珍珠的長篇小說《福地》縮譯文，另一部分爲「評福地」，譯者認爲小說的「背景是自然力所支配著的時空，它的結構是以劫掠爲人生轉形的樞紐，它的主要人物是映出父系家長制下的土地佔有欲，和女性的絕對服從心。」儘管譯者也承認著者取材多是事實，非常精確地道出了中國若干的社會狀況。但是論者卻指出：「作者在揭出現代中國一切之後，多少還保有白色人種的自尊心，多少是要暗示白人：中國農村問題是該在外力侵略下，漸次改良而解決的，如果這解決不經漸變而竟走了激變

的一條路，那麼黃色人種之爲禍於白色人種的世界安寧，眞是不可思議了。」〔註5〕與吳的看法頗爲接近的是祝秀俠在《布克夫人的〈大地〉》中的看法。他認爲：「《大地》是寫給外國的抽雪茄的紳士們，和有慈悲的太太們看的。作品通過大地用力地展露中國民眾的愁臉譜，來迎合白種人的驕傲的興趣。」「《大地》所展開的中國農村情形，並不是近代中國農村的整個狀態」，「作者故意把中國農村和帝國資本主義絕了緣。也把軍閥、地主的關係不經意的滑開」。作者「不能對中國的農村問題有正確深入的觀察和切實的體驗，僅能零碎地平面地去瞭解一般事務，也零碎地平面地把它訴說出來。」〔註6〕

魯迅儘管沒有撰寫文章發表對《大地》的看法，卻在寫給朋友的信中也順帶提及到了這部在當時文壇引起反響的小說。在 1933 年 11 月 15 日寫給姚

〔註4〕陳衡哲《太平洋時事》（Pacific Affairs），第 4 卷第 10 期，1931 年 10 月。

〔註5〕伍蠡甫《福地述評》，第 114 頁，上海黎明書局 1932 年版。

〔註6〕祝秀俠《布克夫人的〈大地〉》，《文藝》第 1 卷 2 期，1933 年 2 月。

克的信中，他說：「中國的事情，總是中國人做來，才可以見真相，即如布克夫人，上海曾大歡迎，她亦自謂視中國如祖國，然而看她的作品，畢究是一位生長中國的美國女教士的立場而已，所以她之稱許『寄廬』，也無足怪，因為她所覺得的，還不過一點浮面的情形。」稍後，胡風也對《大地》發表了自己的看法，在《〈大地〉裏的中國》中他首先探討了小說的成功之處，他指出：由於作者對中國農村生活的熟悉，通過她的感覺的纖細和銳利的觀察所描寫出來的故事，再加上各種風物習慣的穿插，使歐美讀者看到了一個頗具異國情調的新的世界。另外，作者還寫出了農民對土地深摯的愛以及封建鐵蹄下農村婦女的悲慘命運。但是，論者也認為作者並沒有真正懂得中國農村以至中國社會，如不懂農村經濟的構成，不能真正把握住貧民命運，沒看到帝國主義對中國農村的壓迫，也沒有看到中華民族求解放的掙扎等。最後，他認為「《大地》雖然多少提高了歐美讀者對於中國的瞭解，但同時也就提高了他們對於中國的誤會。它在藝術上不應該得到過高的評價是當然的，在從它感受不到異國情調的中國讀者裏面得不到廣大的歡迎也是當然的。」〔註7〕

在三、四十年代裏，除了以上諸位對《大地》發表了自己的看法之外，還有江亢虎的《一位中國學者對布克夫人小說的觀察》、楊昌溪《巴克夫人與江亢虎論戰及其對基督教之認識》張自忠的《評布克夫人》、趙家璧的《勃克夫人與黃龍》、《〈大地〉作者勃克夫人》、冰瑩的《關於〈大地〉》，汾瀾的《勃克夫人小說裏的中國女人》等十餘篇。在對《大地》評論文章逐漸增多的同時，《大地》的譯本以及節譯本也不斷出現。除了胡仲持、伍蠡甫的譯本之外，在三四十年代間先後出現了張萬里等的《大地》（北平志遠書店1933年6月）、馬仲殊編譯的《大地》（上海中學生書局1934年2月版）、由稚吾譯的《大地》（上海啟明書局1936年5月版）、羅致譯的《大地》（節譯本，重慶新中國書局1945年版）以及凌心渤編譯的《大地》（節譯本，出版時間不詳，上海經緯書局初版）等。這些評論和譯本的不斷出現表明中國文壇對賽珍珠有持續的關注。

由於《大地》在美國的轟動，米高梅電影公司決定把《大地》搬上銀幕。中國報刊又連續報導了關於《大地》來華拍攝的消息。下面摘錄一則發表在《鬥斗》（1934年第2期）上的一冊消息，可助於瞭解拍攝《大地》的一些情況：

〔註7〕胡風《〈大地〉裏的中國》，《文藝筆談》，上海生活書店1936年版。

《大地》改制爲影片

賽珍珠——勃克夫人（Mrs, Buck）的長篇小説《大地》（The Good Earth），以中國的農村社會爲背景，描寫一封建家庭的崩潰和沒落，出版後，在歐美引起了熱烈的歡迎，而獲得莫大的榮譽。中譯本也於去年刊行問世了。最近美國米高梅電影公司改爲劇本，要求我國政府准其在中國攝製影片，經中央黨部組織審察委員會，將劇中侮辱我國國體的部分，如小腳婦女的醜態，軍閥的戰爭，苦力的非人生活等等刪去，換上我國的各種新建設的圖畫，准予拍照。該公司乃派員來華會同我國指導人員實行攝取外景，上月已抵北平，開始工作。並擬選雇中國演員三十餘人，俟拍照完竣後，帶回好萊塢，從事訓練，用全部華語對話，製成影片。這要算是第一部演映我國社會情形的外人製作的片子了，將來登上銀幕後，定會在世界上，尤其在中國，獲得盛大的歡迎吧。勃克夫人的榮譽也要更加普遍了。

與此同時，《良友畫報》、《玲瓏》、《十日談》《時事旬報》等報刊圍繞《大地》攝製影片又持續不斷地報導，推波助瀾了《大地》在中國民眾中的傳播與接受。

此外，除了《大地》之外，賽珍珠又寫了續篇《兒子們》〔註8〕和《分家》〔註9〕（合稱《大地三部曲》）。1938 年，瑞典文學院宣佈賽珍珠以《大地三部曲》（包括《大地》、《兒子們》、《分家》）獲得了諾貝爾文學獎。獲獎評語：「由於她對中國農民生活史詩般的描述，這描述是眞切而取材豐富的，以及她傳記方面的傑作」。〔註10〕瑞典皇家學院在授予賽珍珠諾貝爾文學獎時，稱讚她的傑出作品「使人類的同情心越過遙遠的種族距離，並對人類的理想典型做了偉大而高尚的藝術呈現」。〔註11〕賽珍珠獲得諾貝爾文學獎又給中國文壇在三四十年代傳播和接受《大地》及其他小説提供了助推劑。

〔註8〕該書最先由美國戴約翰出版公司於 1932 年出版，同年 12 月，上海黎明書局就推出了伍蠡甫的譯本《兒子們》，1934 年 4 月，上海開華書局出版了馬仲殊的節譯本，1941 年 2 月，上海啓明書局又出版了唐允魁的譯本《兒子們》。

〔註9〕此書中文譯本有兩種。一是常吟秋譯的《分裂了的家庭》，上海商務印書館 1936 年 11 月出版。一是唐長儒譯的《分家》，上海啓明書局 1941 年 1 月初版。

〔註10〕蘇長仙編寫《諾貝爾文學獎全集縮寫本》第 5 卷，第 415 頁，廣西民族出版社 1988 年版。

〔註11〕蘇長仙編寫《諾貝爾文學獎全集縮寫本》第 5 卷，第 419 頁，廣西民族出版社 1988 年版。

章衣萍最爲得意的散文集《隨筆三種》

隨筆三種（衣萍半集之三）　　章衣萍著　上海現代書局 1934 年 1 月初版

　　章衣萍先生的筆，向以靈敏見稱，他善寫愛情，也善寫秀逸的隨筆。他所寫的愛情是活的，有生命的，是現實的血與淚的交流，裏面有微笑，有悲哀，有瘋狂，也有嫉妒。《情書一束》和《友情》便是章先生寫情的代表作。他的隨筆尤能使讀者在微笑中好像受了苦的矛盾味。年來因臥病，遂使他的隨筆益增豐富精彩。《枕上隨筆》《窗下隨筆》《風中隨筆》等，風行一時，幾乎愛好文學的青年都有人手一編之概，現在章先生將他的傑作彙印起來，從此便利讀者不少了。

廣告載《現代》第 4 卷第 4 期，1934 年 2 月 1 日

　　枕上隨筆　窗下隨筆　　章衣萍著　上海北新書局 1929 年版

　　《枕上隨筆》是衣萍先生病中三部著作之一。内容全是一些有趣味的斷片，你可在這些斷片裏看見魯迅周作人胡適疑古玄同劉半農諸公的言談丰采，你也可以在這些斷片裏看見中國各方面的人生。

　　衣萍先生說：「我覺得《枕上隨筆》比《情書一束》還有趣味。我知道愛讀《枕上隨筆》的人也許比《情書一束》還會多。」

　　衣萍先生的《枕上隨筆》出版後，胡適之先生讀了，也說：「極有趣味。」林語堂先生且說：「這樣著作，中國尚未有過。」

　　現在衣萍先生又將《窗下隨筆》由本局發行，内容較《枕上隨筆》尤爲豐富而有趣味。

　　這裡面記載的人物，如戴東原江愼修鄒容孫少侯胡景翼章士釗梁任公蘇

曼殊等人的言論故事，以及舊軍閥齊燮元張宗昌褚玉璞等荒謬議論與行為，可作「世說新語」讀，可作故事小說讀。

廣告載《北新》第 3 卷 23 號，1929 年 12 月 1 日

　　在新文學史上，章衣萍多給人以負面形象。因出版《情書一束》以及《情書二束》受到文壇非議之外，在《枕上隨筆》中因引用了一句「懶人的春天啊，我連女人的屁股都懶得去摸了！」而更被文壇譏嘲為「摸屁股的詩人」。〔註1〕而魯迅的《教授雜詠四首》其三的「世界有文學，少女多豐臀，雞湯代豬肉，北新遂掩門」也有了諷刺章衣萍之嫌。至今，章衣萍仍被人冠以「色情作家」、「落後文人」，他的作品並未得到應有的重視。事實上，在二三十年代的新文學文壇，章衣萍可是一個風雲人物。原名章鴻熙（1900～1947），安徽績溪人。因老鄉的關係，在上海經汪孟鄒的介紹，結識了胡適，成為胡適的助手，使他有機會接觸到京滬兩地一大批名人、作家，也使他在文壇上逐漸為人所知。在四十多年的生命歷程中，他在創作、編輯、翻譯、教育領域均有涉足，有詩集、短篇小說集、散文集、學術著作、少兒讀物、譯作以及古籍整理等 20 多部。其中尤以散文成就最大，先後出版了《古廟集》（1929年 6 月）、《枕上隨筆》（1929 年 6 月）、《窗下隨筆》（1929 年 12 月）、《倚枕日記》（1931 年 2 月）、《青年集》（1931 年 7 月）、《衣萍書信》（1932 年 5 月）、

〔註 1〕溫梓川、龔明德等人曾為其辯誣。參見溫梓川的《〈情書一束〉和章衣萍》（《文人的另一面》，廣西師範大學出版社 2004 年版）和龔明德的《「懶人的春天」和〈枕上隨筆〉》（《新文學散劄》，天地出版社 1996 年版）。

《衣萍文存》（1933 年 5 月）、《隨筆三種》（1933 年 2 月）、《衣萍文存》（二集，1947 年 1 月）。而在這些散文集子中，他最爲得意的還是《隨筆三種》。

隨筆三種

枕上隨筆　　　　　　　　　　　　　　　　　　實價三角

枕上隨筆是衣萍先生病中三部著作之一。内容也是一些有趣味的斷片。你可在這些斷片裏看見魯迅周作人胡適疑古玄同劉半農諸公的言論要旨，也可在這些斷片裏看見中國各方面的人生。

衣萍先生說：「我覺得枕上隨筆比消遣一束還有趣味。我知道愛讀枕上隨筆的人也許此情此一束還含多。」

窗下隨筆　　不日出版

衣萍先生的「枕上隨筆」出版後，周遭之先生讚！也說：「極有趣味」。林語堂先生且說：「這樣著作，中國向來有過」。現在衣萍先生又將「窗下隨筆」由本局發行，内容較「枕上隨筆」尤爲豐富而有趣味。

這裏面記載的人物，如戴東原日懺悔惱容樣少候胡其毅章士釗齡誦公蘇慧殊公人的言論故事，以及偷事閒常變九張宗昌葉荒謬喊論與行爲可作「世說新語」讀，可作故事小說讀。

上 海 北 新 書 局 發 行

　　　《隨筆三種》包括《枕上隨筆》、《窗下隨筆》、《風中隨筆》三種。《枕上隨筆》由上海北新書局於 1929 年 6 月單行出版，初版 4000 冊，再版、三版各印 2000 冊，一年餘的時間裏內印行三版 8000 冊，可見銷路十分可觀，上面的廣告中就大肆渲染了作品出版後的反響。著者在《序》中交代了寫作此書的緣起：「兩月來我的肺病好得多了，可是又病頭痛，什麼書也不能看，什麼事也不能做。整天躺在床上無聊極了，就拿起 Note-Book 來隨便寫幾句，不久，就成了這樣薄薄的一冊《枕上隨筆》。」〔註2〕應該說，《枕上隨筆》的暢銷在經濟上給了章衣萍極大地刺激，使得他很快又在上海北新書局問世了另一部隨筆集《窗下隨筆》，初版時間爲 1929 年 12 月，2000 冊。這部隨筆集一半錄自十年前作者在北京爲胡適做助手的日記，一半則爲夏間在海邊養病時所寫。在該隨筆集的《跋》中，著者毫不掩飾地表達了印行此集的目的：「在《枕上隨筆》印行幾個月後，我又把《窗下隨筆》拿來付印，這，老實說，

〔註 2〕章衣萍《〈枕上隨筆〉序》，《枕上隨筆》，上海北新書局 1929 年版。

無非是因爲窮而已。我病得太久了。病同窮是相聯的。所以也窮得太久了。富翁窮的時候還可以賣古董，但是窮人沒有飯吃的時候，就連破衣爛絮也只得賣掉。嗚呼！貧窮！貧窮！天下古今幾多罪惡因你而行！文人本來是世界上最無聊的。雖然這年頭兒，聽說翻印幾本書也可以發大財，而作幾篇創作也可以充革命。但是我實在沒有這樣唬人的能力。嗚呼！我其不免永遠爲可憐之貧民矣乎？」〔註3〕《風中隨筆》的部分內容曾在《文藝茶話》、《讀書月刊》等刊物上發表，但一直沒有作爲單行本印行。

1933 年 2 月，上海神州國光社初版了《枕上隨筆》、《窗下隨筆》、《風中隨筆》三種的合集，取名爲《隨筆三種》，列爲「衣萍半集之三」。初版不久，因神州國光社的出資者陳銘樞在福建參加抗日反蔣，該社各地分店全被查封，許多書刊被查禁。上海總店因地處租界而幸免於難，但已難以立足。《隨筆三種》被迫改由上海現代書局再次出版，初版 2000 冊。所以，此書有兩種初版本，實不多見。著者還特別爲現代書局初版寫了《隨筆三種小記》（寫於 1933 年 11 月 5 日），文中記錄的三件事具有一定的史料價值，值得照錄：

> 我將《枕上隨筆》，《窗下隨筆》，《風中隨筆》三種集爲一冊，於今年二月出版，不能無小記。此書純爲病中消遣之作，而據今年的純粹馬克斯派的批評家看來，則病中作隨筆也是犯法的了。犯法也罷，我還不能不讓我的隨筆流行，直到我能夠健康起來，到鄉下去種田，不依賴版稅生活爲止。

> 還有一夥「專員」，因爲我的記載毫無忌諱，於是掇拾一二句話，在各處小報，大施攻擊。然而我是一個不怕什麼攻擊的人。「專員」們的厲害，至多不過像肺癆蟲一般可怕罷。肺癆蟲尚不能損害我的生命，旁的有什麼可怕呢？

> 我應該感謝《中國簡報》（China in Brief）（第一卷四期）的記者，將我的一些隨筆，選譯成英文，雖然內中不免有小小的錯誤。

從這段文字可知三件事：他的隨筆小品遭到了左翼批評家的批評；他被譏諷爲「摸屁股詩人」；他的一些隨筆還被翻譯成英文，產生了國際影響。

章衣萍在病中開始創作《枕上隨筆》時就打定主意仿《世說新語》的格言體，記載許多師友的丰采議論，或述師友逸事，或諷道學虛僞，或歎童眞

〔註 3〕章衣萍《〈窗下隨筆〉跋》，《窗下隨筆》，上海北新書局 1929 年版。

可愛，或憶鄉野舊聞。正如上引《枕上隨筆》廣告詞：「你可在這些斷片裏看見魯迅周作人胡適疑古玄同劉半農諸公的言談丰采，你也可以在這些斷片裏看見中國各方面的人生。」「這裡面記載的人物，如戴東原江愼修鄒容孫少侯胡景翼章士釗梁任公蘇曼殊等人的言論故事，以及舊軍閥齊燮元張宗昌褚玉璞等荒謬議論與行爲，可作『世說新語』讀，可作故事小說讀。」《風中隨筆》也繼續以人物爲中心的寫作風格。每一則寥寥數語，將各種人物的才情、格調和風貌再現出來，讀來確實具有獨特的韻味。而在《窗下隨筆》序中，他交代了他爲什麼以隨筆的形式寫作這些小品的緣由：「竊以朋輩之中，可作『隨筆』有二人焉：一爲疑古翁，一爲孫伏老。二君皆年高德重，識廣聞多，以寫『隨筆』，必多精彩。惜伏老既僕僕於巴都，疑公亦鞅掌於平市。大樹不出，茅草成王。《枕上》之後，繼之《窗下》。名言謬論，兼蓄並收，木屑竹頭，未嘗無用。」可見，章衣萍採用隨筆形式也有效法錢玄同、孫伏園之意。有研究者認爲他的小品隨筆「繼承了西晉志人小說的傳統，在小品文中獨創隨筆體，爲現代小品文的發展拓寬了道路」。〔註4〕

　　《隨筆三種》寫於章衣萍從北京南遷到上海之後，他的隨筆創作也體現了由「京」入「海」的創作軌迹。在北京時期，因參與《語絲》的創辦，語絲體散文成爲他反抗社會的武器。《隨筆三種》中還有《語絲》的傳統，有社會批評和文明批評的氣息。如他對教育總長娶姨太太的諷刺，對某大學教授的諷刺，對這些僞道學家們的舉止，敘其行爲的荒謬，解開了他們虛僞的面紗。還有對文壇醜惡現象的挖苦和諷刺、對某些社會現象的針砭也讓人感到痛快淋漓。當然隨筆中大量的還是以身邊瑣事爲對象，觀照人生眞義，領略人生情味，追求生活情趣，文筆溫和、細膩帶點苦澀，正如上引廣告所說「他的隨筆尤能使讀者在微笑中好像受了苦的矛盾味。年來因臥病，遂使他的隨筆益增豐富精彩。」所以，隨筆中「對於師友或記其言語，或述其行狀，殘叢小語卻把人的才情、氣質、格調、風貌、性情、能力鮮明地浮托起來，給人以非常深刻的印象，多處風趣橫生，富有機智與幽默，而語言又清奇柔麗。」〔註5〕由於遷居商業都會的上海，注重作品的商品意識，爲了讓作品暢銷，他的隨筆也含著迎合小市民趣味的趨向，所以，後人把它歸之爲海派散文的代表

〔註4〕楊劍龍《上海文化與上海文學》，第68頁，上海人民出版社2007年版。
〔註5〕許道明《〈隨筆三種及其他〉前言》，《隨筆三種及其他》，漢語大詞典出版社1993年版。

作。如 1993 年漢語大詞典推出的叢書「海派小品集叢」就把章衣萍的隨筆納入，許道明和馮金牛二人編選了一本《隨筆三種及其他》作爲集叢之一出版。

致力於小品文提倡的《人間世》

人間世　小品文半月刊　林語堂主幹　四月五日創刊
內容精雅　文字清俊　期期可賞　篇篇可讀　開卷有益　掩卷有味
去白話之駁雜　矯文言之空疏　重評古人可讀之書　介紹西洋清新之作
是人人之良友　是困學之良師

　　十四年來中國現代文學唯一之成功，小品文之成功也。創作小說，即有佳作，亦由小品散文訓練而來。蓋小品文，可以發揮議論，可以暢泄衷情，可以摹繪人情，可以形容世故，可以札記瑣屑，可以談天說地，本無範圍，特以自我爲中心，以閒適爲格調，與各體別，西方文學所謂個人筆調是也。故善冶情感與議論於一爐，而成現代散文之技巧。人間世之創刊，專爲登載小品文而設，蓋欲就其已有之成功，扶波助瀾，使其愈臻暢盛。小品已成功之人或可益加興趣，多所寫作，即未知名之人，亦可因此發見。蓋文人作文，每等還債，不催不還，不邀不作。或因未得相當發表之便利，雖心頭偶有佳意，亦聽其埋沒，何等可惜。或且因循成習，絕筆不復作，天下蒼生，翹首如望雲霓，而終不見涓滴之賜，何以爲情。且現代刊物，純文藝性質者，多刊創作，以小品作點綴耳。若不特創一刊，提倡發表，新進作家即不復接踵而至。吾知天下有許多清新可喜文章，亦正藏在各人抽屜供魚蠹之侵蝕，不亦大可哀乎。內容如上所述，包括一切，宇宙之大，蒼蠅之微，皆可取材，故名之爲人間世。除遊記詩歌題跋贈序尺牘日記之外，尤注重清俊議論文及讀書隨筆，以期開卷有益，掩卷有味，不僅吟風弄月，而流爲玩物喪志之文學。半月一冊，字數四萬，逢初五二十出版，紙張印刷編排校對力求完善，用仿宋字排印，以符小品精雅之意。尚祈海內文士，共襄其成。

　　　　　　人間世社編輯　　良友公司發行

　　本刊純以講文論學立場，超然不阿權貴，不立黨派，故能邀集海內名家
長期撰稿，除尚未得覆者外，已蒙國中文壇名宿允爲撰文多位如下：

　　周作人　俞平伯　劉半農　朱自清　郁達夫　老舍　　黃廬隱　葉靈鳳
　　傅東華　沈從文　朱光潛　馮文炳　簡又文　潘光旦　夏丏尊　趙景深
　　孫伏園　謝六逸　李青崖　王向辰　全增嘏　豐子愷　陳子展　方光燾
　　邵洵美　何容　　海戈

約法：
　　第一章　本刊地盤公開接受外稿。
　　第二章　文字華而不實者不登。
　　第三章　涉及黨派政治者不登。

　　　　　　　　　　　廣告載《良友畫報》第 86 期，1934 年 3 月 15 日

　　1932 年 9 月 16 日，林語堂主編的《論語》半月刊創刊於上海，他提出刊
物「以提倡幽默文字爲主要目標」，「本刊之主旨是幽默，不是諷刺，至少也
不要以諷刺爲主」，主張用幽默的小品文來記述、談論各種社會現象，刊登幽
默的文章。但反對「專載遊戲文字，不出「新《笑林廣記》供人茶餘酒後談
笑的資料」。〔註1〕在《論幽默》中，他說：「幽默本是人生之一部分，所以一
國的文化，到了相當程度，必有幽默的文學出現。人之智慧已啓，對付各種
問題之外，尚有餘力，從容出之，遂有幽默——或者一旦聰明起來，對人之
智慧本身發生疑惑，處處發見人類的愚笨，矛盾，偏執，自大，幽默也就跟
著出現。」〔註2〕刊物的主要撰稿者有周作人、俞平伯、劉半農、老舍、廢名、
簡又文、邵洵美、章克標、徐訏等。在林語堂的大力提倡下，以《論語》爲
陣地，形成了以提倡幽默小品的「論語派」。在三十年代民族危機日益加深的
形勢下，《論語》提倡「幽默」引起了左翼作家的反感和不滿。魯迅在《論語》
創辦五個月後，先後發表了《從諷刺到幽默》、《從幽默到正經》、《論語一年》
等文章，對《論語》提倡的幽默小品給予了嚴正的批評。他指出，在當時「風
沙撲面，狼虎成群的時候」，所謂幽默，其實只是「將屠戶的兇殘，是大家化
爲一笑，收場大吉」，認爲現時需要是諷刺，而不是幽默。由於辦刊時，產權

〔註 1〕《緣起》，《論語》第 1 期，1932 年 9 月 16 日。
〔註 2〕林語堂《論幽默》，《論語》第 33 期，1934 年 1 月 16 日。

關係不甚明確，林語堂與時代圖書公司發生矛盾，《論語》出至第 27 期後，由陶亢德接編，林語堂逐漸退出《論語》。

正因為林語堂被迫退出《論語》，他才轉而於1934年4月5日創辦並主編《人間世》半月刊。應該說，林語堂創辦《人間世》時部分接受了魯迅的批評，不再提倡幽默，但是以小品文相號召。他在發刊詞中提倡小品文〔註3〕：「《人間世》之創刊，專門登載小品文而設，蓋欲就其已有之成功，推波助瀾，使愈臻暢盛。」〔註4〕認為小品文「可以發揮議論，可以暢泄衷情，可以摹繪人情，可以形容世故，可以札記瑣屑，可以談天說地，本無範圍，特以自我為中心，以閒適為格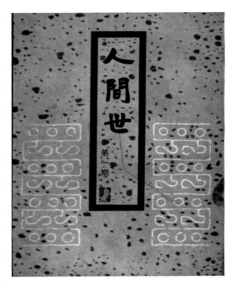調，與各體別，西方文學所謂個人筆調是也。」〔註5〕可見，林語堂的《人間世》的辦刊宗旨是提倡小品文，側重登載小品作品，力求把《人間世》辦成既「不談政治」，也不「吟弄花草」，但與社會人生有關的小品文刊物。在第 1 期上刊出了《人間世投稿規約》，第一條就是「本刊接受外稿。不拘文言白話，以合小品文格調為準」。從第 2 期開始，規約上又增加了三句話：「本刊地盤公開。文字華而不實者不登。涉及黨派政治者不登。」這表明林語堂力圖把《人間世》辦成遠離政治而接近人生的小品文刊物。表明他「對國、共兩黨尖銳對立的社會現實雙重不滿、失望和恐懼」。在他看來，南京政府固然太不像話，而共產黨也未必合其意。因而，經過一番思考和權衡後，便選擇了『中間立場』，採取『超脫』態度。」〔註6〕為了提倡小品文，除了《發刊詞》外，林語堂在《人間世》先後撰寫了《說小品文半月刊》、《論小品文筆調》、《說個人筆調》、《論玩物不能喪志》、《說自我》、《關於本刊》、《小品文之遺緒》

〔註 3〕 筆者認為林語堂對魯迅的批評只是部分接受，他不再提倡幽默文學，而是以小品文相號召，使之繼承五四新文學傳統，在小品文已有成功的基礎上「扶波助瀾，使其愈增暢盛」。

〔註 4〕 林語堂《發刊詞》，《人間世》第 1 期，1934 年 4 月 5 日。

〔註 5〕 林語堂《發刊詞》，《人間世》第 1 期，1934 年 4 月 5 日。

〔註 6〕 劉炎生《林語堂評傳》，第 104 頁，百花洲文藝出版社 2010 年版。

等多篇文章，對小品文的題材、筆調、內容等方面發表了自己獨到的見解。

人間世

（小品文半月刊）

林語堂主幹

—— 四月五日創刊 ——

內容精雅　文字清俊
期期可寶　篇篇可讀
開卷有益　掩卷有味

去白話之駁雜
矯文言之空疏
重評古人可讀之書
介紹西洋清新之作
是人人之良友
是困學之良師

—— 人間世社編輯 ——

—— 良友公司發行 ——

《人間世》從 1934 年 4 月 5 日創刊，到 1935 年 12 月 20 日與良友圖書公司解除合同時，共出了 42 期，全部由林語堂主編，編輯有陶亢德和徐訏。除了上引創刊廣告所列的作家外，還有阿英、馬國亮、趙家璧、葉紹鈞、宋春舫、徐調孚、徐祖正、施蟄存、周建人、江紹原、曹聚仁、劉大杰、徐懋庸等，馮沅君、陸侃如、唐弢（鳳子）、楊騷等共 50 餘人，既有詩人、散文家、小說家、又有學者，陣容可謂強大，涉及到的領域也十分廣泛。其中簡又文、鳳子、徐懋庸、老向、曹聚仁、陳子展、陶亢德、徐訏等人的篇數較多。從內容上看，以第四期爲界限，分爲前後兩期，「前期主要提倡從古典文學中的明清小品文中取法；後期則主要致力於介紹西洋雜誌文。但無論是前期還是後期，要『開卷有益、掩卷有味』的宗旨，堅持借鑒繼承古典文化精髓和譯介外來文化同等重要的思想是貫穿始終的。」〔註7〕在欄目設置上，先後闢有《隨感錄》、《讀書隨筆》、《譯叢》、《今人誌》、《小品文選》、《特寫》、《西洋雜誌文》、《思想》、《山水》和《人物》等欄目。此外還出過《辜鴻銘特輯》、《紀念劉半農先生特

〔註 7〕初清華《關於期刊〈人間世〉的幾點思考》，《新文學史料》2003 年第 2 期。

輯》等。從刊物的創刊號起，連續多期於正文之前冠以一副八開大的作家肖像照片，有周作人、俞曲園、劉鐵雲、老舍等。從第二期起又設《今人誌》專欄，為作家作文字素描，每期一人，有吳宓、胡適、老舍等。

　　但是，《人間世》一問世，就飽受左翼陣營的批判，特別是創刊號上刊出的《知堂五十自壽詩》以及和詩〔註8〕更是讓批判攻擊隨之而來。廖沫沙以野容為名發表了雜文《人間何世》，文章語帶諷刺：「主編《論語》而有『幽默大師』之稱的林語堂先生，近來好像還想謀一個兼差，先前是幽默，而現在繼之以小品文，因而出版了以提倡小品文相標榜的《人間世》，有了專載小品文的刊物，自然不能不有小品文『大師』，這是很合邏輯的登龍之道吧。……抄詩已畢，頗想細讀下去。按發刊詞『包括一切，宇宙之大，蒼蠅之微，皆可取材』的範圍，逐篇讀下去，卻只見『蒼蠅』，不見『宇宙』。……壓根兒語堂先生要提倡的是『蒼蠅之微』，而不是『宇宙之大』麼？」〔註9〕林語堂也不示弱，立即發表《周作人詩讀法》加以辯解：「近日有人登龍未就，在《人言周刊》、《十日談》、《矛盾月刊》、《中華日報》及《自由談》化名投稿，系統的攻擊《人間世》；如野狐談佛，癩黿談仙，不欲致辭。」後又發表了《方巾氣研究》、《今文八敝》等文，發泄了對左翼文壇的不滿。他指出：「這種方巾氣的批評家雖自己受壓迫而哼幾聲……自己一旦做起新聞檢查員來，才會壓迫人家得厲害。」〔註10〕魯迅以崇巽為名發表了《小品文的生機》，文中在指出林語堂判斷錯誤的同時還指出了小品文的出路：「林先生以為新近各報上之攻擊《人間世》，是系統的化名的把戲，卻是錯誤的，證據是不同的論旨，不同的作風。其中固然有雖曾附驥，終未登龍的『名人』，或扮作黑頭，而實

〔註8〕在《人間世》創刊號的正文前刊出了一副八開大的「京兆布衣知堂(周作人)先生近影」，接著有一張以《偶作打油詩二首》的手迹影印，後面還有幾位友人的和詩，分別是：劉半農《新年自詠次知堂老人韻》4首、沈尹默《和豈明五十自壽打油詩韻》2首、《自詠二首用裒韻》2首、《南歸車中無聊再和裒韻得三首》3首，以及林語堂《和豈明先生五秩壽詩原韻》1首。另外，來自朋友們的和詩，公開發表的則有4月20日《人間世》第2期蔡元培《和知堂老五十自壽韻》2首、沈兼士《和豈明打油詩寫上一首聊塞語堂》1首，5月5日的《人間世》第3期無能子（錢玄同）的《也是自嘲，也和知堂原韻》、《再和知堂》共2首，以及蔡元培《新年用知堂老人自壽韻》1首。此前，《論語》上也發表了和詩四首，以及還有未發表而為當時友朋所知悉的胡適、俞平伯、徐耀辰、馬幼漁等的和詩。一時在文壇成為熱點。

〔註9〕野容《人間何世》，《申報‧自由談》1934年4月14日。

〔註10〕林語堂《方巾氣研究》、《申報‧自由談》1934年4月28日。

是真正的丑腳的打諢，但也有熱心人的讜論。世態是這麼的糾紛，可見雖是小品，也正有待於分析和攻戰的了，這或者倒是《人間世》的一線生機罷。」〔註11〕茅盾在《不關宇宙或蒼蠅》一文中，對《人間世》的提倡小品文的看法頗為客觀：「自從《人間世》的發刊詞上有『宇宙之大，蒼蠅之微，皆可取材』那樣的話，就惹起了一番爭論。綜合那論爭的要點，似乎有兩種：一是以為小品文應該大處著眼，小處落筆，篇幅即使短小，卻應得『袖裏有乾坤』。這是不滿意《人間世》談蒼蠅之微的，倘使要給他一個名目，那麼，稱之曰『宇宙派』，亦未始不可。又一是《人間世》方面的論調了，發刊詞中所謂『特以自我我中心，以閒適為格調』似乎就是一聯標語。」「我覺得小品文應該讓它自由發展，讓它依著環境的需要而演變為各種格調，不該先給它『排八字，算五星』。定要『宇宙之大』似的載『道』，固然是枷，可是『特以自我為中心，閒適為格調』，也是鐐鎖。」〔註12〕也就是在《人間世》創刊不久，為了對抗《人間世》，陳望道、艾寒松、鄭振鐸、黎烈文、朱自清等人於 1934 年 9 月 20 日創辦了《太白》，提倡有不平，有諷刺，有攻擊，有破壞，如匕首，如投槍，能同讀者殺出一條生存的血路來的戰鬥的小品文。刊物得到了魯迅和其他左翼作家以及其他進步作家的廣泛支持。

　　儘管《人間世》問世之後，遭到了左翼作家的批評和攻擊以及另辦刊物加以對抗，但是刊物發行後卻頗有市場。不但刊物頗為暢銷〔註13〕，而且「小品文」的提倡在文壇卻獲得許多人的認同，後來的《逸風》、《天地人》、《西風》、《談風》、《文飯小品》等刊載小品文的雜誌紛紛問世，將小品文的創作熱潮繼續推進下去。這些刊物的問世，不但是對林語堂提倡小品文的呼應，也是對左翼批評的有力回擊。如施蟄存、康嗣群創辦《文飯小品》時，在《創刊釋名》中，康嗣群這樣解釋了小品文受到攻擊的原因：

　　　　這一二年來，小品文似乎在文壇抬了頭。因為抬了頭，於是招了許多誹謗。有的說小品文是清談，而清談是足以亡國的。有的說小品文是小擺設，而小擺設是玩物喪志的東西。有的說小品文不是

〔註11〕崇巽《小品文的生機》，《申報·自由談》1934 年 4 月 30 日。
〔註12〕茅盾《不關宇宙或蒼蠅》，《申報·自由談》1934 年 10 月 17 日。
〔註13〕由於《人間世》及其小品文頗受讀者喜愛，林語堂還特地以人間世社名義在《人間世》上選編了一套《人間世叢書》，分別為《二十今人志》、《人間小品甲集》、《人間小品乙集》、《人間特寫》、《人間隨筆》共 5 本，由上海良友圖書印刷公司於 1935 年出版。

> 偉大的東西，而我們這個時代卻需要偉大的作品。這種種的誹謗，
> 其實都不是小品文本身招來的。而是「小品」這個名字招來的，倘
> 若當初不把這種文字稱爲「小品」，而稱之爲散文或隨筆。因爲品不
> 品倒沒有關係，人們要的是「偉大」，當偉大狂盛之年，而有人來抬
> 出「小品文」這個名稱，又從而提倡之，這當然幽默得要使一些偉
> 大人物感到不自然了。

在筆者看來，儘管《人間世》只發行了 42 期，但裝幀精美、欄目設置多樣、作家整容強大、內容精雅、文字清俊，是三十年代影響深遠的一份雜誌。林語堂首倡「小品文」及主編《人間世》的歷史功績應該得到公正的評價。

生活書店發行《創作文庫》

創作文庫　傅東華主編　1934 年 5 月開始陸續出版

　　本文庫以宏大規模，陸續選刊現代名家創作之專集，選集，包括長短篇小說，劇本，詩歌，散文，批評，諸凡文學之諸部門，靡不應有盡有，搜羅力求其廣，選擇力求其精，一般讀者可以之作鑒賞研摩，青年讀者可以之作國語文範本。圖書館備此文庫，即可打定現代文學類書之基礎，個人備此文庫，即可獲得國內一切名家之作品。各書一律用卅六開本排印，分精裝平裝兩種，精裝用道林紙印，既精美悅目，又小巧便攜。

　　現代文壇收穫的總匯　　未來文學史料的初基

1.小坡的生日	老舍作	中篇小説集	2.反攻	張天翼作	中短篇小説集
3.如薤集	沈從文作	短篇小説集	4.西柳集	吳組緗作	短篇小説集
5.旅途隨筆	巴金作	隨筆集	6.將軍	余一作	短篇小説集
7.青的花	靳以作	短篇小説集	8.取火者的逮捕	郭源新作	希臘神話小説
9.邊城	沈從文作	中篇小説	10.佝僂集	鄭振鐸作	論文隨筆集
11.女性	沈櫻作	短篇小鎖集	12.片雲集	王統照作	散文集
13.中書集	朱湘作	散文集	14.罪惡的黑手	臧克家作	新詩集
15.梁允達	李健吾作	劇本集	16.沉默	巴金作	短篇小説集
17.驢子和騾子	魯彥作	散文集	18.浮生集	葉永蓁作	散文集
19.山胡桃集	傅東華作	散文批評集	20.歐遊漫憶	小默作	隨筆集
21.七年忌	歐陽山作	短篇小説集	22.結算	徵農作	短篇小説集
23.飄泊雜記	艾蕪作	散文集			

優待

　　本文庫全套共二十三冊，除零售實價外，如承一次購閱，照定價起著優待。計精裝（原價十六元一角）十一元二角七分，平裝（原價十一元六角）八元一角二分。郵費：精裝國內六角二分，國外五元七角；平裝國內四角六分，國外四元五角。十二月底截止。

廣告刊自《光明》第 1 卷 11 號，1936 年 11 月 10 日

　　30 年代初，《小說月報》在持續了 20 年後終於停刊，左翼的刊物大多受到打壓或被迫停刊，《論語》等閒適風格的刊物又為許多進步作家不齒。作家們迫切需要一個能自由發言的園地。1933 年春，鄭振鐸從北平回到上海，向茅盾提出創辦一個類似於《小說月報》的大型文學刊物。他們二人商量刊物名稱為《文學》，邀請時任商務印書館高級編輯的傅東華主持編務，由生活書

店負責出版。在鄭振鐸和茅盾等的多方運作下，組成了一個郁達夫、葉聖陶、茅盾、鄭振鐸、傅東華等9人的編輯委員會，並組織了本刊特約撰稿員50餘人，幾乎把國內前列作家一網打盡。主編由鄭振鐸、傅東華二人擔任（因鄭在北平燕京大學任教，無暇具體主持編務，所以主要由傅東華具體主持工作），刊物於1933年7月1日正式創刊。由於刊物作者陣容強大，內容上強調時代性，敢於面對現實，反應現實社會矛盾和鬥爭，創刊之後，很快就打開了局面，獲得了廣大讀者的熱烈歡迎。創刊號一印再印，一個月內就印了四次，以後的每一期都不斷加印，年底又出合訂本（前六期）等。〔註1〕

正當《文學》辦的越來越好之際，國民黨當局配合對中央蘇區的軍事圍剿，在文化領域也開始實行書報檢查制度。他們通知生活書店，從1934年1月第二卷開始，稿子要送審，刊物要署編者名字。如第二卷第1期的稿子，被當局檢查官抽去了巴金的長篇小說《雪》，又抽去了歐陽山的《要我們歇歇也好》和夏徵農的《恐慌》。新年試筆一欄的徵文中有一篇巴金寫的，審查官勒令改為「比金」，徵文特輯《文壇何處去》全部被抽，其中有鄭伯奇、張天翼等八人的文章。〔註2〕檢查官對編好的刊物大砍大抽，這給期刊的出版帶來了極大的困難，致使第二卷第1期被迫脫期半個多月。鑒於此，鄭振鐸、茅盾和傅東華三人商量決定採取措施應對當局的倒行逆施。一是「決定從第三號起連出四期專號（第二期的稿子已送審），一期為翻譯專號，一期為創作專號，一期為弱小民族文學專號，一期為中國文學研究專號。」〔註3〕二是決定編選一套叢書，即《創作文庫》。不但讓發表在《文學》上的作家作品得以結集問世，還可以以書的方式繞過書報檢查制度，讓一些不能在期刊上發表的作品得以問世。

由於茅盾、鄭振鐸不便於出面，這套叢書的主編就由傅東華擔任。在《文學》連續推出專號的同時，叢書的第一批3本就接連問世。由於作家在期刊上發表作品是零碎的、散亂的，而單行本則可以集中體現作家創作情況。《創作文庫》的出版不但可以集中顯示《文學》創刊以來的創作實績，集中展示選入作家的新進創作成果，還是向當局書刊檢查制度的一種抗議。此外，在

〔註1〕金宏宇、彭林祥《新文學廣告的史料價值》，《中國現代文學研究叢刊》2007年第4期。
〔註2〕茅盾《我走過的道路》(上)，第628頁，人民文學出版社1997年版。
〔註3〕茅盾《我走過的道路》(上)，第630頁，人民文學出版社1997年版。

經濟上，這套叢書的編選出版也能緩解作家因文章被砍所造成的經濟困窘。正如茅盾所說：「對於那些沒有版稅收入的新進作家，辛辛苦苦寫出一篇東西，卻被檢查老爺任意抽調了，卻意味著要勒緊幾天褲帶，既要革命，又要吃飯，逼得大家開動腦筋，對抗敵人的文化『圍剿』」。〔註4〕

　　從1934年5月出版第一種到1935年出版第23種，整套叢書出版時間不足一年。從選入的作家名單看，大多數是《文學》的作者，不少作品是先在《文學》上發表的。這裡既有老舍、巴金、鄭振鐸、王統照、沈從文這樣文壇大家，也有張天翼、臧克家、沈櫻、歐陽山、小默、葉永蓁、夏徵農這樣的文壇新銳。作品既有長短篇小說，劇本，詩歌，散文以及批評等。「諸凡文學之諸部門，靡不應有盡有，搜羅力求其廣，選擇力求其精」。具體的書名及出版時間如下：

序號	書名	作者	內容	初版及再版時間
1	小坡的生日	老舍	長篇童話	1934.5月初版，1937.5月四版
2	反攻	張天翼	短篇小說5篇	1934.5月初版，1934.10月再版
3	如蕤集	沈從文	短篇小說11篇	1935.5月初版，1934.10月再版
4	西柳集	吳組緗	短篇小說10篇，有序	1934.7月初版，1934.11月再版
5	旅途隨筆	巴金	實收隨筆25篇，有4篇被審查委員會刪去，存目。再版時增1篇，並有《再版題記》。	1934.8月初版，1934.10月再版。1935.8月三版，1937.5月四版
6	將軍	余一	短篇小說10篇，有序和後記，再版時增加1篇	1934.8月初版，1935年3月再版，1937.4月三版
7	青的花	靳以	短篇小說10篇	1934.8月初版，1934.12再版
8	取火者的逮捕	郭源新	希臘神話4篇，有序	1934.9月初版
9	邊城	沈從文	中篇小說，有題記	1934.10月初版，1936年11月前再版
10	佝僂集	鄭振鐸	論文集，分上下	1934.12月初版

〔註4〕茅盾《我走過的道路》(上)，第644～645頁，人民文學出版社1997年版。

				兩卷	
11	女性	沈櫻	短篇小說 7 篇	1934.10 月初版，1936.4 月再版
12	片雲集	王統照	散文 18 篇	1934.10 月初版
13	中書集	朱湘	論論散文 43 篇	1934.10 月初版
14	罪惡的黑手	臧克家	詩 16 首，有序	1934.10 月初版，1935.3 月再版
15	梁允達	李健吾	三幕劇 2 個	1934.10 月初版
16	沉默	巴金	短篇小說 8 篇，有自序	1934.10 月初版
17	驢子和騾子	魯彥	小說散文 12 篇	1934.12 月初版，1935.4 月再版
18	浮生集	葉永蓁	散文 12 篇	1934.12 月初版
19	山胡桃集	傅東華	散文隨筆 28 篇	1935.2 月初版
20	七年忌	歐陽山	短篇小說 8 篇，有代序	1935.3 月初版
21	歐遊漫憶	小默	散文 13 篇	1935.4 月初版
22	結算	徵農	短篇小說 12 篇	1935.4 月初版
23	漂泊雜記	艾蕪	散文 40 篇	1935.4 月初版

　　《創作文庫》一律 36 開本（但《中國現代作家著譯書目》及《民國時期總書目》上均注明是 42 開本），均分精裝和平裝兩種。平裝封面上畫一個裝飾性的框架，最上面是宋體中號字「創作文庫」，下面是大號手寫體書名，以及中號手寫體作者名，最下標出了「上海生活書店發行」字樣。精裝是綢面軟精裝，封面右下角都凹印一個車輪，旁有一人在跑步，大約寓意「與時代車輪共同前進」。〔註 5〕封面外還有紙質套封，套封勒口上有本叢書的書目廣告和本書的廣告詞。從上表可知，這套叢書發行情況很不錯，有 11 種圖書再版以致三版四版，足見頗受讀者歡迎。

　　生活書店爲了便於推銷，爲每一本寫了廣告詞，儘管大都只有一二百字，但包含了許多具有文學現場感的信息，這對瞭解作品的傳播和接受極具參考價值。如《小坡的生日》的廣告，就是一篇微型的文學評論：

　　　　這個中篇決定了作者的風格，簡美而富有詩意。在描寫上，假
　　幻擬的境界托出了南洋的多種顏色，是夢與眞實的交界，是藝術與
　　痛心的合奏，是中國的愛麗司奇境記。給兒童或成人讀，結果都是

〔註 5〕倪墨炎《倪墨炎書話》，第 264 頁，北京出版社 1998 年版。

欣悦。據作者自己説：「這不是偉大的，而是我最滿意的作品。」
《西柳集》的廣告中不但交代了作品刊載的期刊，而且還刊出茅盾當時對作者的大膽預見：

> 本書著者的作品曾散見於文學，文學季刊，清華周刊，文學月刊等雜誌，結集發行這是第一次。文學二卷二期惕若先生（即茅盾）評作者的的作品説：「這位作者出現於文壇，好像不過一來來的事，然而他的作品有令人不能注意的光芒，就我所讀過的兩三篇而言，這位作者真是一枝生力軍。……委實這位作者的開始已經證明了他是一位前途無限的大作家。……」讀者可以自己去證實這幾句話。

儘管無法考證出這 23 則廣告詞到底是誰所寫（據筆者推測，極有可能是主編傅東華所為），但由於撰寫者對這些作家作品極為熟悉，其所撰寫的廣告也包含了許多有價值的文學史料，應該加以搜集整理。

按主持者最初的計劃，這套叢書的規模應遠不止現在的 23 冊，在《文學》上發表作品的也遠不止這 19 位。有的已計劃好的作品也由於種種原因未能初版。如據廣告目錄顯示，第八種原計劃是陳白塵的劇本集《虞姬》，但不知何故未能問世，[註6] 只得以郭源新（鄭振鐸）的《取火者的逮捕》代替。此外，還有李輝英的散文集《歲月集》，書都編好並通過了審查，計劃編進《創作文庫》。但書店所出的《新生周刊》上刊登了艾寒松的《閒話皇帝》，惹出「新生事件」，而《歲月集》中又有很多記述東北實況的散文，書店怕出事，只好束之高閣。[註7] 1935 年春，傅東華任暨南大學國文教授，離開了《文學》雜誌和生活書店，這套叢書因主編的去職而被迫中斷。但僅出 23 冊的《創作文庫》因作家陣容的強大和作品質量上乘在三十年代文壇具有一定的影響，其主編傅東華的歷史功績應該得到銘記。

〔註6〕筆者推測可能是因政治原因未能出版。1932 年 9 月，陳白塵因參加地下革命工作被捕，後被判有期徒刑 5 年。在獄中開始寫作戲劇、散文，小説等。《虞姬》（獨幕劇）發表於《文學》第 1 卷 3 號，《大風雨之夜》（獨幕劇）發表於《文學》第 2 卷 2 期。

〔註7〕李輝英《自序》，《再生集》，上海新鐘書局 1936 年版。

生活書店 發行 創作文庫

傅東華 主編

本文庫以宏大規模，陸續選刊現代名家創作之專集，選集，合集；包括長短篇小說，劇本，詩歌，散文，批評，舉凡文學之各部門，羅力來其廣，選擇力來其精。一般讀者可以之作閱賞研摩，青年讀者可以之作國語文藝本。闊書館備此文庫，即可擭得國內一切名家之作品。各置一律用道林紙印，分精裝平裝兩種，編裝用道林紙印，裝精美悅目，及小巧便攜。

現代文壇收穫的總匯
未來文學史料的初基

1. 小坡的生日
老舍作　中篇小說集　平裝五角

這個中篇決定了作者的風格，輕鬆而富有詩意。全書寫出上，假幻想的境界托出南洋的多種顏色，是夢與創意的交界，是藝術與童心的合奏，是中國的愛麗思可漫遊容境記。給兒童或成人讀，結果都是欣悅。據作者自己說：「這不是偉大的，而是我最滿意的作品。」

2. 反攻
張天翼作　中短篇小說集　精裝七角半　平裝五角

作者的取材是多方面的。他把都市和鄉村的每個角淒裏的喜劇都擬來，章葉釀着幽默，也艷着眼淚，實到紙上，而所寫的都是一個眞實，既沒有誇張，也沒有遷就。此本包含一個中篇，四個短篇，都是作者精心雞釋的力作。

3. 如荼集
沈從文作　短篇小說集　平裝七角半

這是作者一二年來所作短篇小說之彙集，取材範圍愈加廣泛，筆調愈加細膩，愛讀沈氏小說者，不可不人手一編。

4. 西柳集
吳組緗作　短篇小說集　平裝六角

本書著者的作品曾散見东文學，文學季刊，清華周刊，文學月刊苟羅誌，結集發行這是第一次。文學二卷二期惜吾先生評作者的作品說：「這位作者出現於文壇，好像不過一

5. 旅途隨筆
巴金作　鹽筆集　平裝四角五分

作者歷年來所作長短篇小說，早已膾炙人口。隨筆集還還是第一部，是出前年浸遊南北的半年眞寫成的。還是現時濃實社會現象的寫照，還是一個敏感的心新的反應的即錄。

6. 將軍
金一作　短篇小說集　平裝五角

作者「將軍」篇發表於文學季刊創刊號，批評家即稱讚雜得的傑作。此本卽由「將軍」及其他近作的九個短篇小說合成。凡覺讀「將軍」的讀者，都不可不讀此集。

7. 青的花
靳以作　短篇小說集　平裝五角

作者所作短篇小說，具有特殊風格，早為批評家所公認。此本取材更爲廣泛，描寫更爲深刻，是作者愈益成熟的產品。

8. 取火者的逮捕
郭源新作　精裝六角半　平裝四角半

本書包含「取火者的逮捕」，「亞凱諾的誘惑」，「埃娥」，「神

邵洵美主編《自傳叢書》始末

自傳叢書　　出版預告並發售預約

　　本社最近計畫出版自傳叢書，特約國內著名作家撰述，關於本人一身艱苦奮鬥經過，尤爲青年自修觀摩之最好讀物。茲先出黃盧隱，沈從文，張資平，巴金四大作家自傳。不幸黃女士最近患病逝世，自傳爲其最後遺著，尤爲名貴。各書均用七十磅米色道林紙精印，式樣美觀，定價每冊六角；茲爲減輕讀者負擔，字即日起發售預約。辦法如下：

　　預約一本三角五分，二本六角半，四本一元二角。寄遞如需掛號，每冊加八分正。

盧隱自傳　盧隱女士遺著　　准於六月十五日出售

從文自傳　沈從文著　　　　准於七月十五日出售

資平自傳　張資平著　　　　准於八月十五日出售

巴金自傳　巴金著　　　　　准於九月十五日出售

第一出版社發行

廣告載《十日談》第 31 期，1934 年 6 月 10 日

　　如前所述，20 世紀 30 年代的文壇上興起了一股傳記熱。胡適是這股傳記熱的大力提倡者，他不但常勸朋友寫自傳，並以身示範，寫出了《四十自述》。胡適對自傳的大力提倡，使邵洵美深受影響。他翻譯了法國傳記作家莫洛亞A.Maurois）《談自傳》。在譯文正文之前，邵洵美寫了如下按語：「自從胡適之先生在《新月》發表了他的自傳文章，便引起了外界許多人對於自傳的注意。胡先生自己在某次筆會的席上曾長論自傳文章的優點，他更說自傳是最好的

文學體裁中的一種。」〔註1〕正是因爲邵洵美對自傳文學的喜愛，才爲他後來萌發主編一套《自傳叢書》的想法提供了思想基礎。

　　作家作爲當時社會中的明星群體，是受社會關注的焦點，作家的自傳兼具文學性和私密性，可讀性高，必定會受到讀者的歡迎。「叢書的出版，作爲一種出版運作方式，往往是出版者對時代感應的結果。」〔註2〕邵洵美以一個出版家對時代和市場的敏銳感知，萌生了出版作家自傳叢書的想法。

　　策劃出版《自傳叢書》的計畫起於何時，現已不可考。但從沈從文寫《從文自傳》的時間看，大概在 1932 年夏天。這年夏天，邵洵美創辦時代印刷廠。有了印刷廠，他才有出版一套作家自傳叢書的出版平臺。叢書計畫邀請文壇聞名作家撰寫，包括魯迅、郁達夫、沈從文等文壇名人。但是計畫不如變化，邵洵美策劃出版自傳叢書並未立即實施。直到 1933 年底，爲了發行《十日談》，邵洵美又專門設立了一個新的出版社（即第一出版社）之後，自傳叢書的出版計畫才付諸實施。

〔註1〕《談自傳》，《新月》第 3 卷第 8 期，具體時間不詳。

〔註2〕王余光、吳永貴《民國出版通史》第 8 卷，第 375 頁，中國書籍出版社 2008
　　　年版。

　　經過半年時間的策劃、集稿、付排，在 1934 年 6 月 10 日《十日談》（第31）首次刊登了叢書的《出版預告並發售預約》，宣告這套叢書的第一批書（只有四本）即將面世。廣告內容如上引。這則廣告主要是簡要介紹本叢書的大致情況：第一批書四本的撰寫者、書名，紙張，定價，每一本出版的預定時期。同時，為了減輕讀者的負擔，出版社還發售預約，公佈了預約辦法。在接下來的《十日談》第 33 期（1934 年 6 月 30 日）上又刊出了這套叢書的《出版預告並發售預約》。撰寫者從生意的角度，對這叢書的價值有過大肆「吹噓」：

　　　　一著作家之達到成功，經過多少艱難奮鬥，其間之波瀾曲折，
　　必有足供吾青年之觀摩者，自不待言，敝社有鑒於斯，特約國內著
　　名作家，撰述其生平經過，以利吾青年諸君。各書文筆流利暢達，
　　可以作修身讀，可以作小說讀，回味無窮，誠偉構也。

　　與預告中預計的時間一樣，這套叢書的第一本《廬隱自傳》於 1934 年 6 月 15 日出版。書前有《廬隱女士遺像及其手迹》一頁。因廬隱剛因難產去世，邵洵美特寫了《廬隱的故事》作為《廬隱自傳》的代序，他說：「時光是不打廬隱心上走過的，在她的作品裏，我們只會看見她不老的天真。」從自傳中我們有幸認識這個天真的廬隱。悲傷的基調中真情流露，彰顯廬隱女士一生的曲折遭遇和無所畏懼的堅韌性格。在極糟糕的境地中自強不息，漸日走向成功。作為「自傳叢書」中與讀者見面的第一本，出版後得到廣大讀者鍾愛。並有讀者在刊物上發表讀後感，「我們應該讚美她寫自傳態度的忠實，在卷首，她沒有像人家寫自傳那樣把自己捧到天上去……我們可以推想到致使成年的廬隱多愁善感的原因是：幼年在家庭中的畸形地位和早年失怙，以及年長在社會上戀愛上所受的波折。」〔註3〕

　　《從文自傳》緊隨《廬隱自傳》之後出版，出版時間為 7 月 15 日。書前有傳主近影一頁和傳主手跡一頁。沈從文傳奇的人生經歷在書中盡顯無疑，文筆細密又輕鬆，讀來趣味十足，如同散文。向我們展示了他從社會這本大書中學到的點點滴滴。「讀他的自傳，就知道他的生活的充實，他有頑強而又肯刻苦的生活形相，於是他有奇特而不平凡的生活經驗，他就從這裏面得到了教訓，體味了人生」。〔註4〕沈從文的自傳不像是文人的自傳，他的翹課逸

─────────────

〔註3〕曉君《〈廬隱自傳〉讀後感》，《女聲》第 3 卷第 10 期，1935 年 3 月 15 日。
〔註4〕成一《讀〈從文自傳〉》，《中學生文藝季刊》第 1 卷第 3 期，1935 年 9 月。

事、從軍經歷無不充滿趣味和神秘，但他寫的不是超人的傳奇，而是普通人的傳記，從點滴俗事中見人生大樂趣，見凡人真性情。傳記一經出售，便受到矚目。周作人、老舍把此書列為 1934 年最喜歡的作品之一。

《資平自傳》是自傳叢書的第三本，出版時間為 9 月 15 日，比預告出版時間延後了一個月。在篇名下還有「從黃龍到五色」這一副標題。張資平被譽為「戀愛小說家」，在當時的上海，不少青年讀者、貴婦人在閒聊時以手捧張資平的戀愛小說為時髦，他是當之無愧的暢銷書作家。作品記述的是張資平生命中最年輕的一個階段，自傳寫的真實坦白，讓讀者更加瞭解這個寫出眾多「三角戀愛小說」的作家，為幫助進一步理解和批評其小說也有一定助益。

《巴金自傳》是第一批中的最後一種，版權頁上標注的時間為「1934 年11 月」。據巴金回憶說：「第一出版社計畫出自傳叢書，要我寫一本自傳。我說我不能寫自傳，我只能寫些零碎的回憶。來交涉的朋友說這也可以。我便寫了一本《斷片的回憶》送去。原稿在書店裏擱了一年多，直到前年（即 1934，筆者按）年底出版時它卻變成《巴金自傳》了。」〔註 5〕可見，書名的更改同樣是為了保持叢書名稱的一致性。

儘管第一批自傳叢書出版時間並未完全按預期出版，但這四種也還算順利問世。第一批出版完成之後，邵洵美又加緊推出第二批。《文學時代》第 1卷第 1 期（1935 年 11 月 10 日）上登出了「自傳叢書」續出的四種預告：

　　自傳叢書發行以後，深得各界歡迎，茲盧隱，從文，資平，巴金，四冊已次第出版，故特再約國內作家，相繼撰著，陸續刊行。前已約定，若干名作家，不日均可完篇，特此預告：達夫自傳 郁達夫著；欽文自傳 許欽文著；洪深自傳　洪深著；蟄存自傳　施蟄存著。一俟付印，即可發售預約，本叢書之將為出版界放一大異彩，定可斷言，試請拭目俟之！上海時代圖書公司發行。

此時，第一出版社已併入時代圖書公司，續出的自傳改由上海時代圖書公司發行，負責人仍然是邵洵美。此外，在《續出四種預告》的同一版面還再次刊登了第一批自傳四本的四則廣告。此時距最早出版的《盧隱自傳》已有 5 個月，但廣告文本上並未見到再版字樣，可見第一批自傳的銷路並不理想，廣告中的「深得各界歡迎」並不是事實。

儘管策劃者信心十足，期待叢書「為出版界放一大異彩」，大家都拭目以

〔註 5〕巴金《〈憶〉後記》，上海文化生活出版社 1936 年版。

待。可現實總不如想像般如意，第二批的四種只有《欽文自傳》成書並由時代圖書公司於 1936 年 11 月出版，而出版時間與預告時間相差整整一年。《欽文自傳》寫成於 1934 年，時隔兩年才出版，足見自傳叢書的出版頗不順利。許欽文在自序中說，「以為自傳，最要緊的是表現出整個的我來，這要從我的個性，和我所經歷的事實來表達。經歷的事實，有著我自己尋求的結果，和不可避免的自然遭遇這兩方面」〔註6〕自傳讓讀者從許欽文「經歷的一些事實」的描述中看出整個的他來，對作家的透徹瞭解也能加深讀者對其作品的認識。

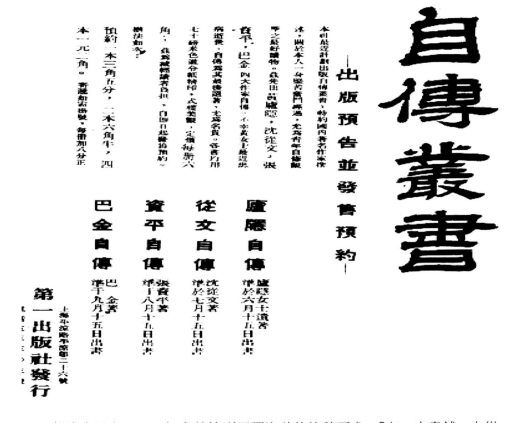

郁達夫早在 1933 年春就接到了邵洵美的約稿要求。「有一家書鋪，自從去年春天說起，說到現在，要我寫一部自傳……書店給我的定洋已化去了，若寫不出來就非追還不可。」〔註7〕去年春天即 1933 年春，這家書鋪無疑是邵洵美的第一出版社。由於郁達夫做事拖拉的性格，儘管同意寫稿，但拖了

〔註 6〕許欽文《〈欽文自傳〉自序》，上海時代圖書公司 1936 年版。
〔註 7〕郁達夫《所謂自傳也者》，《人世間》第 16 期，1934 年 11 月 20 日。

一年多才開始動筆，但先是在《人間世》上陸續發表。其自傳寫作到發表歷時兩年多，共發表了 10 篇（其中 9 篇刊於《人間世》，最後一篇刊於《宇宙風》），據已發表的文字看，自傳還沒能全部寫完，故未能印行單行本。達夫自傳未能成書，但總算在期刊上面世了，而預告中《洪深自傳》和《蟄存自傳》則杳無蹤影，終未能面世，實為一件憾事。

由於計畫續出四種只有一種印行出版。《自傳叢書》的計畫看來是難以為繼，邵洵美主持的《自傳叢書》只能半途而廢。這套自傳叢書從策劃、約稿、編輯、校對以及紙張的選用等全都由邵洵美親自負責，他的功績不應抹殺。此外，作為書店的老闆，為了使這套書在出版市場產生反響，他除了為這套叢書撰寫出版預告之外（見上引），還為每一本自傳撰寫了宣傳廣告，如他為《廬隱自傳》所寫的廣告詞：

> 在中國文壇上，女作家真寥若星辰，廬隱女士為國內三大女作
> 家之一，素日為一般青年所崇仰。不幸造物忌才，遽爾病亡，誠令
> 人不勝悼念。本書為女士生前最後遺著，書中詳記其生平，坦白誠
> 實，得未曾有，實足為研究女士作品之基礎，並足為理解女士作品
> 之助，尤足為（青年）良好之讀物，以其有教吾人以刻苦奮鬥之途
> 徑。卷首並有邵洵美先生長序，尤為名貴，每冊實價六角。

儘管每一則字數只有二三百字，但這些廣告文字體現出了邵洵美作為文學家的鑒賞力、編輯家的眼光和出版家的精明的商業頭腦。這些文字有文化味、書卷氣，又充分掌握讀者的閱讀心理、市場需求，完全可以看成是邵洵美的一類獨特的創作。

正如有學者認為：「一個優秀的編輯必須對文學具備敏銳的感受力和熾熱的愛，用他們的智慧與膽識參與作家的勞動，也可以說是一種共謀，以造成文學領域的新風氣。」〔註 8〕正是邵洵美的獨具慧眼，策劃了新文學史上唯一的一套自傳叢書，這些催逼出來的名家作品不但增加了該叢書的分量，也為新文學催生了一批經典自傳名著。儘管只有六位作家（郁達夫的自傳儘管納入叢書出版，但是因邵洵美的約稿而撰寫的，應該計算在內）為這套叢書寫了自傳，不但是三十年代自傳熱中的重要成果，而且也具有獨特的文學史意義。

〔註 8〕陳思和《〈藝海雙槳〉序》，陳思和、虞靜編《藝海雙槳——名作家與名編輯》，
山東畫報出版社 1999 年版。

三十年代散文的總結：
《現代十六家小品》

現代十六家小品　阿英編校　林語堂題署　每冊定價一元二角
1935 年 3 月上海光明書局初版
　　本書專選現代作家魯迅周作人等的小品文十六卷。這工作充分表現了空前的成功，達到了「二難並四美具」的完善的極致。(1) 難在本書編者自己就是一個小品文能手：(2) 難在編者對於小品已有十餘年深切的研究，一經他的整理，便栩栩有生氣。綜其美點如下：(1) 每編都代表了每個作家：(2) 代表了每種趨勢：(3) 展開了每個作家的小品論：(4) 還有序言十六篇，分析了每個作家的思想與藝術。所以這一部書實際上不僅是小品文的代表作品，且是小品文論和小品文作家論的入門書。無論作為個人閱讀，學校講授或史料研究，都有活潑的作用。全書三十萬字，二十五開大本，五百餘頁。
　　　　　廣告載《晚明二十家小品》(上海光明書局 1935 年 4 月初版) 封底

　　新文學第一個十年裏，「散文小品的成功，幾乎在小說戲曲和詩歌之上」，〔註 1〕也在這個時期產生了兩大現代散文類型，一是批判性的隨感錄即雜文的前身，一是藝術性的美文，又稱隨筆或小品。到了三十年代初，林語堂相繼創辦《論語》、《人間世》等刊物，提倡「幽默文學」，鼓勵小品文的寫作。這引起了魯迅及左翼作家的反感，魯迅發表了《小品文的危機》予以批評，其他左翼作家在《申報・自由談》等報刊上發表批評文章。接著，他們又創辦

〔註 1〕魯迅《小品文的危機》，《現代》第 3 卷第 6 期，1933 年 10 月 1 日。

了《太白》雜誌，專門發表戰鬥性的雜文，與林語堂對著幹。作爲左翼陣營的阿英不但參與了散文領域的論爭，而且以實際行動梳理了新文學革命以來近二十年散文發展的歷史以及取得的成績，其集中體現就是阿英編選出版的《現代十六家小品》。

為什麼要編選這樣一部帶有總結性的散文選呢？阿英在《〈現代十六家小品〉序》中有過說明：「這部書選編的動機，是感到流行著的一些小品文選，並不能使讀者很經濟的，從一部書裏看到二十年來小品文學活動的全面。去年秋，看到陸雲龍選的《皇明十六家小品》以後，要編這一部書的念頭，更加旺盛。」〔註 2〕於是，仿《皇明十六家小品》的編選體例，除了選入現代小品十六家的作品外，書前設置總序、選入的各家又附分序。經過選擇排比，以及寫作序言等共花了一年多的時間，終於在 1934 年底完成了這樣一部

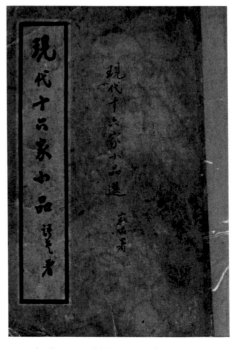

現代小品選集，上海光明書局在 1935 年 3 月初版，由林語堂題寫書名，書末附《十六家小品文集目錄》。從選入的小品及作家看，分別爲魯迅、周作人、俞平伯、朱自清、鍾敬文、謝冰心、蘇綠漪、葉紹鈞、茅盾、落花生、王統照、郭沫若、郁達夫、徐志摩、陳西瀅、林語堂共 16 人 1933 年底之前的作品 104 篇。每位作者所選篇目一般在 5 至 8 篇之間，最多的周作人選了 11 篇。這些作家作品幾乎囊括了現代文學史上二三十年代所有的散文名家名作。儘管阿英在編選時有受政治立場的影響，但就他所選的散文作家而言，主要還是基於作家在散文領域取得的成就，以他們的作品所給予讀者的強烈影響爲標準。入選者均繫當時各種流派中影響較大的散文作家。作品有抒情散文、遊記、隨筆、雜感、序跋等，大都是能體現作家創作思想傾向和藝術特色的代表作。

〔註 2〕阿英《〈現代十六家小品〉序》，阿英編《現代十六家小品》，上海光明書局 1935年版。

　　《〈現代十六家小品〉序》〔註3〕是系統論述現代小品文的一篇重要文章。在序中，阿英表達了自己的企圖：「我企圖這選本能成為小品文活動的一篇總結」。〔註4〕他在序中對近20年來中國小品文的發展的形勢做了一個簡單的勾勒。先從胡適的《五十年來之中國文學》、朱自清的《論現代中國的小品文》、陳子展的《最近三十年的中國文學》開始，阿英認為他們只是一種量的側重形式的總結，而他將把內容和形式作為不可分離的統一來加以考察。他把小品文分為三個時期，第一時期是新文學運動初期到五卅，初期以「隨感」為主，充當了反封建的工具，但在1920年後，冰心、周作人確立了小品文的美文風格，戰鬥的意味喪失了。第二個時期是「五卅」到「九‧一八」事變，小品文開始分化，一方面是更進一步的風花雪夜，向趣味主義方向跑。一方面卻轉向革命，反對帝國主義、抨擊現實、反個人主義。第三個時期是「九‧一八」事變至今（即1934年），小品文發展迅速。隨著時局的發展，進步的小品文作者有了非常明確的社會觀點，反對帝國主義與封建勢力的要求也更熱烈，而它的短小精悍的體制也更有力量。但由於政治高壓、出版的審查等原因，文字上被迫彎彎曲曲，越弄越晦澀。而另一部分小品文作家卻閒對美人花草，作畫彈琴，絲毫不接觸苦難的人間，走向沒落。

　　在對20年來小品文歷史的總體勾勒之外，阿英還在各家小品文選之前，各寫了一篇千字左右的短序〔註5〕，各篇短序，能努力結合時代影響、作家思想傾向和藝術情趣，深入淺出地品析得失，褒貶優劣，多有獨到的見解；寫法上，以清新活潑的文筆夾敘夾議，別具一格。對每位小品作家的風格、傾向、藝術特徵等進行了簡要而精當的分析和評論。如在《葉聖陶小品序》中，指出他的小品文的特色：即在內容上和表現形式上的寧靜淡泊，是以寫實主義者的態度從事小品文的寫作。他還指出葉聖陶作品的一個獨具的特徵，「作者是以哲學家的頭腦寧靜的心，在對一切的自然現象，人生事物，刻苦的探索人生的究竟，在每一篇小品文裏，他都有很深刻的指示出一個人生上的問

〔註3〕這篇序實際上是由阿英寫於1933年的《小品文談》增補而來。

〔註4〕阿英《〈現代十六家小品〉序》，阿英編《現代十六家小品》，上海光明書局1935年版。

〔註5〕這些短序曾以《現代小品作家論》在《社會》月報第1卷4～6期（時間分別為1934年9月15、10月15日和11月15日）上刊載過。但只有周作人、俞平伯、朱自清、鍾敬文、謝冰心、蘇綠漪、葉紹鈞、茅盾、王統照、郭沫若等十人，其餘六人的序文未見刊出。

題」。〔註6〕在《茅盾小品序》中，他分析了茅盾散文前期和現在風格的不同，前期帶有散文詩的風格，象徵了時代的苦悶。現階段的小品文無論是內容上，還是形式上，有的是憤怒和冷刺的笑，有的是樂觀的自信，並嘗試用新的觀點考察一切，預測茅盾的小品文會隨著社會的發展不斷前進。在《郁達夫小品序》中，他認爲郁達夫的小品文，是充分的表現了一個富有才情的知識分子在動亂的社會裏的苦悶心懷。

在探討單個作家的散文風格時，還聯繫到源流以及流派。如在《俞平伯小品序》中，認爲俞是周作人體系裏面的一個支流。把周作人和俞平伯的小品文之間的關係比作公安派與竟陵派。在《鍾敬文小品序》中，他認爲周作人這一流派的小品文作家還有鍾敬文。鍾的小品文不但作風上與周作人近似，而且思想體繫上也有合致的所在，即田園詩人的思想與情懷。在《蘇綠漪小品序》中認爲蘇是冰心傾向的一個支流。在《徐志摩小品序》中認爲志摩可以與冰心女士歸在一派。此外，他還善於在比較中分析各個作家的差別。如在《周作人小品序》中，指出周的小品文與魯迅的雜感文是代表兩種不同的方向，「周作人小品生活的過程，說明了他如何的從向舊的社會肉搏的戰敗中退了下來，走向『閉戶讀書』，走向專談『草木蟲魚』的路；

上 海 光 明 書

現代十六家小品

阿英編校　林語堂題署

每冊定價一元二角

本書聚選現代作家魯迅周作人等十六家的小品分十六卷遺工作充分表現了空前的成功，達到了「三雜井四美具」的完釅的極致，㊀難在本書編者自己就是一個小品文能手，㊁難在編者對於小品已有十餘年深切的研究一經他的整理便栩栩有生氣綜其美點如下：㊀每編都代表了每個作家的小品且是小品文的代表作品，㊁還有序言十六篇分析了每個作家的思想與藝術所代表了每種趨勢㊂展開了每個作家的小品文論的入門書，無論作爲個人閱讀學校講授或史料研究都有活潑的作用。全書三十萬字二十五開大本五百餘頁。

而魯迅的雜感文，卻正相反，說明了他不但不對黑暗顫抖、退卻，且是用這些黑暗來更進一步的鍛鍊自己，使自己戰鬥的精神一天堅強一天。」〔註7〕在《朱自清小品序》中，他又對朱自清和俞平伯進行了分析比較，一個（朱自清）是帶著傷感的眼看著「現在」，一個（俞平伯）眼睛雖依舊向著「現代」，

〔註 6〕阿英《葉聖陶小品序》，阿英編《現代十六家小品》，上海光明書局 1935 年版。
〔註 7〕阿英《周作人小品序》，阿英編《現代十六家小品》，上海光明書局 1935 年版。

而他的雙雙的腳印，卻想向回兜轉。最後他指出：無論是內容上，文字上，還是對讀者的影響上，俞高於朱，但在文字樸素、通俗以及情緒的豐富上，朱高於俞。這 16 篇序中，在分析這些不同作家的風格特徵上，阿英不但有自己的結論，而且也善於借鑒別人的觀點來論證，如在《魯迅小品文序》中完全借用了何凝在《〈魯迅雜感選集〉序》中的觀點，在《謝冰心小品文序》和《俞平伯小品序》中還引用李素伯的《小品文研究》的結論來說明這些作家的特徵，借用周作人的評價來論證俞平伯的散文等。這種引別人的評語來分析和評價作家作品的論證方式使自己的結論更有說服力。

《現代十六家小品》早於周作人、郁達夫編的《中國新文學大系・散文卷》的出版半年。兩者在時間範圍，作家選擇以及序言中的批評眼光都有差別，在文學史上的影響也有大小之別。但此書的問世是一個總結與研究現代散文作家創作的一個重要文本則是無疑問的。阿英通過這 17 篇序實現了對 20 年來小品文的整體檢閱。他對作家作品的分析大都是中肯的，對作品的選擇也是精當的。但不得不說，編選者的政治立場限制了編選的視野和評價標準。由於阿英身處左翼文學的陣營，儘管他試圖超越政治的標準來選擇和分析作家作品，但實際上卻沒能完全克服這一局限，如他在《陳西瀅小品序》中，僅僅因為陳西瀅是魯迅的論敵，就按著政治的標準給作家戴了帽子，稱他為虛偽的自由主義者、卑劣的紳士、僞善者。在序中幾乎沒有對陳的小品文進行藝術上的分析，只是在魯迅和陳西瀅對五卅的不同態度的對比中給予陳一番痛斥。事實上，陳西瀅的散文具有行文流暢，議論由事而發，富有幽默感等特色。當然，在這 20 年來，還有一些取得了不俗成績的散文家，如鄭振鐸、豐子愷、梁遇春等（而郁達夫在《中國新文學大系・散文二集導言》中對他們卻有較高的評價）作家作品並沒有進入阿英的編選視野。雖然如此，阿英開創了一人序眾家的序跋寫作模式，為中國現代散文史及散文批評史提供了豐富的史料和證詞。

《現代十六家小品》出版後，很快在文壇有了反響。畢樹堂給予了很高的評價：「這部書選得很好，所附十六篇序言也極精當，讀者把這部書閱讀細嚼，心領神會，即不能創作，也可鑒賞一二，比讀《講話》一類的死書，有益多了。」﹝註8﹞但是，由於編者以及部分作者的政治色彩太濃，該書 3 月初

﹝註 8﹞畢樹堂《書評》，《宇宙風》第 1 期，1935 年 9 月 16 日。

版，4月就被國民黨當局以「詆毀當局」的罪名查禁。〔註9〕同年 8 月，經編者刪剩 10 家，只收了周作人、俞平伯、朱自清、鍾敬文、謝冰心、蘇綠漪、葉紹鈞、落華生、王統照、徐志摩等 10 人的作品共 73 篇，總序也沒有保留，易名《現代小品文抄》仍由上海光明書局出版。刪節本也頗有市場，到 1941 年 1 月，印行至第六版。

〔註 9〕張靜廬輯注《中國現代出版史料》（丙編），第 157 頁，中華書局 1956 年版。

《中國新文學大系》的多樣宣傳

繼《良友文學叢書》後對中國文藝界之大貢獻

中國新文學大系　　良友圖書總公司發行

民國六年至民國十六年　第一個十年　五四運動至北伐成功　趙家璧主編

總序　　　蔡元培　　建設理論集　胡　適　　文學論爭集　鄭振鐸

小說一集　茅　盾　　小說二集　　魯　迅　　小說三集　　鄭伯奇

散文一集　周作人　　散文二集　　郁達夫　　詩集　　　　朱自清

戲劇集　　洪　深　　史料索引　　阿　英

五百萬字選材：把五四文化運動以來十年間所有的文藝作品，作一次歷史上的編選工作。每冊五十萬字。新文學第一期的代表作品，可無一遺漏。五百萬字的選材，等於一部全備的新文學文庫。

二十萬字導言。每集選材之前由編選人撰二萬字導言。論述這一部門十年來的發展經過，更批評這一部門中重要的作家和作品。二十萬字的導言，等於一部分章的中國新文學批評史。

二十三開本。布脊燙金洋裝。每書高九寸厚一寸半。特定德國八十磅米色玉書紙印。五號字精工排。共計六千頁。

每冊自四百五十頁至至六百頁。每冊自四十余萬字至五十余萬字。總計字數五百萬字。全書僅重十六磅。

全書十大部，定價大洋二十元，三月五日開始預約，五月十五截止預約，六月一日開始出售，三個月內，完全出齊。

甲種預約　大洋十四元，國內掛號郵費全免　國外另加每部十元

乙種預約　分期付款　先付大洋六元　預約時先付大洋六元，以後每出

一部，取書時付大洋一元，以十部出齊付清十六元爲止。

　　樣本預約：二十三開四十頁內有編選人親筆感想最近玉照美術剪影名流題詞本書樣張預約章程等一厚冊　　函索附郵五分

　　對於愛好文學的青年學生最爲便利

　　分期預約共十六元　　第一期付大洋六元後，每冊只費大洋一元

良友圖書總公司發行

廣告載《良友圖畫雜誌》第 103 期，1935 年 3 月 15 日

　　20 世紀三十年代的上半期，文化出版界的一件大事是《中國新文學大系》編輯和出版。〔註 1〕這項歷時兩年多，由趙家璧發起，蔡元培寫《總序》，魯迅等 10 位著名作家共同編輯的十卷本《大系》，是對第一個十年中國新文學的一次驗收與總結。這套大系不但已成爲研究第一個十年新文學的重要史料，它本身也已成爲研究的對象。人們已開始從不同角度來研究這套大系，但對與大系有關的廣告卻重視不夠。實際上，大系的系列廣告爲我們更好地理解大系提供了許多詳實的資訊。

　　良友圖書印刷公司很重視圖書發行的廣告宣傳。對《中國新文學大系》這樣的出版壯舉自然要大作廣告，而且廣告的樣式眾多並各具特色。大系的廣告大概有六類樣式。第一種是大系樣本，厚四十餘頁，它以書的形式詳細地介紹了大系，但它的發行數量很少。趙家璧在後來的回憶文章〔註 2〕中還提到，在大系第三版印普及本時，還重新編印了一本三版的樣本，厚達六十頁，增加了《輿論界之好評摘錄》，摘錄了全國各地七種報刊的評語（內容與下面介紹的第三、四種廣告同），還用了二十五頁篇幅把九卷的全部目錄（除《史料‧索引》卷外）編入，供預約者參考。

　　第二種是單張的宣傳廣告（這裏所介紹的來源於《人間世》第 24 期，1935 年 3 月 20 日，見下引），它是夾在良友出版的雜誌中附送給讀者的。它的內容是樣本內容的縮印，具有重要的史料價值，所以應逐一選取重點內容來介紹。這張廣告左上側是趙家璧寫的《編輯中國新文學大系緣起》，共四段文字，先說編輯大系的重要意義。接著介紹十大卷的內容，第三段原文如下：

〔註 1〕對於這套大系編選過程，趙家璧在《話說〈中國新文學大系〉》（《新文學史料》
　　　　1984 年第 1 期）中有十分詳細的交代。大系的文學史價值，溫儒敏、楊義、
　　　　羅崗、劉禾等人都有深入的論述。此處不再贅言。

〔註 2〕趙家璧《話說〈中國新文學大系〉》，《新文學史料》1984 年第 1 期。

> 所有從民六至民十六的十年間的雜誌、副刊、單行本，全是我
> 們編輯時所用的資源，我們自以已盡了我們最後的力量，搜羅得不
> 讓一粒珍珠從我們的網裏漏掉，中國新文學大系的第一個十年共分
> 十大冊，理論分建設理論和文學論爭集兩冊，小說以文藝團體爲分
> 界分一二三集，一集選文學研究會諸家；二集選新青年語絲社等諸
> 家，三集爲創造社諸家。散文共兩集，以作家爲區別，詩集一，戲
> 曲集一，另附史料索引一厚冊。足供讀者參考，每冊除選材外，另
> 由編選人作一長序，論述該部門十年來發展的經過，更論述當代重
> 要的作家和作品。全書之前，又冠以總序，闡述新文學運動的意義，
> 我們所以這樣做，是爲了使這部大系不單是舊材料的整理，而且成
> 爲歷史上的評述工作。

這段文字，可以稱得上是大系的「地圖」，給我們大致勾勒了大系的體制。從
而使我們對十年來的文學碩果清晰起來。如果把大系作爲一種史料的輯錄，
我們憑這「地圖」就很容易找到所需的資料。

《總序》由蔡元培執筆，夾頁廣告上只有《總序摘要》，是他的手跡版，
數百字的節要，已把萬字總序的精神包括在內了。十位編選者的《編選感言》，
也是手迹版，這些文字還有許多沒收進他們後來的文集中。「感言」中，有許
多是他們對該部的精闢的見解，這些權威的論斷值得重視。如胡適的文字：

> 我的工作是很簡單的，因爲新文學的建設理論本來是很簡單
> 的。簡單說來，新文學只有兩個主要的理論：（一）要做「活的」文
> 學。（二）要做「人的」文學。前者是語言工具的問題。後者是内容
> 的問題。凡白話文學，國語文學，吸收文言文學的成分，歐化的程
> 度，這些討論都屬於「活的文學」的問題。「人的文學」一個口號是
> 周作人先生提出來的估量文學的標準。

作爲新文學的發起人，在新文學已取得很大成就的三十年代來回顧這段歷
史，胡適自然有發言權。在這裏，他對新文學的建設理論給予了精練的概括，
而這些結論使我們對新文學的思考和研究有一種方向感。又如朱自清的《感
言》內容對理解新詩的發展過程很有參考意義：

> 新文學運動起於民六，新詩運動也起於這一年，民八到十二，
> 詩風最盛。這時候的詩，與其說是抒情的，不如說是說理的。人生
> 哲學，自然哲學，社會哲學，都在詩裏表現著。形式是自由的，所

謂「自然的音節」。民十五《晨報詩刊》出現以後，風氣漸漸變，一直到近年，詩是精緻的路上去了。從這方面說，當然是進步。但做詩的讀詩的都一天少一天，比起當年的狂熱，眞是天淵之別了。

　　我們現在編選第一期的詩，大半由於歷史的興趣。我們要看看我們啓蒙期的詩人努力的痕迹，他們怎樣從舊鐐銬裏解放出來，怎樣學習新語言，怎樣尋找新世界。雖然他們的詩理勝於情的多，但倒是只有從這類作品裏，還能夠多看出些那時代的顏色，那時代的悲和喜，幻滅和希望。

　　爲了表現時代起見，我們只能選錄那些多多少少有點新東西的詩。

三段文字，先是對新詩的發展特徵和整體風格下了一個論斷；接著對新詩詩人努力的方向和新詩與時代的關係有一個概括性的描述；最後他提出本集的編選標準。全文三百字左右，但卻是一篇精彩的詩評。

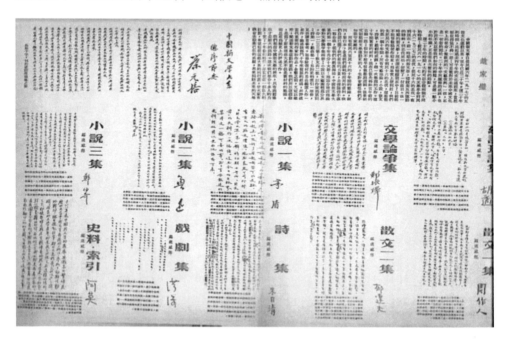

　　同時，在每位編選者手跡的下面還有本集內容說明的文字。如《散文二集》是這樣寫的：

　　《散文二集》由郁達夫編選，本書所選作家如魯迅，周作人，茅盾，朱自清，林語堂，葉紹鈞等數十人，由郁達夫先生作二萬字

導言一篇，對於五四時代和以後十年間的散文詳細評述。

這些文字把此書的要旨說得一清二楚，對我們研究大系同樣具有方向性、指導性的作用。

在這張廣告的背面，還附錄了八位知名作家對大系的好評。從這些評語中可見當時文藝界對此壯舉的高度認同。如冰心說：「這是新文學以來最有系統，最巨大的整理工作，近代文學作品之產生，十年來不但如菌的生長，沒有這種分部整理評述的工作，在青年讀者是很迷茫紊亂的。這些評述者的眼光和在新文學界的地位是不必我來揄揚了。」這是借其他作家之口來作廣告。廣告背面的右下方是廣告編纂者的廣告詞：「有了這部《新文學大系》，等於看遍了五四運動以來十年間數千種的刊物雜誌和文藝書籍。專家選擇了最好的作品，可以省卻你的許多時間和金錢。」這段充滿算計的廣告詞卻是在為讀者著想，確實體現了廣告的智慧。

第三類樣式也是單張廣告，它夾在良友出版的雜誌《新小說》第1卷第4期（1935年5月15日）中附送給讀者的。這張廣告主要目的是向讀者宣告預約延期一月（即預約延期至六月十五）。正面右邊除了宣告延期的消息外，還有對這套大系的分類介紹，分歷史上的工作、五四材料搜羅全備、編選人恰得其當、十部大書配置適當、印刷裝訂可稱絕美、預約只售十四元六部分。

此外，還印有《新小說》主編鄭君平（鄭伯奇）對於本書的推薦語手跡，因已成作家佚文，值得一錄：

> 新文學大系的小說一集出版了，選者的態度很公正，這樣的書爲愛好文學的人是必要的。

> 這十年的成績，不單是我們目前的借鏡，並且可作今後的指南針。我敢推薦給《新小說》的讀者諸君。鄭君平

　　正面右邊主要有這套書十本的書影和《新文學大系預約通知單》。背面的內容也主要有兩部分，右邊是大系第一本書《小說一集》的介紹，包括選集的主要對象、編選者、裝幀以及小說一集要目。左邊以「全國輿論界對本書一致推薦讚揚」爲名列舉了全國各地七種報刊對這套叢書的評語。

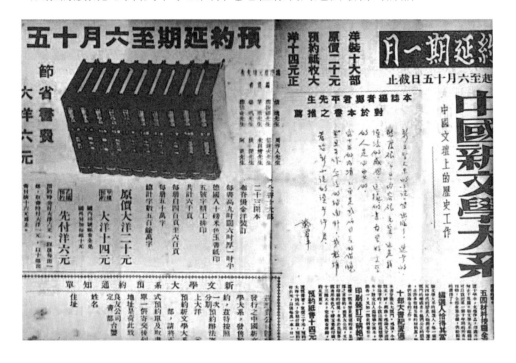

　　第四類樣式（見《申報》1935 年 5 月 6 日）主要以當時國內重要的報刊如《申報》、《中央日報》、《大晚報》、《中華日報》等對大系的評價爲主要內容，目的是表明：「輿論界的評判勝於宣傳式的廣告，也是讀者最可靠的顧問」。這些評價對大系是另一種宣傳，但現在對我們研究大系也有一定的文獻價值。如《申報》的評價是這樣的：

> 目下中國的出版界，古書在翻印了，新書也在編選了，凡爲一

> 個中國現代青年的我們，應該去讀古書，研究一點古學問呢？還是
> 應當去讀新書，吸收一些新知識呢？以我們的眼光看，現代中國青
> 年應該讀新書，而不應該讀古書，因此，當翻印古書之風正在盛的
> 今日，我們還能有這一部《中國新文學大系》可看，這真可說是現
> 代中國青年的幸運。

這使我們對編撰大系的歷史意義的理解又深入了一步，它不但是對新文學十年來成果的收集整理，也是鞏固了新文學的實績，使新文學徹底戰勝三十年代盛行的復古之風。

第五種樣式是，除印有大系「十大部之內容說明」的廣告文字（與第二種同）外，在每部說明文字的上方還刊登作者的照片或剪影，加上蔡元培先生的照片，共 11 張。大系的這種廣告圖文並茂，能起到很好的廣告效果。僅這些頭像就有吸引力，能讓讀者一睹這些作家的風采。

第六種廣告類樣式比較簡單（見《論語》第 62 期，1935 年 4 月 1 日），居中印了 10 巨冊精裝的書脊書影，給讀者留下深刻印象。左邊是「二十萬字導言」，右邊是「五百萬字題材」等廣告文字。書影下面列出了各部的書名和作者的手寫體簽名。最下面是趙家璧寫的《編輯中國新文學大系緣起》。

此外，在趙家璧編選的《二十人所選短篇佳作選》（1936 年 12 月出版）封底的廣告可算是第七種樣式。它不把《大系》作為一個整體進行宣傳，而是逐一對這十部選集撰寫了廣告詞，這些廣告詞也不乏研究價值。如洪深編選的《戲劇集》的廣告內容：

> 洪深編　戲劇集　二十三開　紙面精裝　白報紙印　四二六頁　一元
> ——新文學大系之九——
> 　　戲劇集由戲劇家洪深先生編選。選錄重要獨幕劇十八篇。洪深
> 先生的導言長八萬餘言，從五四時代的政治背景和文化運動講起，
> 敘述舊戲的被攻擊，文明戲劇團春柳社的失敗，上海民眾戲劇社的
> 一面破壞，一面建設的工作，文學研究會和創造社裏對於戲劇感到
> 趣味的人從事創作劇本的經過，兩個到舞臺上去實踐的戲劇運動者
> 的奮鬥，和民十三後學校劇團愛美劇團的風起雲湧，以及五卅慘案
> 對於中國戲劇運動上的影響。洪深先生說：「他的這篇導言是希望單
> 看他這一集子的人，也能夠明瞭五四文化運動的整個背景的。」

以上幾類廣告文字，它各有特色，充分展示了大系出版者在廣告上所表

現出的商業行銷策略。這些廣告不但是三十年代文學廣告的模本，也是現今文學廣告可資借鑒的範本。更重要的是，這些廣告貯存了大系編纂的緣起及大系的內容、體制、編者、批評、發行等豐富內容，是研究大系的最好的實證材料。大系的編纂，作爲新文學經典化過程中的一次重要事件，值得深入研究。而這項研究有了當年大系廣告這類實證材料，將更具有學術價值。實際上，大系的廣告也已成了參與新文學經典化的重要內容。

幾經周折的《開明文學新刊》

開明文學新刊　1935年12月開始陸續出版

這是我國現代文學作品的叢刊，散文、詩歌、小說、戲劇，各部門都有。我國現代文學的歷史還沒滿三十年。樂觀的人說，短期內有這些成績，也就不壞了。嚴謹的別有說法，他們以為到如今還沒見 過動人心魄的作品，未免寂寞，須由作者們特別奮發，繼續努力。我們編集這個叢刊，無非想提供一些證實：二十幾年來各位作家心盡力求，到底達到了怎樣的境域，從這裡可以看出。愛好現代文學的讀者從這裡選出若干篇，也可以收到賞心會意的樂趣，因為我們自信我們的選擇比較精純，每一種自有它的長處。

廣告載《中學生》（復刊第80期），1944年10月

據《中國新文學總書目》粗略統計，新文學作品中有近四成是以「叢書」形式出版。新文學叢書「是文學的創造與播散，出版的經營與策劃的結果，是文學大眾化、平民化價值追求與現代出版形成社會公共空間和文化的產業化的多重因素相結合的產物。」〔註1〕如果把新文學比作一條滾滾長河，那各種大大小小的叢書無疑就是長河上的許多涓涓溪流。著名書話家倪墨炎曾這樣論及新文學的叢書：「許多作家的處女作、成名作，許多擁有世界讀者的豐碑式的巨著，都是在叢書中產生的。叢書，是作家的搖籃，是新文學的搖籃。」〔註2〕在新文學發展過程中，「叢書」作為新文學發展過程中一種特殊的文化現象，它不僅是一種新文學作品的出版形式，而且對新文學的發展還具有多

〔註1〕王本朝《文學傳播與中國現代文學》，《貴州社會科學》2004年第1期。
〔註2〕倪墨炎《現代文學叢書散記》，《新文學史料》1993年第1期。

重意義。《開明文學新刊》可作如是觀。

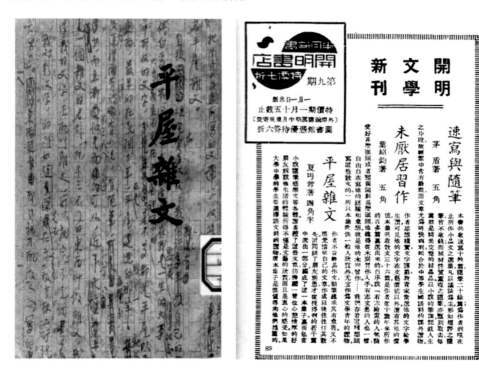

　　三十年代中期，上海良友公司印行的《良友文學叢書》、《中國新文學大系》的暢銷，無疑讓其他出版機構看到的新文學作品巨大的市場前景。1935年11月，開明書店編輯部決定出版一套文學叢書，定名為《開明文學新刊》，具體由徐調孚主編。正如上面廣告（葉聖陶撰）所說：「我們編集這個叢刊，無非想提供一些證實：二十幾年來各位作家心盡力求，到底達到了怎樣的境域」。該套叢書的稿源主要有兩個方面，一是組織、約請作家創作新的文學作品，一是從本店已出版的文學作品中精選出一部分編入叢書。主要以散文、小說為主，戲劇、詩歌為輔。出版社出叢書，最先出版的圖書尤為重要，最好是名家著作，這樣很容易打開銷路。《開明文學新刊》也是如此，當年12月，茅盾的《速寫與隨筆》、夏丏尊的《平屋雜文》和葉紹鈞的《未厭居習作》、巴金的《海行雜記》作為第一批書就相繼問世，這四人可謂文壇名家，由他們來作為叢書開頭最好不過。

　　從1935年12月開始，一直到1948年11月出版吳天的劇本《無獨有偶》止，期間經歷了抗日戰爭，在長達13年中，共出書53種。正如該書店的廣

告所說：「本叢刊集國內名作家的文學新著而成，內有遊記、隨筆、小說、詩歌、戲劇等集。筆調輕靈，文字雅麗；印刷裝製，均極精緻；定價低廉，優便讀者選購。」〔註3〕這套叢書由於出版的地點不同，可以分為三個階段。第一階段，從 1935 年到 1941 年 12 月日軍佔領法租界和英美公共租界，開明書店被迫內遷。這一階段出書 30 餘種，該套叢書成為了開明書店的品牌書。第二階段，從 1941 年 12 月到 1945 年 10 月，書店遷往大後方，在艱苦的條件下，書店堅守出版崗位，該叢書繼續在桂林、重慶、成都、昆明等地出書，出書十餘種。第三階段，從 1945 年 10 月到 1948 年 11 月，書店回遷上海後，該叢書又增加了 10 餘種圖書。

由於出版的時間長，該套叢書裝幀設計、開本以及紙張都有差別。具體來講，這套叢書主要有四種不同的裝幀設計。第一種主要是 1935 年 12 月至 1936 年 4 月出版的圖書，封面都用作者手稿作底版，再印上毛筆書寫的書名（多數採用作者手迹），全部用米色黃道林紙印刷，大 32 開，裝幀典雅。第二種裝幀樣式主要是 1936 年 11 月到 1941 年 12 月間出版的圖書。封面為米黃底色，用毛筆寫書名（多數出自葉聖陶手筆），沒有任何其他文字和圖案。扉頁和版權頁上印有「開明文學新刊」字樣，用進口的較厚實的凸版紙印刷，大 32 開。整個裝幀顯得樸素、莊重、厚實。第三種裝幀主要是桂林、重慶等地出版的圖書。封面重新設計：上端有橫條圖案，圖案之右上角印有「開明文學新刊」字樣，書名印在圖案上，圖案之下左角印有作者姓名，這些書用圖紙印刷，小 32 開，整個裝幀比較樸素。第四種主要指書店回遷上海後出版的圖書。封面再次重新設計：以白的紙色為底色，上端有橫條圖案，右上端是墨寫的書名，右下角都印有「開明文學新刊：小說」或「開明文學新刊：散文」的字樣，36 開本重排出版。〔註4〕

《開明文學新刊》編選的作品看，以散文集為多，占 25 種。「五四」以來一些著名散文作家的散文集都先後編入這套叢書，如朱自清的《背影》、《歐遊雜記》、《倫敦雜記》，茅盾的《速寫與隨筆》，葉紹鈞的《未厭居習作》，夏丏尊的《平屋雜文》，豐子愷的《緣緣堂隨筆》，巴金的《海行雜記》、《點滴》、《懷念》，師陀（蘆焚）的《看人集》、《江湖集》等，同時還輯有《周作人散

〔註3〕《開明文學新刊》廣告，陳白塵著《茶葉棒子》封底，1937 年 4 月初版。
〔註4〕此處參考了藏書家倪墨炎先生對該套叢書裝幀的描述，見倪墨炎《現代文壇內外》，第 178～182 頁，特此說明。

文鈔》、《魯彥散文集》、《灌木集》等散文選集；其次是小說，有 18 種。除輯入 1935 年以前出版的葉紹鈞的《倪煥之》，王統照的《山雨》外，還收有端木蕻良的《科爾沁旗草原》，宋霖（鬍子嬰）的《灘》，艾蕪的《我的青年時代》等中、長篇小說，短篇小說集收有老舍的《蛤藻集》，張天翼的《追》，周文的《愛》，陳白塵的《茶葉棒子》，錢鍾書的《人‧獸‧鬼》，許傑的《瘖扭集》，蔣牧良的《強行軍》等；戲劇收有茅盾的《清明前後》，顧仲彝的《梁紅玉》，周貽白的《花木蘭》等 6 種；詩歌收有臧克家的《烙印》等 2 種；文藝論著收了朱光潛的《我與文學及其他》和李廣田的《詩的藝術》。應該說，該叢書所收大多是「五四」新文學運動以來的優秀作品。許多種圖書還曾多次重印，成爲廣大讀者喜愛的讀物，這套叢書的編選和出版爲中國現代文學的發展繁榮作出了一定貢獻。

開明文學新刊劇本三種：

花木蘭 周貽白著 ○‧五○

「木蘭從軍」在我國差不多是一個婦孺皆知的故事，雖都知道有把屋一位女英雄代替她父親從軍，在戰場上立下了大功。還本書將木蘭從軍前及在戰場上之情形分四幕寫出，最後一幕將隋帝的好色一段做襯托，更顯出木蘭的懷抱，她那種身可殺志不撓的精神充滿著全劇。

梁紅玉 顧仲彝著 ○‧七○

梁紅玉是和花木蘭齊名的女英雄，她的故事已經是家曉戶誦的了。現在顧仲彝先生把遺段故事編成劇本，共分四幕，寫梁紅玉怎樣踏上疆場，舊甲殺敵，保衛江山，着重在民族意識的發揚，同時又穿插了她和韓世忠將軍的一段羅曼史，渲染出戲劇的氣氛。

春雷 吳天著 ○‧六五

本書寫北伐前後的一個曲折離奇的故事，還裏有殺人不眨眼的軍閥，有苦悶徬徨的青年，為了子女而忍辱偷生的壯親，有對殺父母的仇人懷著哈姆雷特式復仇心理的智識份子，有探取刺客手段的革命者，也有遵循集體主義取着舊鬥的恐怖主義者。遺些人物交織成大時代前少的一幅彩圖，有血，有淚，有愛，有恨。

　　從選入該叢書的著者來看，可謂名家雲集。周作人、茅盾、老舍、葉聖陶、王統照、巴金、夏丏尊、朱自清、冰心、豐子愷、施蟄存、沈從文等著名作家的小說、散文、戲劇集加入。不但如此，有些名家還不止一部作品，如茅盾有《速寫與隨筆》和《清明前後》兩部，葉紹鈞有《未厭居習作》和《倪煥之》兩部，朱自清有《歐遊雜記》、《倫敦雜記》和《背影》三部，巴金竟然有《海行雜記》、《點滴》、《海底夢》、《夢與醉》和《懷念》五部。除

了名作家之外，該叢書也扶持了一大批年輕作家，如秦牧、端木蕻良、師陀（蘆焚、季孟）、錢鍾書、吳天、艾蕪、臧克家、蔣牧良、宋霖、陳白塵等。這些作家的作品得到叢書的垂青並順利出版，使他們順利地走上文壇。端木蕻良曾回憶自己的長篇小說《科爾沁旗草原》在開明書店的出版過程。抗戰爆發前，開明書店就接受了該小說，準備印行，但書店遭遇了閘北大火，是徐調孚冒著大火到印刷廠把《科爾沁旗草原》原稿搶救了出來。1939 年 5 月，端木蕻良的第一部長篇小說出版了。當他在重慶收到開明書店重新排印的《科爾沁旗草原》時，可謂百感交集。秦牧也曾懷著感激的心情回憶自己第一本書的出版：

> 我私人和開明書店有過一段關係，是我終生難忘的。我的第一本書：《秦牧雜文》，是在開明書店出版的。近年來，每當有記者或者雜誌編輯，向我詢問：「你的第一本書，是怎樣出版的？」我就常常提起這樁事情。

由於主持該叢書的徐調孚曾任職於商務印書館，並協助葉聖陶、鄭振鐸編過《文學旬刊》、《小說月報》，認識、團結了一大批文學研究會成員。1932 年商務印書館被毀，他轉入開明書店。當 1935 年他主持編選《開明文學新刊》時，約稿的對象首先就集中在原文學研究會成員上。如周作人、茅盾、王統照、葉聖陶、夏丏尊、老舍、冰心、顧仲彝、蹇先艾、朱自清、李健吾、許傑等人都曾經是文學研究會的會員，這些成員的加入使得《開明文學新刊》和《文學研究會叢書》「有著先天的血緣關係，也有著後天的承續關係」〔註5〕。1930 年之後，文學研究會停止了活動，《文學研究會叢書》也不再繼續出版新書，《開明文學新刊》的設立，使得一大批文學研究會會員團結在開明書店周圍，他們的創作得到及時的鼓勵和出版，使得文學研究會所主張的文學觀點得到了持續地廣泛傳播。同時，由於該叢書所具有的現實主義藝術傾向，它也吸引了一批創作思想上接近文學研究會的一大批年輕作家，如端木蕻良、艾蕪、靳以、張天翼、周文、陳白塵、師陀、吳天、宋霖等人，他們的作品加入使得《開明文學新刊》成為了現實主義文學作品的集體展示。

〔註 5〕倪墨炎《現代文壇內外》，第 184 頁，上海：漢語大詞典出版社 1998 年版。

.

《雷雨》的問世及論爭

雷雨　曹禺著　文化生活出版社 1936 年 1 月初版

　　《雷雨》是曹禺先生的第一部劇作，發表以來，轟動一時，各地競相排演，開未有之盛況。兩年以來，《雷雨》支持了整個中國的話劇舞臺。我們可以說，中國舞臺是在有了《雷雨》以後才有自己的腳本。全劇共四幕，前有序曲，後有尾聲，都十餘萬言。煌煌巨製，可入希臘古典名作之林。現已譯成英日各種文字，備受國際推崇，平裝四角五分，精裝六角。

廣告載《文叢》第 1 卷第 2 號，1937 年 5 月

　　1933 年夏，當其他同學都在打點行囊準備離校時，23 歲的曹禺正在清華大學圖書館二樓的閱覽室奮筆疾書，他要搶在畢業離校前寫完他醞釀多年的第一部劇作《雷雨》。「從清晨鑽進圖書館，坐在雜誌室一個固定的位置上，一直寫到夜晚 10 時閉館的時刻，才快快走出。」〔註 1〕終於，他順利地在畢業前寫完了。不多久，巴金從上海來到北平，他和鄭振鐸、靳以等人正在籌劃一種大型文學刊物《文學季刊》。由於曹禺與靳以是同學，他常常去他們辦公的地方坐坐，也因此與巴金、鄭振鐸、謝冰心、沈從文、卞之琳等人相識。儘管曹禺寫完了《雷雨》，但他還不夠自信直接向巴金投稿，他把稿子拿給靳以，想先請靳以看看是否可用？由於協助巴金辦《文學季刊》，靳以忙於辦理各種事物，還來不及閱讀曹禺送來的稿子，只好把稿子暫時放在抽屜裏。但一個偶然的機會，巴金從抽屜中翻出了這個劇本，一口氣讀完了它。多年後，

〔註 1〕轉引自田本相《曹禺傳》，第 143 頁，北京十月文藝出版社 1988 年版。

巴金還清楚記得他第一次讀《雷雨》的細節：「我想起了六年前在北平三座門大街 14 號南屋中間用藍紙糊壁的陰暗小屋裏，翻讀《雷雨》原稿的情形。我感動地一口氣讀完它，而且爲它掉了淚。不錯，我落了淚，但是流淚以後我卻感到一陣舒暢，同時我還覺得一種渴望，一種力量在我身內產生了。我想做一件事，一件幫助人的事情，我想找個機會不自私地獻出我的微少的精力。」〔註2〕在巴金的主張下，《雷雨》很快發表在《文學季刊》第 1 卷 3 期（1934 年 7 月 1 日）上。

劇本儘管深受巴金的讚歎，但《雷雨》發表後的一年多時間裏，並沒有引起讀者、批評家的重視，最先還是在日本受到關注。1935 年 3 月，杜宣受東京帝國大學中國留學生邢振鐸之邀，導演《雷雨》，邢振鐸將劇本譯成日文。1935 年 4 月 27 日到 29 日，中國留學生以中華話劇同好會的名義在東京首演成功，連演三場，觀眾看後反響強烈。「就東京一隅說，這《雷雨》倒響過一下子，在吃茶店裏，就作了留學生的談資，在日本的報章上，也常被人提及，而《帝大新聞》，則還有過專論，說什麼日本人以爲中國的戲劇還留在梅蘭芳階段是笑話。」郭沫若以及日本的著名戲劇家秋田雨雀觀也看了演出。郭沫

〔註 2〕巴金《簡談〈雷雨〉》，《收穫》1979 年第 2 期。

若寫了《關於〈雷雨〉》，認爲《雷雨》的確是一篇難得的優秀的力作。作者於全劇的構造、劇情的進行、賓白的運用、電影手法之向舞臺藝術的輸入，的確是費了莫大的苦心，而都很自然緊湊，沒有顯出十分苦心的痕迹。秋天雨雀也撰文評論道：近代中國社會與家庭悲劇由這位作者賦予意義深刻的戲劇形象，這是最感人興趣的。〔註3〕儘管《雷雨》在日本頗有好評，但同時也受到譴責和刁難，駐日公使出面干涉，留學生中也有人出來反對，《雷雨》被迫停演。巴金在《再說〈雷雨〉》中有如下記載：「《雷雨》不能演了。據說是公使館干涉。……干涉《雷雨》的公演，理由是男女學生合演『有傷風化』……又有以兩位學生攻擊《雷雨》是亂倫的劇本還寫了信到公使館去，這也是說它『有傷風化』……」〔註4〕

　　《雷雨》在國內最先是以該劇演出逐漸引起社會文壇的注意。最早是1934年12月2日在浙江上虞縣春暉中學的校慶晚會上演出，演出效果十分熱烈，但還只是局限於很小的範圍。1935年8月，天津市立師範學校的孤松劇團於該校禮堂演出，還得到了曹禺的指導。演出後，《大公報》（天津）於1935年8月20日至23日連載白梅的《〈雷雨〉的批判》一文，論者認爲《雷雨》「在質與量上，都是中國劇壇上的空前的收穫」。同年10月，中國旅行劇團在天津新新影戲院公演《雷雨》，由於是職業劇團，導演水平較高，演員整容較強，影響頗大。1936年2月，該劇團再次在天津演出，票房收入甚好。5月赴上海演出，在凡爾登劇院連演三個月，轟動大上海。同年5、6月和10月又先後到南京和武漢演出，同樣轟動。此外，上海復旦劇社、北京的鐵大劇團會也陸續把《雷雨》搬上舞臺，並分別在復旦、清華大學上演，確實是「各地競相排演，開未有之盛況」。到1936年底，《雷雨》已上演了五、六百場，成爲中國現代創作劇本中演出最多的劇目。在《雷雨》逐漸獲得觀眾的好評同時，關於《雷雨》演出介紹以及批評的文字也陸續出現在報刊。如有吳天的《〈雷雨〉的演出》（《質文》第1卷2期，1935年7月15日）、羅亭的《〈雷雨〉的批評》（《質文》第1卷2期，1935年7月15日）、劉西渭的《雷雨》（《大公報》1935年8月24日）、張庚的《悲劇的發展——評〈雷雨〉》（《光明》1936年6月創刊號）、錢臺生的《〈雷雨〉的演出》（《網繆月刊》1936年

〔註3〕轉引自田本相等《中國戲劇論辯》（上），第136頁，百花洲文藝出版社2007年版。

〔註4〕巴金《再說〈雷雨〉》，《漫話生活》第10期，1935年6月20日。

第 2 卷 9 期）、羅山的《〈雷雨〉的故事、思想、人物》（《清華周刊》1936 年第 44 卷第 7 期）、鑒清的《看了〈雷雨〉之後》（《是非公論》1936 年第 31 期）、段念茲的《看了〈雷雨〉之後》（《中外評論》1937 年第 5 卷第 1 期）等。

此外，《雷雨》單行本也在該劇在國內演出引起轟動之初就列入巴金主編的《文學叢刊》第 1 集，列爲《曹禺戲劇集》第 1 種，1936 年 1 月由文化生活出版社推出。初版後很快再版，當年就印至第 4 版（到 1947 年 10 月印至 21 版），上引就是第五版廣告。而邢振鐸的日文譯本也在 1936 年 2 月由日本東京汽笛社出版推出，其中收秋田雨雀、郭沫若、曹禺的序三篇及演出名單。而英譯本也於當年十月在英文雜誌《天下》連載刊出，譯者姚莘農。所以上引廣告中的「兩年以來，《雷雨》支持了整個中國的話劇舞臺。我們可以說，中國舞臺是在有了《雷雨》以後才有自己的腳本。……現已譯成英日各種文字，備受國際推崇」的宣傳語絕非誇大之詞。

《雷雨》自日本上演以來，關於《雷雨》的評價也引起了爭論。主要涉及到如下三個方面：一是關於《雷雨》是否是社會問題劇之爭，這主要圍繞是否刪除序幕和尾聲而展開的。在日本演出前，杜宣、吳天等人寫信給曹禺，主張刪去序幕和尾聲。吳天認爲：「原劇有四幕，外有序幕及尾聲，然就演出上講，那首尾都是多餘的，因此大膽地刪除了，而在落幕前是魯大海出現，這都是在要求全劇的完善與統一的標準上修正的……因爲我們認爲魯大海是暗示新興的人物，作者不應使他『不知所終』，致使全劇陷入混亂感傷中。」〔註 5〕顯然，他們把《雷雨》看作了一齣社會劇，但這是曹禺所不能容忍的，他回信抗辯說：「我寫的是一首詩，一首敘事詩，（原諒我，我決不是套易卜生的話，我決沒有這樣大膽的希冀，處處來仿傚他。）這詩不一定是美麗的，但是必須給讀詩的一個不斷的新的感覺。這固然有些實際的東西在內（如罷工……等等），但決非一個社會問題劇。……我的方法乃不能不把這件事推溯，推，推到非常遼遠的時候，叫觀眾如聽神話似的，來看我這個劇，所以，不得已用了《序幕》和《尾聲》……」〔註 6〕儘管如此，《質文》編輯在刊登曹禺的《〈雷雨〉寫作》時，還寫了《編者按語》，對曹禺的觀點仍表示了質疑：「就這回在東京演出的情形上看，觀眾的印象卻似乎完全與作者的本意相距太遠了。我們從演出上所感到的，是對於現實的一個極好地暴露，對於沒

〔註 5〕吳天《〈雷雨〉的演出》，《質文》第 1 卷 2 期，1935 年 7 月 15 日。
〔註 6〕曹禺《〈雷雨〉的寫作》，《質文》第 1 卷 2 期，1935 年 7 月 15 日。

落者的一個極好的譏嘲。」而國內的劇壇把《雷雨》搬上舞臺時，也幾乎把此劇作爲一個社會劇。如文幹的《〈雷雨〉的檢視》主要介紹了復旦劇社公演的《雷雨》，他認爲該劇「將現實社會的醜惡暴露。在現代社會下，所謂家庭制度是被破壞無遺了。」〔註7〕錢臺生的《〈雷雨〉的演出》中介紹中國旅行劇團演出的雷雨，他也認爲「《雷雨》的主要意義，是表現黑暗，混亂，封建，腐敗大家庭的崩潰；同時也是顯示這些墮落，脆弱的人物，在這動亂，急轉的年代裏他們是死去了。」〔註8〕

　　二是關於「命運觀念」問題的爭論。劉西渭在《〈雷雨〉》中提出了《雷雨》中的「命運觀念」問題，他指出：「這齣長劇裏面，最有力量的一個隱而不見的力量，卻是處處令我們感到的一個命運觀念。」但是他把這命運歸結爲人物所處的環境和人物性格自身，而不是天意，「藏在人物錯綜的社會關係和人物錯綜的心理作用裏」，推動全劇進行的力量是「魯大海的報復觀念；一個主要的的力量，便是周繁漪的報復觀念」。〔註9〕而與劉的觀點相左的是張庚的意見，他在《悲劇的發展——評〈雷雨〉》中以「世界觀和創作方法的茅盾」的理論，認定《雷雨》是一部失敗的劇作，批評了《雷雨》宿命論。「《雷雨》的作者在創作過程上所表現的不幸，就是在我們反覆述說的這點，世界觀和他的創作方法上的茅盾。如果他的創作方法戰勝了他的世界觀，他的這個劇作是要更其深入和感人的。不幸的是也像他的故事一樣，那不可知的力量戰勝了他的創作方法。」〔註10〕

　　三是「結婚至上主義」還是現實主義的爭論。黃芝岡在《從〈雷雨〉到〈日出〉》中把社會學的道理簡單套用在文學批評上，以致他得出了《雷雨》是宣揚「萬惡淫爲首」和「結婚至上主義」的劇作。「當《雷雨》在南京上演的時候，有一位青年觀眾在深深地歎息著，他說：『愛情是危險的。』我一回頭看他，心上便起了一陣寒栗，因爲他的話是千眞萬確的一句古話，外麵包著一層糖衣；骨子裏在宣傳『萬惡淫爲首』，誰能說這不是這種意思呢？他還說：「《雷雨》的結構是相當巧妙的，像一篇寫得很花巧的文章使比較清楚的讀者也給它的論據迷惑住了，暫時承認它糊塗的結論；而且，屋子裏的勾當

〔註7〕文幹《〈雷雨〉的檢視》，《復旦大學校刊》，1935 年 10 月 28 日。
〔註8〕錢臺生《〈雷雨〉的演出》，《綢繆月刊》第 2 卷 9 期，1936 年　　月　　日。
〔註9〕劉西渭《〈雷雨〉》，《大公報》1935 年 8 月 24 日。
〔註10〕張庚《悲劇的發展——評〈雷雨〉》，《光明》1936 年 6 月創刊號。

像《群鬼》，不斷地嚷著悶又好像對社會的高等人來一點諷刺，又好像是充滿著虛無主義的情調。然而都不是的，主要的卻只是『正式的結婚至上主義』和青年人都死完了留老人撐持世界的可笑的收束。」〔註 11〕周揚對黃的觀點頗不贊同，他寫了《論〈雷雨〉和〈日出〉──並對黃芝岡先生的批評的批評》。首先，他對黃的批評態度和方法提出了批評，認爲他的批評有一個危險的傾向，「主要地是表現在對於作家的態度的粗率上，對於文藝的特殊性，以及文學和現實之關係的樸素而不正確的理解上，……爲保證文學批評的健全的發展和信用，這種似是而非的批評，我們不應該讓它毫不受到指責地在讀者間走過。」而針對黃認爲《雷雨》只是宣傳了「結婚至上主義」的觀點，周揚對《雷雨》給予了很高的評價，「無論在形式技巧上，在主題內容上，都是優秀的作品，它們具有反封建反資本主義的意義」，進而認爲「曹禺的成功，不管他的大小，正是現實主義的成功」。〔註 12〕

五角　四裝平
分　角　六製精

曹禺著

雷雨

「雷雨」是曹禺先生的第一部劇作，發表以來，轟動一時，各地競相排演，開未有之盛況。兩年以來，「雷雨」支持了整個中國的話劇舞台。我們可以說，中國舞台，是在有了「雷雨」以後纔有自己的劇本。全劇共四幕，前有序曲，後有尾聲，都十餘萬言，煌煌巨製，可入希臘古典名作之林。現已譯成英日各種文字，備受國際推崇。

〔註 11〕黃芝岡《從〈雷雨〉到〈日出〉》，《光明》第 2 卷第 1 期，1937 年 2 月 10 日。

〔註 12〕周揚《論〈雷雨〉和〈日出〉──並對黃芝岡先生的批評的批評》，《光明》第 2 卷第 8 期，1937 年 5 月 10 日。

　　從導演、批評家的意見來看，他們還沒有眞正理解作家寫這一戲劇所要表達的意圖，如導演在編排時刪掉序幕和尾聲，批評家指責作家同情資本家周樸園和他的夫人繁漪。作爲對批評的抗辯，曹禺在作品出單行本時寫了《〈雷雨〉序》（後改名爲《我如何寫〈雷雨〉》，發表在《大公報》1936 年 1 月 19日）。這篇序文是作者針對批評家、導演對作品的批評而進行的申辯，也讓我們看到了中國現代話劇史上一場作家與批評者之間的論爭。

　　所以，他在序中首先就表達了自己對此情形的不滿：

> 這一年來批評《雷雨》的文章確實嚇住了我，它們似乎刺痛了我的自卑意識，令我深切地感觸自己的低能。他們一針一線地尋出個原由，指出究竟，而我只有普遍地覺得不滿不成熟。每次公演《雷雨》或者提到《雷雨》，我不由自己地感覺到一種局促，一種不自在，彷彿是個笨拙的工徒，只圖好歹做成了器皿，躲到壁落裏，再也怕聽得顧主們惡生生地挑剔器皿上面花紋的醜惡。

接下來，他就對本劇引起批評家誤解的幾個問題逐一發表了自己的看法。（1）「爲什麼寫這一類問題」，他交代自己的寫作動機：寫《雷雨》只是一種情感的迫切需要，心中鬱積的憤懣太多了，而寫作就是爲了釋放這原始的情緒，表現自己對宇宙的一種崇敬。所以，他在劇中並沒有明顯地要匡正諷刺或攻擊些什麼。（2）對於劇中人物的批評，他主要對繁漪和周沖的性格內涵進行了介紹，毫無掩飾地表達了對繁漪這個人物的同情和喜愛，「她們都在陰溝裏討著生活，卻心偏天樣的高；熱情原是一片澆不熄的火，而上帝偏偏罰她們枯乾地生長在砂上。……雖然依舊落在火坑裏，熱情燒瘋了他的心，然而不是更值得人的憐憫與尊敬麼？」對於周沖，作者是把他作爲一個不可缺少的視角，作家的憧憬、理想、希望，作家的歡樂、痛苦、失望，都透過周沖來體現，有了他，才顯示出《雷雨》的明暗，他顯示著現實的殘忍和不公。（3）對於演出中所刪掉的序幕和尾聲，他認爲導演並沒有眞正理解自己的用意。「簡單地說，是想送看戲的人們回家，帶著一種哀靜的心情」，「引導觀眾的情緒入於更寬闊的沉思的海」。作者是想通過序幕和尾聲的設置把觀眾從現實帶入故事中，從故事中帶回到現實，從而製造出一種欣賞的距離感。

　　如果從接受美學的角度來看，作家與批評家的看法是可以並存的，作家並不能以「作家意圖」來掩蓋「詮釋者意圖」和「作品意圖」，批評家也如是。中國話劇史上的精彩的一幕就是批評家與曹禺之間所進行的批評與反批評。

曹禺在序文中，「毫無顧忌地坦誠地傾訴創作的甘苦，真摯地表述著自己的心曲，勇敢地抗辯著一切的誤讀、誤解和曲解。正是在人們的批評面前，他寫出了對於中國話劇最寶貴的經驗，最燦爛的戲劇批評的文字」。〔註13〕曹禺的這些文字不但闡述了一個作家創作的規律、經驗，也闡述了中國的戲劇理論，中國自己的戲劇美學。給中國的現代戲劇的發展提供了諸多可資借鑒的經驗。但是，曹禺在《〈雷雨〉序》中的申辯並沒有得到批評家們（特別是左翼批評家）的認同，關於《雷雨》的論爭並沒有停止，如上文提及到的黃芝岡和周揚的論爭、以及五六十年代引發的多次論爭等。錢理群對此評論道：「曹禺的創造，對於現代中國話劇又是超前的，也就是說，他的創造力與想像力都大大超過了時代接受水平。最能說明這一點的是曹禺接受史上的矛盾現象：曹禺既是擁有最多讀者、導演、演員與觀眾的現代劇作家，又是最不被理解的現代劇作家；人們空前熱情地讀著、演著、欣賞著、讚歎著他的戲劇，又肆無忌憚地肢解著、曲解著、誤解著他的戲劇，以致他的戲劇上演了千百次，卻沒有一次完整的、按原貌演出的。」〔註14〕應該說，持續不斷的論爭，這正是經典劇作的魅力所在，也讓《雷雨》在問世的數十年間得到了深入全面的研究。

〔註13〕田本相等《中國戲劇論辯》（上），第157頁，百花洲文藝出版社2006年版。
〔註14〕錢理群等《中國現代文學三十年》，第421頁，北京大學出版社1998年版。

李健吾劇作三種

以身作則　平裝三角精裝四角五分　文化生活出版社1936年1月初版

　　《以身作則》以莫里哀的手法，描寫中國道地生活，對話輕鬆雋永，人物諷刺活潑，像這樣的喜劇，中國還不曾有過，我們可以說，作者是用了這一劇本來建立中國喜劇的基石的。

母親的夢　平裝二角五分精裝四角　文化生活出版社1936年8月
　　　　　　　　　　　　　　　　初版

　　《母親的夢》是李健吾先生最近的戲劇集，包含《母親的夢》和《老王和他的同志們》。作者的劇本，每篇都有著豐富的舞臺性，同時，也一樣便於閱讀，這是從事舞臺工作者和一般的讀者都不應當放過的一本戲劇集。

新學究　平裝二角五分精裝四角　文化生活出版社1937年4月初版

　　李健吾先生的喜劇在中國劇壇裏是堪誇獨步的。我們固然是有了不少的劇作，但成功的喜劇卻不多見。而且更沒有一個劇本像李健吾先生的作品那樣富有機巧的。《以身作則》曾博得多數讀者的讚賞，證實了李先生的成功。這本《新學究》是李先生最近寫成未經發表的傑構。在內容與技巧兩方面都超過了《以身作則》，而且手法之高妙，簡直可以追從莫里哀的名劇，無疑的這是今年中國劇壇裏優美的收穫。

　　　　　　　　　　　　　　　廣告載《文叢》第1卷第4號，1937年6月15日

　　1935年秋，巴金在主編《文化生活叢刊》的同時又萌生了策劃了一套《文學叢刊》想法，試圖為青年讀者提供一套規模宏大的創作文庫。他在《刊行

「文化生活叢刊」的緣起》中說：「在我們這裡，學問依舊是特權階級的專利品，無論是科學、藝術、哲學，只有少數人可以窺它的門徑，一般書賈所看重的自然只是他們個人的贏利，而公立圖書館也只以搜集古董自豪，卻不肯替貧寒青年作絲毫的打算。多數青年的需要就這樣地被人忽略了。然而求知的欲望卻是無法消滅。青年們在困苦的環境中苦苦掙扎為知識奮鬥的那種精神，可以使每個有良心的人流下感激之淚，我們是懷著這種心情來從事我們的工作的。」〔註1〕在《文學叢刊》的廣告中，巴金聲稱本叢書「雖然也包括文學的各部門，但是作者既非金子招牌的名家，編者也不是文壇上的聞人」〔註2〕。可見，該套叢書以青年作家為主體，力圖做到「編選謹嚴，內容充實，印刷精良，價格低廉」。這套叢書以集為單位，每集 16 種。裝幀統一設計，小 32 開本，用紙講究，純白色帶勒口的封面，外加褐色護封。封面印上書名、作者、叢刊名稱，字體、顏色不同，顯得醒目、大方。從 1935 年 11 月推出巴金的《神‧鬼‧獸》開始，這套 160 餘種、涉及作家 86 位，前後跨度 14 年的《文學叢刊》拉開了現代文學史上規模最大的文學叢書的出版序幕。

要出版這一套規模宏大的叢書，作家的人選是個首先需要考慮的問題。三十年代初，在巴金的作家交際圈中，除了魯迅、茅盾、鄭振鐸、王統照、魯彥等一批在二十年代初就聞名文壇的老作家外，還有以胡風、蕭紅、蕭軍、周文、張天翼、沙汀、艾蕪、葉紫等的左翼作家群，以及沈從文、曹禺、蘆焚、卞之琳、蕭乾、林微音、李健吾、何其芳、李廣田等北方作家群，此外還有一批與文化生活出版社關係密切的作家如麗尼、陸蠡、魯彥、廖崇群、田一文等，這些作家由於與巴金或出版社諸人有較密切的個人關係而得以首先納入這套叢書的作家隊伍。從上可以看出，巴金在選擇叢書作家時不但能打破門戶之見，還推舉了文壇新秀，提攜青年作家，「參與了三四年代作家（尤其是青年作家）群的培養和建構」。〔註3〕

而李健吾被巴金納入這套叢書就很有這種典型性。李健吾與巴金的初識時間為 1933 年 10 月，巴金因李健吾是李卓吾（在法國因信仰安那其主義而與巴金認識）的弟弟而格外親切，此後李又在《文季月刊》上陸續發表文章

〔註1〕巴金《刊行〈文化生活叢刊〉的緣起》，《申報》1935 年 9 月 20 日。
〔註2〕巴金《〈文學叢刊〉廣告》，《巴金全集》第 18 卷，第 365 頁，人民文學出版社 1993 年版。
〔註3〕孫晶《文化生活出版社與現代文學》，第 119 頁，廣西教育出版社 1999 年版。

而使巴金對李的文學才華有進一步瞭解、熟悉，後來李健吾在上海暨南大學任教時還時時得到巴金的關照。儘管李健吾在 1935 年 11 月發表了十分尖銳的批評文章《愛情三部曲——巴金先生作》而迫使巴金寫文章來為自己辯護。但這件筆墨官司不但未使兩人結仇記恨，反而使巴金對李健吾堅持真理的勇氣深表佩服。正是因為這樣的密切關係，使李健吾「近水樓臺先得月」。僅《文學叢刊》中收入李健吾的作品就有 8 部，包括：戲劇《以身作則》、《母親的夢》、《新學究》、《青春》，小說集《使命》，評論集《咀華集》、《咀華二集》，散文集《切夢刀》，此外還在《文季叢書》和《文學小叢書》收有戲劇、長篇小說、散文集等 6 種。可以說，李健吾正是通過《文學叢刊》等叢書從而確立起戲劇家、批評家和小說家、散文家的地位。下面具體談李健吾在 1936 至 1937 年間通過巴金之手而問世的《以身作則》、《母親的夢》、《新學究》三本戲劇而確立其戲劇家身份。

　　李健吾的戲劇寫作最早開始於中學時代，1924 年 6 月 11 日在《文學旬刊》發表了其處女作——獨幕劇《工人》。在清華大學外文系讀書期間，不但系統地研讀了西方戲劇理論，還擔任過戲劇社社長，參加過戲劇表演實踐。由於興趣廣泛，期間的戲劇創作只有獨幕劇《生機》等一兩篇，倒是小說創作比較多，結集出版了兩部小說集《西山之雲》（1928 年 5 月）和《罎子》（1931 年 4 月），還在《婦女雜誌》連載過長篇小說《心病》。此外，他還不斷有批評文章和翻譯作品等問世。在留法期間，李健吾接連寫下了《火線之外》（三幕劇）、《火線之內》（四幕劇）和《村長之家》（三幕劇）。《火線之內》由朱自清先生作序，交回北平青年書店 1933 年 1 月出版。《村長之家》寄回國內在《現代》雜誌第 3 卷第 1 至 4 期連載發表。留學歸國後，李健吾還在批評以及戲劇等領域同時出擊，批評領域寫出了《福樓拜評傳》、《伍譯的名家小說選》、《中國舊小說的窮途》、《雷雨》等，戲劇方面寫出了《梁允達》、《這不過是春天》。應該說，在 1935 年 5 月文化生活社（當年 9 月改稱「文化生活出版社」）正式成立之前，李健吾儘管已在北新書局、開明書店和生活書店等出過自己的作品，但自從文化生活出版社成立後，李健吾的作品就幾乎全部歸該社出版，他也成為了文化生活出版社的「駐社作家」，而該社最先出版的就是李健吾的戲劇。

　　《以身作則》的寫作時間應該在 1935 年下半年，《中學生》1936 年 2 月第 62 期發表了該劇的第一幕。巴金把它納入《文學叢刊》第一集，於 1936

年 1 月初版問世，5 月三版，1940 年 3 月五版，1940 年 11 月印至第七版，全書 148 頁。寫前清遺老徐守清舉人，以倒背四書、家教森嚴自得，整日以「男女有別」爲大防，把一雙兒女禁錮家中。女兒偶然偷出家門即被一無賴營長方義生看中，營長買通下人以看病爲名進入徐宅與徐女相會，敗露被逐。結果這個營長正是他爲女兒指腹爲婚的多年音訊杳然的未婚夫。徐舉人自己雖高唱「男女有別……無別無義，禽獸之道也」，卻爲女僕傾倒，不能自持，鬧了許多笑話，道貌盡失。這部喜劇不僅諷刺了徐舉人，對當時官場軍隊勾結一氣，搶男霸女，販毒肥私等醜惡現象也進行了辛辣的揭露。作者在《後記》中專門對徐守清這個人物有過分析說明：「有一種人把虛僞的存在當做力量，忘記他尚有一個眞我，不知不覺，漸漸出賣自己。我同情他的失敗，因爲他那樣牢不可拔，據有一個無以撼動的後天的生命。這就是爲什麼我創造徐守清那樣一個人物，代他道歉，同時幫他要求一個可能的原諒。」〔註 4〕全劇共三幕，只分幕不分場，對話輕鬆雋永，人物諷刺活潑，創造了一種新型的中國現代喜劇形態雛形。所以廣告中有「作者是用了這一劇本來建立中國喜劇的基石的」的評語。

　　《母親的夢》是一本戲劇集，收《老王和他的同志們》（四幕劇，此劇就是 1933 年北京青年書店出版的《火線之內》，因發行不廣，問世後無甚影響，經作者改爲《老王和他的同志們》收入此集）和《母親的夢》（獨幕劇，曾發

─────────────

〔註 4〕李健吾《〈以身作則〉後記》，《以身作則》，上海文化生活出版社 1936 年版。

表於《文季月刊》第 1 卷第 1 號，1936 年 6 月 1 日）兩篇。巴金把它們納入
《文學叢刊》第 2 集於 1936 年 8 月問世，9 月再版，1939 年 8 月印至第 4 版，
全書 109 頁。《老王和他的同志們》以「一二八」淞滬戰爭爲背景，描寫當時
上海的抗戰情形。劇中主要寫了在戰爭之下民族意識開始覺醒的幾類人物：
老王作爲一名勞工，當戰爭爆發時，在民族意識的影響下，他協助軍隊刺探
敵情。作爲擔任地方治安的警察，他們不是爲地方服務，而是爲了混飯吃。
學生和焦先生夫婦爲代表的知識階級，他們既不願苟安，但是他們又缺乏走
上戰場的勇氣，處於徘徊猶豫之中。伍長代表一般的軍人，爲民族生存，作
起眞正的爭鬥。此外，還有俄娼、漢奸、報販，等等，各式各樣的人物，代
表各個的階級。他們都有一致的心緒，那便是急切殺退敵人。《母親的夢》主
要描寫了北平南下漥一帶——貧民生活堆裏的一家人的故事。主要以寫一位
老年母親的悲苦：她的丈夫因醉酒被關在監獄裏，活活愁死。大兒子患癆病
死了，二兒子想陞官發財投軍去了，生死不明。三兒子黃三以拉洋車爲生，
她的兒女英子勤苦地給人家洗衣。三兒子受歹人欺負、逼索，被捆送局，母
親被瞞著，如在做夢般糊塗過去了，她還不時惦念二兒子，想捎雙鞋去，最
後她知道這是夢想，鞋也無從捎起。作者寫出了因貧窮而引起的種種罪惡，
逼到末路，甚至家破人亡的境地，將社會問題赤裸裸地披露出來。作者在《跋》
中說：「把《母親的夢》與《老王和他的同志們》放在一起，幾乎是合攏兩條
鮮紅的傷痕。」〔註5〕由於《老王和他同志們》寫於留學巴黎期間，作家憑報
紙和想像而寫成，有些概念化傾向。因爲作者的童年在南下漥度過了整整十
年，故《母親的夢》寫得親切動人，劇情緊密充實。

　　《新學究》是李健吾所有的劇作中唯一一部以高級知識分子爲題材的
戲。1937 年年初寫成，三幕喜劇，巴金把它納入《文學叢刊》第 4 集並於當
年 4 月推出初版，5 月再版，1940 年 1 月 3 版，1948 年 10 月四版，全書 136
頁。劇中寫了一個自作多情的迂闊的中年教授康如水。他朝思暮想的情人是
謝淑義，爲了等她留學回來結婚，竟和十五年的髮妻離了婚。但謝並不眞正
愛他，愛的是與她同船回國的馮顯利，馮與康又是老朋友，馮先前並不知道
謝是康的意中人。同事孟序功夫婦爲馮與謝接風，邀康參見。康打算在孟家
向朋友宣佈他與謝結婚的消息，臨了才發現謝並不愛他，反倒是謝與馮宣佈
了結婚的消息。劇中把康如水這種知識分子內心空虛、不務正業，濫施感情

〔註 5〕李健吾《〈母親的夢〉跋》，《母親的夢》，上海文化生活出版社 1936 年版。

的種種醜態剝露在讀者面前，對他們生活在「心造的幻影」裏的行為進行了
痛切的針砭。而對謝淑義這位追求人格獨立和真正女性自由，具有新思想、
新風尚、新道德的女性表達了讚美。由於該劇波瀾起伏，妙語連珠，頗符合
西方古典主義戲劇的三一律原則，問世之後大受讀者歡迎，再上劇中的康如
水被解讀為影射著名學者吳宓而幾成為文學界的話題。常風高度評價了這齣
戲劇，認為：「它的情節和一切成功的喜劇一樣，處處都那樣湊巧，自然合拍，
又處處那樣輕鬆發噱。全劇占的時間不過從早上十點左右到下午三點，但在
這短短的五個鐘頭裏，作者安排的那樣妥帖，一個一個的期待緊迫地展開，
又一個一個圓滿地結束了。全劇的結構緊湊有力，沒有一點多餘的枝節。」
〔註6〕而上引的廣告中也對該劇有頗高的評價：「在內容與技巧兩方面都超過
了《以身作則》而且手法之高妙，簡直可以追從莫里哀的名劇，無疑的這是
今年中國劇壇裏優美的收穫。」

　　在 1936 至 1937 年間，李健吾通過《文學叢刊》這個平臺連續推出了自
己的三本戲劇，而這些戲劇的問世以及成就奠定了李健吾的戲劇家的身份。
《以身作則》和《新學究》兩劇不但在嚴謹的結構和精湛的語言方面取得了
很高的成就，更重要的是他創造了一種新的具有民族傳統精神特質的風俗喜
劇。正如李健吾在《〈以身作則〉後記》中說道：「我愛廣大的自然和其中活
動的各不相同的人性。在這些活動裏面，因為是一個中國人，我最感興趣的
也最動衷腸的，便是深植於我四周的固有的品德。隔著現代五光十色的變動，
我心想撈給一把那最隱晦也最明顯的傳統的特徵。」〔註7〕《以身作則》的徐

〔註6〕常風《新學究》，《文學雜誌》第 1 卷第 4 期，1937 年 8 月 1 日。
〔註7〕李健吾《〈以身作則〉後記》，《以身作則》，上海文化生活出版社 1936 年版。

守清所代表的道學傳統在現實的世態風俗中是注定要消亡的，而《新學究》中的康如水儘管是個新派人物，而其實他骨子裏還依然深藏著傳統的陰影。而作者用喜劇的形式無疑把這些人物的失敗展示給人看，實際上預示了舊傳統的必然消亡。《母親的夢》中兩個劇本顯示了作者對對國家前途、人民疾苦的深切關注，這裡既有作者對戰爭的思考，也有對現實黑暗社會的詛咒。《以身作則》、《新學究》和《母親的夢》分別以關注傳統和現實中的人及其人性構成李健吾戲劇的顯著突出特色，也因其戲劇突出成就而與田漢、洪深、曹禺等人並稱為 1929 年以後中國重要的戲劇家之一。〔註 8〕

〔註 8〕尼姆・威爾斯《現代中國文學運動》，埃德加・斯諾《活的中國》，第 348 頁，湖南人民出版社 1983 年版。

良友圖書公司的「良友文學獎金」

良友文學獎金

本公司去年舉辦之第一屆良友文學獎金，經聘請蔡元培郁達夫葉聖陶王統照鄭伯奇五先生擔任評判，獎金五百元為左兵先生之《天下太平》陳涉先生之《像樣的人》所作者獲得，原稿經略事修改後，現已印成出版，初版印數不多，讀者欲購從速。

天下太平　左兵創作　十六萬字未發表長篇

四百餘頁紙面精裝本　每冊實售國幣一元

這是從許多應徵文稿中最先也最後被評判先生們認為值得獲獎的一部。作者過去沒有寫過長篇小說，這是他的處女作，挑了中國近代史上動亂的一個時期（五卅──二七）把素稱富饒平安的江南農村，用了最親密的筆調，描出了他們的真面目；一個從農村出身的青年柯大福是全書的主角，抱了崇高的理想在遭遇到無數次的碰壁以後，到將近實現他的理想時，又如彗星般沒入黑暗中去了。作者的文筆簡潔有力，對話緊張，故事生動，為年來中國文壇不可多得之作。

像樣的人　陳涉創作　十二萬字未發表長篇

四百餘頁紙面精裝本　每冊實售國幣七角

本書為得獎小說第二部，評判先生對之推崇備至，作者從事長篇創作，這也是第一次。寫小村鎮上一個自稱憑「天地良心」做事的鄉紳，魚肉農民，勾結土劣。他的一生就想怎樣往上爬，做一個「像樣的人」，但是，許多人的

生命和幸福就在他的野心下被犧牲掉了。這種人物在中國各處農村中都可以找到幾個，作者應用了敏銳的觀察力豐富的生活經驗，在這裡暴露了一個典型的代表。

廣告載《良友圖畫雜誌》第 128 期，1937 年 5 月

1936 年 1 月，良友圖書印刷公司借出版第二集《良友文學叢書》之際，策劃了一次徵文活動。在公司本月 15 日出版的《良友》畫報上以「良友文學獎金 五百元徵稿」為題刊徵文啓事，宣佈舉辦第一次良友文學獎金，徵求創作長篇小說一部，特備獎金 500 元贈予得獎之作者，得獎小說還將納入良友文學叢書第二集出版。同時，還訂立了十條簡章，具體如下：

一、除本公司職員外，凡為中華民國之國民均得參加這次本公司舉行之征文競賽。

二、本公司此次徵文，限定創作長篇小說，以從未發表者為合格。劇本，論文，散文，短篇以及翻譯作品一律不收。

三、此次所徵求之創作長篇小說最短須十萬字最長不得過二十萬字。所有來稿均須用有格稿紙繕寫清楚，訂成一冊，以免散失，稿本封面請書明書名，作者姓名，通信地址，全稿字數，全稿頁數等項。

四、投寄徵文，請一律用掛號郵寄，並須附退件郵費。所有稿件請書明上海北四川路良友圖書公司良友文學獎金處，凡面交或託人代交者一律不收。

五、自即日起收稿至本月五月三十日截止，過期收到者一律原件退還。

六、此次徵文由本公司聘請著名作家五人擔任評判。評判人之姓名，待截止收稿後二日內於申報公佈之。

七、所有參加此次徵文者之姓名在宣佈評判人之姓名時一同公佈於申報。

八、截止收稿後由公司分送各評判員輪流閱稿，每人均密封記分，以得分最多者為獲獎。

九、此次徵文，額限一名，得獎者由本公司贈獎金五百元，並將得獎作品編入良友文學叢書第二集。初版本作者得抽版稅百分之

五，再版百分之十，以實售書價作抽稅之標準。

十、徵文揭曉期為十月十日，得獎者之姓名作品，均刊登於申報廣
　　告。

按簡章規定，5 月 31 日截稿，但由於應徵者紛紛來函，反映時間太短，難以在規定日期內完成一部長篇小說。於是，良友圖書公司在原定截稿前一天在《申報》刊登了《良友文學獎金延期截稿啓事》，宣佈將截稿日期延至 1936 年 7 月 31 日，揭曉期定為 12 月 15 日。

自截稿之後，在良友圖書公司主持下，徵文進入了評審階段。12 月 15 日，良友圖書公司準時在《申報》上刊出了《上海良友圖書公司文學獎金揭曉啓事》：

> 本處自本年一月登報求長篇創作小說以來，共計收到來稿三十一部（參加徵文者姓名已刊七月卅一日申報廣告）（注：筆者查閱該日的《申報》，不見名單），當由本處聘請蔡元培郁達夫葉聖陶鄭伯奇王統照諸先生評選，本擬於其中選定意識技巧皆臻相當完成一名，贈予獎金五百元，但經評選者再三審閱，以為諸作皆未能達此水準，姑決計改變原定辦法，將較有勝色之左兵先生所作之《天下太平》及陳涉先生所作之《像樣的人》選為第二名第三名，將全額獎金分為三百元二百元，以次分配，至於當選之作，原定編入良友文學叢書，現亦不得不改變原定計劃，單獨發行，得獎二君，另有本處專函通知。未取各稿，一星期內，掛號寄還。

這樣，原計劃會出版的圖書由一部變成了兩部，列入叢書的計劃也隨之改變，不得不單獨出版。自公佈獲獎結果後，公司很快把獲獎作品納入了出版程序。《天下太平》1937 年 2 月 20 日付排，4 月 30 日出版。《像樣的人》1937 年 3 月 20 日付排，5 月 30 日出版，各印 2000 冊，紙面硬皮精裝，封面書燙金字「良友文學獎金得獎小說」。

《天下太平》寫畢業於蘇州師範的柯大福，四處求職碰壁。為了生活，在同學的鼓動下加入國民黨，開始參加遊行。由於他備嘗生活的艱辛，參加黨內的工作積極熱情，很快得到某領導人的賞識。此時，國民革命的風潮已蔓延到他的家鄉三和鎮，西沙村裏的佃戶在陸鐵、俞甫明的帶領下，將當地最大的糧戶的帳房先生黃克昌趕了出去，分得了自己的土地。所有這些，據說都是國民黨領著幹的，布莊站櫃臺的馬仁發又驚又喜，他嚷著要加入國民

黨。經過精心策劃，黃克昌領著騙來的糧戶，妄圖奪田。在陸鐵的宣傳下，糧戶發現上當受騙，紛紛後退，黃克昌鼠竄而去。受騙的農戶找黃克昌索要被騙去的約金，要約金不成不久，只得痛了打黃一頓，沒想到黃克昌誣良為匪，一些農戶被捕下獄，受盡苦刑。不久，傳來上海的國民黨要裏應外合打孫傳芳，柯大福要回來當縣長的消息。果然，孫傳芳被打倒，柯大福回縣在黨部主事。一時間，鎮裏人巴結他的父親柯二叔。馬仁發向柯大福表白自己的誠心，柯讓他在鎮上籌辦商會，他借機以柯的名義向黃克昌勒索三百元大洋。柯大福上任以後，把被誣下獄的農戶及其他囚犯悉數放出，並堅決讓共產黨人陸鐵、俞甫明籌辦農會，帶領鄉民們打擊土豪劣紳。正當他投入轟轟烈烈的國民革命運動中時，國民黨開始清黨，柯大福和陸鐵、俞甫明等三人不知去向。馬仁發見狀詐黃克昌，稱柯大福已被抓住，只要他出千元即可將柯處死。黃克昌轉而去敲詐柯二叔，讓他出三百元作為活動費以救兒子的命。柯二叔儘管愛兒心切，無奈兩手空空，只好聽天由命。正當柯二叔忐忑不安時，同鄉孫老闆告訴他，他在上海看到柯大福正在撒傳單，並親手遞了一張給他。

　　小說共 14 萬字，作者左兵〔註1〕花了 500 個小時寫出。在《題記》中，

〔註1〕 左兵的生平不詳，從小說《題記》可知，作者當時是一位教師。丁淼在《淡泊的明志的胡山源》中順帶談到他自己在省立第一師範的同學：我有一位在一師同學的知交顧詩靈，在一師讀書時短篇小說，獲當時商務出版的《東方雜誌》採用刊出，他左傾後寫作筆名是「左兵」，那時也在世界書局當個小編

他說：「我本打算從『五卅』寫到目前，以二十萬字描繪農村在內憂外患交相煎迫之中陷於破潰之形相；並傳出革命勢力相乘地在大眾心理蔓延生根。」可惜因為時間倉促，完成的這部他並不滿意的作品，「許多地方還只留下個概念，還有不少人物，一出場就沒有機會——這機會還在後面——再見了」。所以，作者計劃寫三部，已完成的為第一部，「預備從『二七』年代到『三一』年代的『九一八』，寫第二分冊；『九一八』後則寫第三分冊。」由於作者出生於農村，對農村情況有深入瞭解。小說以樸實而生動地描繪了貌似太平的江南農村卻到處呈現凋零的景象和農民困頓無助的生活本相，對革命在大眾心中生根開花的歷史也給予了真實的描寫。蔡元培認為小說「敘崇明三和鎮農村凋敝狀況，劣紳剝削手段，及國民黨到江蘇、清共時代各方面的反覆無常態度，均有舉一反三之妙。」〔註2〕不過，由於作者對主人公刻畫力度不足，使得主要人物較為模糊。常風就認為小說對柯大福的塑造是失敗的：「拿這樣一個人物作這樣一部小說的主人公似乎過於單薄。作者似乎想把柯大福造成功一個足以左右全部故事開展的人物，但是他並未在書中給他安排必需的襯托，而且他也不曾著力來寫這個人物。」〔註3〕而對於次要人物與無關人物顯得太多且凌亂。此外，小說的結構組織也不太嚴謹，語言上方言味太濃且比較粗俗等也使得小說的藝術水平受到影響。

本次獲獎小說第二部《像樣的人》，據廣告上說，作者陳涉也是第一次創作長篇小說，該書出版時，作者也沒寫序跋文字，對於作者的身份已無從得知。小說開始就把目光聚焦於一個叫楊家村的小村莊，楊家村的村民正準備按慣例在清明這天用公田的收成吃村宴，村裏最有錢、有勢的鄉紳楊硯田擺足了譜後才姍姍來遲，村民們雖有怨言卻不敢得罪他。在宴會上，楊硯田宣佈了一條新政：在楊家村建一所小學，以改變村裏無「像樣的人」的現狀，學資由公田的收入承擔。為此，他假意將公田外租，實際以提高租息的方式解決了學資問題。隨後，他又結識了烏義鎮上的「像樣的人」夏奇峰，他們乘人之危合夥將一藥店低價盤進。當村小學建好開學後，楊硯田把家搬到鎮上，在這裡，他學會了鎮裏「像樣的人」的生活方式：晚起，泡茶館，聊天，

輯（《胡山源研究》，江蘇文藝出版社 1994 年版）。不知這個左兵與《天下太平》的作者是一人麼？存疑。
〔註2〕《蔡元培全集》第 17 卷，第 55～56 頁，浙江教育出版社 1998 年版。
〔註3〕常風《左兵〈天下太平〉》，《文學雜誌》第 1 卷第 4 期，1937 年 8 月 1 日。

看報，明敲暗詐等。很快，他與寡婦張家嫂子同居並使其懷孕，他又騙她服藥使其墮胎，導致張家女人大出血而死。鎮裏的流氓王大麻子以張家親戚的名義找他算帳，夏奇峰又恰倒好處地來調解，讓楊硯田將藥店給王大麻子以了結。楊明白這是夏的陰謀，裝作若無其事地接受了這一辦法。不久，楊硯田在報上看到夏奇峰的兒子因綁架勒索被關進監獄，楊終於等來了報復夏的機會。夏奇峰來求楊硯田幫他去上海營救他的兒子，楊爽快地答應了，但當楊硯田拿到夏給的活動經費後，他立刻拜了縣裏的名人倪大個子為先生，將夏奇峰以唆使殺人犯為罪名抓進監獄。正當他心滿意足之際，家鄉出現搶風，鎮裏出現混亂，楊硯田不得不花錢請兵，請來一個排的兵讓鎮裏的老百姓不堪重負，許多店鋪被迫倒閉。楊硯田又給排長說情，請求他們離開，排長答應年後離開，但在離開之前在鎮裏大肆搶劫。聽到槍聲的楊硯田一家東躲西藏，最後狼狽地從後門逃進桑田。兵亂過後，楊硯田覺得鎮上也不安全，便帶著錢財坐上了雇來的船向城裏開去。

　　小說對鄉村土紳奸詐狡猾、虛僞歹毒、道貌岸然、貪婪卑鄙的本性刻畫極爲生動。正如蔡元培所說：「閱陳涉所著《像樣的人》，描寫鄉間劣紳貪鄙殘忍之行爲，極深刻。」〔註4〕作者以楊硯田爲中心人物，圍繞他所展開的村、鎮、縣這些基層地方的各種腐敗黑暗，深刻揭示了南方農村的黑暗現狀。小說結構合理，脈絡清晰，情節有條不紊，人物栩栩如生，藝術上具有較高的成就，就是與同時期出現的一些著名長篇小說相比，並不遜色。

〔註 4〕《蔡元培全集》第 17 卷，第 52 頁，浙江教育出版社 1998 年版。

洪深的《農村三部曲》

農村三部曲　洪深作　七角　上海雜誌公司經售 1936 年 6 月初版

　　本書包括三部有聯繫性的劇本。一、《五奎橋》；二、《香稻米》；三、《青龍潭》。《五奎橋》所寫的是鄉村中殘留的封建勢力。《香稻米》所寫的是農村經濟破產。這二種是已經發表，而且都上演過的。洪先生最近又寫了一部四幕《青龍潭》，它是寫一般口惠而實不至的結果。不能為農民們解決生活上的困難，不能使他們獲得實際的利益。這一部農村三部曲是洪先生另有獨特的作風與銳利的思想。和以前所寫的劇本完全不一樣。在這裡我們可以瞭解作者是怎樣向著大眾方面的努力。從事於戲劇運動和愛好文學者都不可忽略了這一部進步的作品，書已付印，不日出版。

廣告載《作家》第 1 卷 2 號，1936 年 5 月 15 日

劇壇權威洪深名著《農村三部曲》，上海雜誌公司經售

　　洪深先生同田漢先生為現代中國劇壇的二大權威。這一部名著包括了先生早負盛名的《五奎橋》、《香稻米》、《青龍潭》三種名著而成。《五奎橋》同《香稻米》是已經上演過的。《青龍潭》也已有開始上演的消費。在本書裏不僅可以讀到熟練地對白，高超的技巧，更可以看到先生思想的進步，所以本書是洪先生一部劃時代的名著。

廣告載《中流》第 1 卷 12 期，1937 年 3 月 5 日

　　1930 年，這對時任復旦大學教授的洪深來說是非常重要的一年。正如他在二十年代最後一個春節時意味深長地在家門口貼上一副對聯：「跨過十字路

口，投身生活激流」。〔註1〕可見，洪深已經從「象牙塔」走上了「十字街頭」。1930 年 2 月，他對大光明電影院放映辱華影片《不怕死》表示了抗議。事後他又呈請上海市黨部請求禁燬該影片，並向上海臨時法院提出公訴，控告大光明放映辱華影片並妨害他人身自由。3 月，他參加了左翼作家聯盟，並任英文秘書。8 月，洪深以光明劇社名義加入左翼劇團聯盟，並擔任執行委員，並出任總書記。10 月初，家中遭特務搜查，因不在家，故躲過一劫。11 月，現代學藝社也遭查封，因洪深是該所所長，因此受到牽連被逮捕，後查無實據，由上海市社會局長潘公展具保釋放。爲了擺脫當前的政治漩渦，擺脫繁重的社會活動，換一個環境來靜養自己嚴重的胃病。洪深決定回家鄉常州近郊小住一段時間。沒想到，這次回鄉小住卻催生了其以農村爲題材的第一部戲劇《五奎橋》。

洪深回鄉後，聽說當年夏天大旱的時候，家鄉的村民爲了救急，花錢租了一條打水的洋龍船來救旱。不巧被一個鄉紳人家的橋擋住了去路，洋龍船體積大，通過不了。村民只好向鄉紳央求拆橋，並許諾重建一個更大的新橋。但鄉紳爲了保風水，爭義氣，以及保全鄉紳們的威嚴，致村民的死活不顧，全力阻止村民們拆橋。由於洪深此前已閱讀了一些社會科學的書籍，後又參加左翼，思想上發生了重要轉變。爲了「暴露他們的欺騙、污蔑，刁惡與橫凶的手段」，他決定以此爲題材，創作一部反映農村生活的劇作——《五奎橋》（獨幕劇）。劇本中展示的是農民們與周鄉紳的矛盾衝突，全劇圍繞著五奎橋的拆與不拆展開。這樣的安排既有利於劇情的集中，也便於劇中矛盾的展開。劇中的五奎橋已經不是一座普通的石橋，而是地主封建勢力欺壓農民的一個象徵。洪深坦言：「《五奎橋》所寫的，是鄉村中殘留的封建勢力」，「是想說，地主鄉紳們，執行『六法』維持秩序的官吏們，……由於他們在舊社會中所處的地位是不可能不剝削不壓迫農民的」。〔註2〕故事的結局是，全村男女老少一起動手，一鼓作氣將五奎橋給拆了，糊塗法官被石塊砸得狼狽逃竄，一向作威作福的周鄉紳也嚇得一聲不響了。

劇本《五奎橋》於 1930 年底完成初稿，但洪深還是不太滿意，他還隨時準備尋覓一些補充材料。但是在尋覓的過程中，作者深切地明白了農村經濟

〔註 1〕轉引自溫琪、汪天雲《洪深傳略》，《時代的報告》1983 年第 3 期。
〔註 2〕洪深《〈洪深選集〉自序》，孫青紋編《洪深研究專集》，第 278 頁，浙江文藝出版社 1986 年版。

破產的原因：政治的不安定，生產的無組織，方法的不科學，帝國主義經濟侵略的深入等等。由於《五奎橋》的故事基本上可作為單獨的一個故事，所以作者決定緊承著《五奎橋》的故事內容另外再寫一個劇本《香稻米》。大概在 1931 年秋，洪深完成了《香稻米》（三幕劇）。劇本寫的是拆毀五奎橋後，農民們經過千辛萬苦的勞作，難得地逢上一個大豐年，黃二官一家望著滿堆的糧囤，一邊忙著做糕團，準備獻新祈禱，一邊計劃著糶出穀子，還清舊債，添衣換襖，改善一下家人的生活。然而，穀價暴跌，苛捐雜稅眾多，官商勾結，傷兵滋事，終於使黃二官一家的美夢破滅了，滿囤的稻穀被硬搶去抵債，甚至連留給產婦吃的一點香稻米也被洗劫一空。農民被迫起來反抗了。於是，周鄉紳家的祠堂在農民因憤怒而點燃的烈火中搖搖欲墜。作者通過黃二官一家人由充滿希望到走投無路的生活變遷，顯示著農村經濟破產凋敝的嚴峻事實，探索著如何改變農民悲慘命運的社會問題。

　　洪深完成《香稻米》之後，計劃再寫一部以農村為題材的戲劇，構成《農村三部曲》。但是，原定的第三部《紅綾被》並未能寫出來，倒是寫出了《青龍潭》（由於也是以農村為題材，所以還是納入《農村三部曲》）在《〈農村三部曲〉自序》中說：「《五奎橋》所寫的，是鄉村中殘留的封建勢力。《香稻米》所寫的，是農村的經濟破產。第三部，本想寫《紅綾被》——那是前兩部曲的必然發展。但因兩次寫了第一幕，都不能使自己滿意，所以擱下不用，另寫了一齣《青龍潭》。」〔註 3〕故事的發生地是毗鄰五奎橋的莊家村，劇情也承續《香稻米》發展的。寫莊炳元一家為代表的莊家村的農民，在嚴重天災的困擾下，思想混亂，為了求生，他們陷入騷動和盲目，有的要搬家進城做工；有的要吃大戶當強盜；有的要興修水利和建築公路；有的則跪倒在青龍潭龍王菩薩座下

〔註 3〕洪深《〈農村三部曲〉自序》，洪深《農村三部曲》，上海雜誌公司 1936 年版。

求雨。四幕劇《青龍潭》與前兩部反映農民反抗鬥爭的戲有所不同。它表現的是農民們在現實災難的打擊下，因走投無路而精神迷茫，因愚昧無知而盲目行動，以至造成沉重的悲劇。這部戲劇，反映出洪深對農村以及農民的清醒認識，在他看來，農民們不僅僅是反抗鬥爭的參與者，也不僅僅是各種災難的承受和體現者，更是自己悲劇命運的屈從者和間接製造者。

洪深是一個對劇本寫作十分嚴謹的作家。《農村三部曲》基本完成後，他才決定把寫出的劇本拿出去發表。《五奎橋》連續發表於《文學月報》第 1 卷 4 號（1932 年 11 月 15 日）和 5、6 號合刊（1932 年 12 月 15 日）。劇本發表後，單行本也於 1933 年 10 月由現代書局推出，〔註 4〕作爲「現代創作叢刊第十四種」，1934 年 10 月再版。後來又有復興書局（1935 年）、鐵流書店（1945）、勵力書店（1946）不斷重印、再版。此外還有各種選本如羅芳洲編《現代中國戲劇選》（亞細亞書店 1933 年版）、歐陽予倩編《近代戲劇選》（上海一流書店 1942 年版）也把該劇選入。《香稻米》連續發表於《現代》第 4 卷第 2 期（1933 年 12 月 1 日）、3 期（1934 年 1 月 1 日）、4 期（1934 年 2 月 1 日），發表後一直未見單行本問世。而《青龍潭》則一直沒能在刊物上發表。也正因爲後面兩部作品未有機會單獨出版，所以以《農村三部曲》出版三部戲劇的合集就十分必要。1936 年初，上海雜誌公司建議洪深，以《農村三部曲》爲名出版這三部戲劇的合集，並納入該公司正在陸續出版的「文學創造叢書」。洪深接受了該公司的建議，並於 1936 年 4 月撰寫了《自序》。《農村三部曲》於 1936 年 6 月問世，初版 2000 冊。書前除了自序外，還有萬言代序《戲劇的人生》。爲了促銷，上海雜誌公司還爲此書四處刊登廣告，連宣傳文字都寫了兩則（見上引）。

作爲現代戲劇創作的名家、戲劇界的活動家、組織者，而洪深所寫的三部曲又典型地體現了三十年代江南農村的現實。他的農村題材戲劇深得左翼戲劇界的偏愛。自《五奎橋》開始，就不斷有演劇團體把這些劇作搬上舞臺。《五奎橋》首演於 1933 年 5 月 20，由復旦劇社演出，參加演出的人員有袁牧

〔註 4〕該單行本，除了劇本《五奎橋》外，有代序《戲劇的人生》，此外還附錄有插圖：英語劇《俠盜羅賓漢》之表演、《俠盜羅賓漢》全體演員、作者的學校生活的一斑，英語劇《爲之有室》、《爲之有室》演員攝影、《爲之有室》的報紙批評、《爲之有室》戲單、歐戰時命令作者執兵役的通告、英語劇《虹》戲單、《虹》戲券、《虹》演員攝影、貝殼教授的信函、《47 工場》節目單、波士頓表演學校請帖、《五奎橋》原稿四種。

之、吳鐵翼、李鍾麟、包時、楊守文、朱靜宲。導演是洪深的得意弟子朱端鈞，洪深也曾多次指導排演。由於洪深精彩的劇本、朱端鈞卓越的導演，袁牧之的出色演技，加上歐陽山尊的燈光設計和應雲衛的協助，演出取得了相當的成功。上演前後，《晨報‧每日電影》、《申報》等報刊連續幾天發表推介文章。〔註5〕6 月《良友畫報》第 77 期刊登了《五奎橋》演出劇照五幅；7 月《現代》第 3 卷第 3 期等載了《五奎橋》演出劇照六幅。這一年七月，南京中學的學生業餘劇團──南鐘劇社也演出了該劇，特邀上海新地劇團的左明和陳鯉庭前來參加和指導演出。此外，在廣東劇聯的領導下，中山大學抗日劇社也在廣東省教育禮堂義演《五奎橋》，後又在中山大學附小禮堂再次上演《五奎橋》。1935 年，中國留學生組織的中國話劇同好會和劇場藝術社，在東京將《五奎橋》介紹給日本觀眾，導演吳天。《香稻米》的正式演出到 1934年才實現。由南京劇聯分盟主持下的磨風劇社和大眾劇社搬上舞臺，左翼劇聯爲了扶植分盟的工作，訓練戲劇隊伍，特意從上海將章泯派往南京，出任《香稻米》的導演。首演在南京民眾教育館，參與演出的演員竟多達 50 多人，可謂規模盛大。《青龍潭》被搬上舞臺也在 1934 年。在曹禺、余上沅等的主持下，由洪深另一位弟子馬彥祥擔任導演，以南京國立劇校學生爲主要演員，首演於南京大戲院。

　　自洪深的《農村三部曲》陸續與讀者（觀眾）見面後，戲劇界對三部曲（但大多集中在《五奎橋》）的關注也持續升溫，對三部曲的評論也見諸報端。朱復鈞在《評洪深先生的〈五奎橋〉》中對劇作給予了很高的評價：「全劇是輕描淡寫地寫出的。沒有血呵，肉呵，反抗呵，衝擊呵一類字面上的，不必要的誇張，卻告訴了我們血是什麼，肉是什麼，當怎樣反抗，怎樣衝擊。沒有一點過火的痕迹，當然的，文字上的過火是無爲的，這便是它的成功。」〔註6〕此外，對於全劇的人物對白、人物形象以及人物的動作等，論者也認爲均取得了很大成功。道希在《論〈五奎橋〉》中也對此劇評價頗高：「《五奎橋》，至少在戲劇上，是許多贗品中一顆晶然的珠子。是可以上得舞臺的實實在在的一出戲」。「故事之簡單，劇情演進的自然，就戲劇論，可以說是完美。」〔註7〕常人在《〈五奎橋〉評》也對該劇下了一個很高的評價：「劇作者把他雄厚的魄力與圓熟的

〔註 5〕古今、楊春忠編《洪深年譜》，第 143 頁，中國戲劇出版社 2009 年版。
〔註 6〕朱復鈞《評洪深先生的〈五奎橋〉》，《晨報‧每日電影》，1933 年 5 月 13 日。
〔註 7〕道希《論〈五奎橋〉》，《晨報‧每日電影》，1933 年 5 月 20 日。

技巧，充分地運用著，把由實地體驗到的一切安置進劇中，不論是人，物，風俗，習慣，世故，人情，幾乎把現有農村的全部逼眞地攝取了去，使讀者領悟到那是實有的，而非如在一般劇本中所見的模糊的一切。」〔註8〕對於人物塑造方面，論者認爲作者花了大量筆墨來再現病態農村的人物，但是他指出李全生英雄主義色彩過重，周鄉紳的僞善的成分也太濃重。王淑明在《香稻米》中高度評價了作者獨具匠心的構思：「以豐災作爲許多複雜事件中之紐帶，而通過豐災這一現象底表面，來透視造成農村經濟破產這一大悲劇的全景的，卻還有買辦階級，農村高利貸資本，苛捐雜稅，地主豪紳階級的剝削，帝國主義金融底統治等等。這半殖民地社會構造的性質，都被作者在《香稻米》中用非常複雜的場面，將它表現出來了。」但是他也指出了劇本的一個瑕疵，即把高小學生太保寫得過於理想，「作者像是跳過了現實，憑了自己的主觀理想創造出來的一個人物。」〔註9〕

《農村三部曲》由上海雜誌公司推出之後，戲劇理論家張庚很快就寫出了《洪深與〈農村三部曲〉》一文。在文中，他沒有對洪深《農村三部曲》的優長進行分析，而是尖銳地指出了洪深農村戲劇的非現實感，「洪先生是以科學實驗那樣的求眞精神出發的，而劇作完成的時候，他和觀眾雙方所得到的已經不是現實，而是抽象的，人造的，我們並不否認他接觸了並顯示了農村中許多重要問題，但他接觸它們的方式和它從觀眾中間所得的反應和一篇農村問題的論文沒有途徑上的差異。」他認爲作者正是採用這種機械式現實

農村三部曲

洪深作　　定價七角

本書包含三部有聯繫性的劇本：（一）五奎橋（二）香稻米（三）青龍潭。是農村中煩惱的封建勢力。香稻米寫的是農村經濟破產。這一種是已經農夫而且都上演過的。洪先生最近又寫了一部四幕劇待排演。抱著寫一較旧意而實不重的結果，不能爲農民們解決生活上的困惑，不能使他們覺得實際的利益。這一部農村三部曲，臺就先生另有其獨特的作風，與銳利的思想，和與眾所寫的劇本完全不一樣。在讀我們創可以了解作者某些性的向尖銳方面的努力，實事於戲劇與和愛好文學者，都不可忽略了這一高意義的作品。青燈印行，不日出版。

上海雜誌無限公司發行

上海四馬路三三四號

〔註8〕常人《〈五奎橋〉評》，《晨報·每日電影》，1933年5月24日。
〔註9〕王淑明在《香稻米》，《文學》第3卷第1號，1934年。

主義的創作方法，導致劇本中人物「成了 Schiller 式的一種思想的擬人化，而不是人物的活的形象。」〔註10〕可見，論者敏銳地感到了洪深戲劇的過於理想化，理論化的趨向。但僅以這一點去否認《三部曲》對左翼戲劇的貢獻則頗為片面。應該說，洪深在創作三部曲的過程中，思想認識在逐步成熟，對左翼戲劇觀念的僵化也能敏銳意識到。如第三部《青龍潭》的創作就不再從抽象的階級鬥爭理論出發去敷衍情節，也沒有用政治倫理的善惡觀念來對人物評判，而是讓人物在不斷變化的情境中自主地掙扎，通過情節的轉換寫出人物性格的複雜性。《青龍潭》的問世表明「洪深跳出了原有的戲劇觀念框架，開闢了自己戲劇創作的嶄新局面，也標誌著一些左翼戲劇家力求衝破極左政治意識形態的羈絆，更深入地認識戲劇與大眾之間的關係。」〔註11〕

總之，《農村三部曲》是洪深投入左翼戲劇運動的代表成果，也是洪深創作思想轉變的一大收穫，儘管有一些不足，但取得的成就無疑是顯著的，他以現實主義創作方法，在中國戲劇舞臺上，表達了他對三十年代中國農村問題和農民問題的深切關注。他對戲劇不斷的探索精神令人敬佩。

〔註10〕張庚《洪深與〈農村三部曲〉》，《光明》第 1 卷第 5 號，1938 年 8 月 10 日。
〔註11〕朱衛兵《洪深〈農村三部曲〉解讀》，《文藝爭鳴》2004 年第 3 期。

李劼人的「大河小說」三部曲

死水微瀾　李劼人著　七角　中華書局出版 1936 年 7 月初版

　　本書著者積數十年之經驗與文學素養，將自己清光緒庚子以來社會變遷之迹，從細微處著筆，寫出有系統之小說。內容以庚子年來前後之四川成都爲背景，描寫當時沉寂之社會、天主教會勢力之強盛、教民之橫行、物質文明之初步侵入、以及士紳、袍哥、土娼等的社會黑暗面，而尤注意當時之生活情狀、起居服飾、一般人之思想、特殊之語言名詞，對於時代性、地方性均無絲毫疵謬，描寫極深刻入微，結構亦謹嚴完密，允稱佳作。

廣告載《暴風雨前》（1936 年 12 月初版）書末

　　1930 年暑假，李劼人離開成都大學。爲了解決辭職後的生活費用，李劼人和妻子在成都開了一小餐館，還特請吳虞爲餐館題寫店名「小雅」。在開餐館之餘，他已開始構想寫一長篇小說，他在 1930 年 7 月 3 日寫給好友舒新城的信中已談及：「且欲出其餘力，製一長篇小說。此小說從辛亥年正月寫起，至現在爲止。以成都爲背景，將此二十年來社會生活及粗淺之變遷，與夫社會思潮之遞遷，一一敘說之，描寫之；抉其原因，以彰其情，全書告成，大約有百萬字以上。粗分數部，每部自爲起訖。若法國大仲馬之所爲者。」〔註 1〕但這只是李劼人的計劃，此後他任教新川大，赴重慶擔任民生機器廠廠長，俗務纏生一直未能付諸實施。直到 1935 年 6 月他堅決辭去廠長，決心回成都以寫小說爲業。在他離開重慶回成都之前，他就開始著手實行其原來的寫作計劃，

〔註 1〕《中華書局收藏現代名人書信手迹》，第 59 頁，中華書局 1992 年版。

在 1935 年 6 月 14 日他寫給舒新城的信中就談到其小說的進展:「去年所作小說,本有數萬字,但不滿意。將來刪節之下,可得二萬字。自本月七日起,繼續補作,計在走時,可得四萬字。決計回家之後,專心爲之,期在十日內寫出四萬字,再以二十日修飾剪裁抄錄,則是在七月底可得一部十萬餘言之完整小說,此部小說暫名《微瀾》,是我計劃聯續小說集之第一步。」〔註 2〕6 月 27 日李劼人終於回到成都老家,全力投入《微瀾》寫作,在 8 月 6 日寫給舒新城的信中詳細地談及了這部小說的寫作過程:「六月三十日,即閉戶動筆,日課寫四千字。中間以天時之不佳,人客之通往,有耽擱。所幸腹稿早成,著筆即書,至七月二十九日。正以三十日之力,將首部寫完,約計共一十一萬六七千字。至八月三日,修改注釋已完。」〔註 3〕

因李劼人和舒新城的特殊關係〔註 4〕,小說在 1930 年的構想階段就得到了時任中華書局總編輯的大力支持,不但承諾爲他分期出版,還預支了部分稿費,所以小說完稿後迅速寄往中華書局。在舒新城的力薦下,小說納入中華書局正陸續出版的叢書「現代文學叢刊」,於 1936 年 7 月初版發行,全書共 281 頁,定名爲《死水微瀾》。中華書局還爲該書寫了宣傳廣告(見上引)。李劼人要求書局出版這部小說「印刷宜速,校對宜精,定價宜廉,廣告宜大吹大擂」,著者原計劃書前附其好友周太玄的序和自序,大概周太玄無暇寫序,導致周序和自序都無(1947 年 2 月,中華書局出版他的短篇小說集《好人家》時,彌補了遺憾,有周太玄的序和作者自序)。小說寫的是從甲午戰爭到辛丑條約簽訂這一段時間成都附近一個小鄉鎮的社會生活風貌,充分展示了一潭死水似的黑暗現實,依靠帝國主義的教民和地方上的幫會袍哥之間互相摩擦在「死水」上激起「微瀾」。村姑鄧麼姑來到天回鎮當上了雜貨鋪的老闆娘(「蔡大嫂」,丈夫蔡興順老實、愚鈍,被人喊作「傻子」。但他的老表羅德生(「羅歪嘴」)彪悍豪俠,是當地的袍哥,時常住在蔡家,與蔡大嫂你來我往,暗生戀情。因爭風吃醋被羅歪嘴趕出天回鎮的陸茂林密告羅歪嘴勾結義和團攻打洋教堂。官府派兵砸封興順號,蔡傻子鋃鐺入獄,羅歪嘴被迫逃走。顧天成懷著復仇心理來到鄉壩打探羅歪嘴行蹤,被蔡大嫂的姿色所吸引,

---

〔註 2〕 《中華書局收藏現代名人書信手迹》,第 62 頁,中華書局 1992 年版。
〔註 3〕 《中華書局收藏現代名人書信手迹》,第 63 頁,中華書局 1992 年版。
〔註 4〕 李劼人與舒新城可謂是生死之交,詳情可參看拙文《舒新城的「傾城之戀」》,
　　　　《博覽群書》2011 年 5 期。

欲娶她爲妻。爲了救出獄中的丈夫，爲了兒子的前程，同時也爲了情人不再遭追殺，她決然答應嫁給已奉了洋教的顧天成。小說「具體寫出那時內地社會上兩種惡勢力的相激相盪（教民與袍哥），這兩種惡勢力的消長，又繫於國際勢力的變化，而帝國主義侵略的手段是那樣厲害。」〔註5〕

小說成功地塑造了羅歪嘴、顧天成、蔡大嫂三個性格鮮明的人物形象。羅歪嘴出身小糧戶，從小「打流跑灘」，後成爲天回鎭的袍哥首領。他不事生產，但卻倚仗袍哥勢力，走官府、進衙門、跑江湖、收濫帳，設賭場、玩娼妓。在情慾的引領下，與自己的表嫂蔡大嫂私通，體驗到了男女情慾的歡樂。爲了在女人面前撐面子，在與教民的鬥爭中大敗而逃。顧天成也是個小糧戶，貪色愛嫖，捨得花錢。在羅歪嘴的設局之下，賭錢輸了千多兩銀子。回到家中，老婆病死，女兒走失，田地房產又被麼伯霸佔。經鍾么嫂介紹吃了洋教，從此平步登天，不但有人給他送田、送錢、送房子，而且還輕易贏得了蔡大嫂。蔡大嫂是作者精心塑造的人物，稱爲中國的包法利夫人。她原本是個村姑，精明能幹，心靈手巧，長得漂亮，爲了做城裏人才嫁給蔡傻子。在與羅歪嘴交往中，醉心於他的有見識有本事，對人體貼殷情，遂成爲了他的姘頭，也獲得了男女情慾的歡愉。最後，爲了拯救蔡傻子、爲兒子找個好出路、讓姘夫免遭追究，她決心犧牲自己嫁給顧天成。小說結構上也頗具特色，圍繞羅歪嘴、劉三金、顧天成、蔡大嫂這四個人物，設置了兩條線索，一是羅歪嘴、劉三金、蔡大嫂構成一條主線，代表袍哥勢力；顧天成、羅歪嘴、劉三金構成另一條主線，代表教會勢力，兩條線索又互相交織，兩種勢力互相鬥爭，推進故事情節的發展。此外，小說的語言樸實、平易、豐富、流暢，特別是成都方言的運用，給人親切、自然又帶點幽默的感覺，極富有鄉土氣息和時代感。

在《死水微瀾》出版的當年年底，著者又推出了他的聯續小說第二部《暴風雨前》，1937年又出版了第三部《大波》（全書計劃分四冊，前三冊出版時間分別爲1月、4月、7月。第四冊剛開始寫，七·七事變爆發，寫作便被迫中斷）。都由中華書局納入「現代文學叢刊」叢書出版。書局還分別爲這兩部小說撰寫了廣告（見1938年10月中華書局版《成名以後》插頁），分別如下：

〔註5〕李劼人《前記》，《死水微瀾》，作家出版社1955年版。

暴風雨前　李劼人著　中華書局出版

　　本書係繼《死水微瀾》而續作，雖自成首尾，而與前書仍有脈絡可循。內容係自清光緒二十九年四川紅燈教之亂寫起，至宣統元年止，仍以四川成都爲背景，而描寫當時人民仇洋心理的激昂及清廷盲目的推行新政，社會機構逐漸解紐，維新革命之思潮雜然侵入，兼及男女大防初解時男女間之心理等，無不細膩貼切。全書對話，仍側重方言俗語，以及當時流行之新名詞，爲著者描寫地方色彩之特技。與《死水微瀾》誠有珠聯璧合之妙。

大波　李劼人著　中華書局出版

　　全書約百萬字，分訂上中下三冊。內容係記敘民國紀元初四川爭路運動之經過及其因果，尤極致力於事之底因，與夫群眾運動之心理變化，兼及當時社會之紊亂狀態，初期內戰時之作戰情形，更有香豔動人之戀愛事迹，非通達世故，經驗豐富者，不克臻此。寫對話時引用民間流行諺語，尤能恰到好處。確爲著者有多年之文學素養，始有此成熟之作品。書中所敘事實與代表人物，大半係眞名實事，故讀者更覺親切有味。

　　《暴風雨前》把筆觸伸向了成都這個大城市，描寫辛丑條約後民智漸開的社會變化，寫出了革命風暴來臨前的社會動蕩，資產階級維新派、革命派，還有立憲黨人，都在爲自己的政治利益奔走呼叫。小說通過描寫當時的幾個知識分子的追求革命變化，表現了那一時期社會的趨向。《大波》以1911年四川保路事件爲故事情節，從保路同志會的成立、發展以及各地同志軍的武裝鬥爭，到反動勢力代表人物趙爾豐對運動的血腥鎮壓，直至清王朝的覆滅，反映出辛亥革命這一歷史的變革和規模巨大的民眾運動。著者十分熟悉成都辛亥革命前夕風雲變幻的歷史狀況，通過這三部人物、故事有連續性的小說寫出了四川社會自甲午戰爭到辛亥革命這十餘年間社會的方方面面，政治風雲、人際悲歡、民間思潮暗湧，始而蔚藍蕩漾，終至大波澎湃的歷史進程。宏大的結構、廣闊的場景，使這三部小說有著編年史的性質，後被人稱爲「大河小說」三部曲。〔註6〕

〔註6〕「大河小説」原是法國文學中的一種形式，特指那種多卷本連續性並帶有歷史意味的長篇巨著。李劼人曾留學法國，受其影響。他李劼人完成了三部曲式的歷史性宏篇巨著《死水微瀾》、《暴風雨前》、《大波》，以中國近現代歷史

　　遠在日本的郭沫若讀完李劫人的《死水微瀾》、《暴風雨前》、《大波》後，立即寫了《中國左拉之待望》，題名以左拉比喻李劫人，文章熱情稱讚：「作者的規模宏大已經相當地足以驚人，而各個時代的主流及其遞禪，地方上的風土人情，各個階層的人物之生活樣式，心理狀態，言語口吻，無論是男的的女的的老的的少的的，都虧他研究得那樣透闢，描寫得那樣自然。他那一枝令人羨慕的筆，自由自在地，寫人恰如其人，時而渾厚，時而細膩，時而浩浩蕩蕩，時而曲曲折折，寫人恰如其人，寫景恰如其景，不矜持，不炫異，不惜力，不偷巧，以正確的事實為骨幹，憑藉著各種各樣的典型人物，把過去了的時代，活鮮鮮地形象畫了出來。」〔註7〕1935 年 3 月，魯迅曾經無不遺憾地說：「既以前清末年而論，大事迹不可謂不多了：鴉片戰爭、中法戰爭、中日戰爭、戊戌政變、義和拳變、八國聯軍、以至民元革命。然而我們沒有一部像樣的歷史著作，更不必說文學作品了。」〔註8〕事實上，就在魯迅說這段話之後不到半年，《死水微瀾》就已經完稿了，李劫人已經用他的如椽大筆，填補了近代歷史題材創作領域的一大空白，而且還第一次在長篇歷史小說領域內實現了內形與外形的革命，創造了具有中國民族特色的歷史小說形式。在外形方面第一次打破了結構上的章回體例，使「大河小說」實現了對中國歷史傳奇的超越。在內形方面第一次將我國長篇小說發展的兩大類型，即：

　　的發展變遷為基本線索，具有宏偉的構架與深廣度，香港文學史家稱其為是「大河小說」。

〔註7〕郭沫若《中國左拉之待望》，《中國文藝》第 1 卷 2 期，1937 年 7 月。
〔註8〕魯迅《田軍〈八月的鄉村〉序》，田軍《八月的鄉村》，上海容光書局 1935 年版。

歷史傳奇與世情小說融會在一起,從而創造了中國文學新的歷史小說模式。

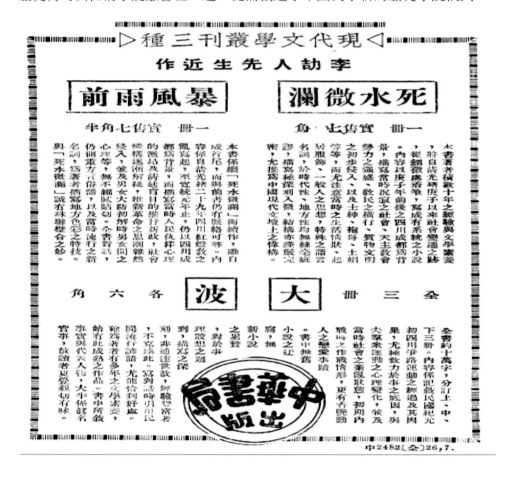

　　儘管李劼人的「大河小說三部曲」在歷史小說領域取得了重大突破,還有好友郭沫若的大力推介,但三部小說接連出版後,並未有得到應有的反響。其好友舒新城在日記中也記載了三部曲受到文壇冷落的情況:「李劼人《大波》等三種,為民國以來第一部佳著。郭沫若曾為近萬言之長文揄之,曾囑摘登廣告,但銷路亦不見佳,如在開明、生活等有此書,當可大大銷行,雖日店之素質有關係,但推廣方面,亦有問題。」〔註9〕除了書店的推廣方面,李劼人的作品不受文壇注意還有其他因素,由於他既非海派,又非京派,與左翼也不沾邊,再加上他偏居內地成都,遠離文化中心。這些都導致他的作品問世後並不為文壇所推崇。還是曹聚仁的分析非常中肯:「他的寫實手法。也正

〔註9〕舒新城《舒新城日記》(選載四),《出版史料》1988年第2期。

是為著政治成見的人所不快意的，因之，他的小說，一直不為著門戶之見的文壇所稱許。若干政見很深的文藝家，不獨不曾讀李氏的小說，幾乎連李劼人的姓氏，也不甚瞭解呢。」〔註10〕

1954 年 5 月，作家出版社欲重印《死水微瀾》、《暴風雨前》和《大波》，著者利用這次重印的機會，對《死水微瀾》、《暴風雨前》經行了修改，重寫了《大波》，《死水微瀾》修訂本於 1955 年出版，《暴風雨前》作了較大的改動，於 1956 年出版，《大波》重寫只完成了第一二部，分別於 1958 年、1960 年出版。就《死水微瀾》修改而言，內容上幾乎未作任何大的改動，有研究者曾專門論及《死水微瀾》的修改，認為修改是十分成功的，主要表現在三個方面：一是歷史的眞實和藝術的眞實得到了更和諧的統一；二是人物關係更準確，個性更鮮明突出；三是去掉自然主義的痕迹，不給讀者以任何齷齪的刺激。〔註 11〕但是著者把初版本大量的成都官話與方言換成五十年代普通書面語，使得小說地域特色受到了損害。1987 年 11 月四川文藝出版社出版了《〈死水微瀾〉彙校本》（彙校者龔明德），該書對著者如何進行修改以及改動了什麼內容加以一一展示，為考察《死水微瀾》改動情況提供了參考。

〔註10〕曹聚仁《文壇五十年》，第 252 頁，東方出版中心 2006 年版。
〔註11〕王錦後《談〈死水微瀾〉的修改》，《貴州社會科學》1986 年 4 期。

林徽因與《大公報文藝創作叢刊小說選》

大公報文藝叢刊小說選　選輯林徽因　大公報社1936年8月初版
發行津滬大公報館及各地分館　內計小說三十篇
裝幀錢君匋　共約二十四萬字，平裝四角五分，精裝六角

大公報的《文藝》對於一般愛好文學的朋友想來已不生疏了。有人說他太老實，然而三年來在這種近於寂寞的老實中，它曾經很忠實地擔當了一個文藝刊物的責任。這本書便是它的一點成績。

讀者也許奇怪居然有那麼些位南北文壇先輩看重這個日報刊物，連久不執筆的也在這裡露了面，其實，這正是老實的收穫。同時，讀者還會帶著不少驚訝，發現若干位正為人注目的後起之秀原來他們初露鋒芒是在這個刊物上，這也不希奇，一個老實刊物原應是一座橋梁，一個新作品的馱負者。

如今這個選集可說是三年來慘淡經營的文藝的一部結晶，篇篇是原都經過編者慎重考慮現在又經選輯者一番別擇的，難得這麼些南北新舊作家集在一處，為你作一個聯合展覽，單人集子使你對一個作家有深切的認識，但如果對文藝想獲得一個綜合的比較印象，只有這樣一本精彩的選集能滿足你，看看下列的本書內容之一般，你便相信這個選集是絕不會使你失望的。

作者及篇名（略）

廣告載《作家》第1卷5號，1936年9月

1902年，華北天主教領袖英斂之在天津創辦《大公報》，儘管在政治上有保皇色彩，但注意反映下層人民疾苦，主張變法維新，逐漸在北方言論界嶄露頭角。1916年，王致隆接辦《大公報》，聘胡政之對報紙進行改革，成為華

北地區引人注意的一份大型報紙。隨著安福系的垮臺，報紙於 1925 年 11 月 27 日宣佈停刊。1926 年，吳鼎昌、胡政之、張季鸞三人合作成立新記公司，1926 年 9 月 1 日開始接辦《大公報》，由此開始了《大公報》最輝煌的時期。新記《大公報》從續刊開始，就十分重視副刊，不但有綜合性副刊《藝林》、《小公園》，還有專門性副刊，如《白雪》、《兒童》、《家庭與婦女》等。種類多樣的副刊滿足了各類讀者的需要，爲報紙建立了一個龐大的讀者群。而《大公報》所有的副刊中，最著名的還是專門性副刊《文學副刊》。從 1928 年 1 月 2 日開始，《文學副刊》創刊。但在吳宓的主持下，這個副刊越來越遠離文學界的現實和主流，學院氣息、學術氣息過濃。1933 年 9 月，楊振聲、沈從文接任吳宓主持該副刊之後，這個副刊成爲了北方文壇的重要陣地，刊發了一大批傳世佳作，組織起了一個風格鮮明的作家群體——「京派」。1935 年 8 月，《文藝副刊》把副刊《小公園》合併，改名文《文藝》，由沈從文和蕭乾分工合作主持。1936 年 4 月，沈從文退出《文藝》，由蕭乾全面主持副刊的編輯發稿工作。

1936 年 9 月是新記公司接辦《大公報》十週年，報館決定大舉紀念。報館各部門、欄目都想方設法搞紀念活動。作爲報紙最聞名的副刊《文藝》的紀念活動也讓報館經理胡政之特別關心，在蕭乾的建議下，《大公報》決定開展兩項活動：一是設立「大公報文藝獎金」，評選近年來出版並取得很高文學成就的作品。二是以三年來在《大公報・文藝副刊》和《大公報・文藝》上發表的作品爲對象，選編一套《大公報文藝創作叢刊》〔註1〕，

最先編選《小說選》。由於蕭乾不但要主持日常的副刊，還要全面負責「大公報文藝獎金」的評選事宜，分身乏術，《小說選》的編選只得另外找人，而誰是最合適的編輯人選呢？他自然想到了有恩於他的林徽因。

〔註 1〕筆者推測，原來計劃出一套《大公報文藝叢刊》（這可從書名以及小說選的封面設計可以看出），分小說、詩歌、散文、戲劇等，由於小說數量最多，影響也最大，所以決定現編選《小說選》。但後來爲什麼沒有繼續編選其他作品，原因不詳。

　　要成爲小說選的編選者，首先應具有很高的藝術水準，編選者的眼光是此書能否成功的重要保證。作爲京派的組織者之一，林徽因家時常高朋滿座，她是聚會的中心，而且時常參與文藝的論爭，開展對作品的鑒賞和評價。同時，她自己也創作小說、散文、詩歌、劇本等，有豐富的創作經驗，文藝修養極高。其次，要對《文學副刊》及《文藝》上的作品比較熟悉。林徽因不但是副刊的主要作者之一，而且十分留意副刊上的作品，還特別熱心地爲副刊設計了若干插圖。蕭乾後來曾這樣說：「只有林徽因最適當，因爲從副刊創辦那天起，她就每一期都逐篇看，看得很認眞仔細。」〔註2〕當然，林徽因最終能擔任此書的編選自然還與蕭乾的力薦有關。應該說，蕭乾的文壇之路除了沈從文的大力提攜之外，林徽因對他也頗爲照顧，邀請他參加聚會，向朋友介紹其作品，介紹他結識新文藝界朋友，幫助他組稿等。當蕭乾有機會回饋朋友的幫助時，自然會想到那位「太太的客廳」的女主人。儘管蕭乾請林徽因編選小說選頗有「投之以桃，報之以瓊瑤」的含義在，但不得不說，林徽因恰恰具有以上幾點優勢，讓她來作爲小說選的的編選者確實是一時之選。

〔註2〕蕭乾《蕭乾憶舊》，第132頁，湖北人民出版社2005年版。

由於林徽因在北京，蕭乾只得從上海寫信去邀請，而林徽因倒也爽快。不但立即答應了這一邀請，而且很快就把此書的選目郵寄到了上海。從後出版的《小說選》看，她按發表先後次序，一共精心挑選了三十篇作品。具體篇目如下：《美麗的夢》（蹇先艾），《蠶》（蕭乾），《一點回憶》（宋翰遲），《避難》（祖文），《報復》（李同愈），《箱子岩》（沈從文），《報復》（振聲），《陰影》（蘆焚），《小還的悲哀》（叔文），《瘋子》（楊寶琴），《鄉約》（沙汀），《享福》（前羽），《失業》（徐轉蓬）、《一九三四年一月八日》（沈從文），《聽來的故事》（老舍），《伍四嫂》（寒谷），《模影零篇》（林徽因），《書呆子》（李健吾）、《路路》（季康），《一個戴水獺皮帽子的朋友》（沈從文），《這年頭》（雋聞），《驛路上》（李輝英），《求恕》（程萬孚），《無聊》（凌叔華），《過嶺者》（沈從文），《善舉》（張天翼），《小蔣》（蕭乾），《黎明》（威深），《葷煙劃子》（劉祖春），《道旁》（蕭乾）。從所選作家看，既有出名的作家，如楊振聲、老舍、沈從文、李健吾、凌叔華、張天翼、沙汀等，也有大量的文壇新人，如叔文、徐轉蓬，李輝英、寒谷、威深、程萬孚等。沈從文選入的作品最多，共四篇，蕭乾有三篇。此外，張兆和（署名叔文）也被選了一篇。儘管林徽因有個人的好惡，但她選擇作品時仍然有嚴格的藝術標準，選入該集的每篇作品在藝術上均有很高的水準，多選沈從文、蕭乾以及張兆和等人的作品絕非僅因私人感情。應該說，所選入的作品集中而典型地展示了 1934～1935 年間一批北方作家的創作風貌和水平，正如廣告所說「難得這麼些南北新舊作家集在一處，爲你作一個聯合展覽」，使讀者對最近幾年的文藝界有「一個綜合的比較印象」。

林徽因還爲小說選寫了《序》，主要談及了她編選對這本小說選的感想。第一，她認爲這些作品的題材選擇上有個很偏的趨向：那就是趨向農村或少受教育分子或勞力者的生活描寫。第二，這些作品的技巧水平都比較成熟。「無疑的，在結構上，在描寫上，在敘事與對話的分配上，多數作者有很成熟自然地運用。」〔註3〕此外，她還藉此闡述了自己對於作者與作品的見解：

> 作品最主要處是誠實。誠實的重要還在題材的新鮮，結構的完
> 整，文字的流麗之上。即作品需誠實於作者客觀所明瞭，主觀所體
> 驗的生活。小說的情景即使整個是虛構的，內容的情感卻全得借力
> 於迫真的，體驗過的情感，毫不能用空洞虛假來支持著傷感的「情

〔註 3〕林徽因《序》，《大公報文藝叢刊小說選》，上海大公報社 1936 年版。

節」！……

　　……

　　所以一個作者，在運用文字的技術學問外，必需是能立在任何
生活上面，能在主觀與客觀之間，感覺和瞭解之間，理智上進退有
餘，情感上橫溢奔放，記憶與幻想交錯相輔，到了真即是假，假即
是真的程度，他的筆下才現著活力真誠。他的作品才會充實偉大，
不受題材或文字的影響，而能持久普遍的動人。

　　當林徽因寄來所選篇目以及序後，此書很快就納入了出版程序，1936 年
8 月初版面世，搶在了十週年大慶之前出版也算是為《大公報》的十週年慶獻
上了一份禮物。該書封面由錢君匋設計，靛紫色封面，上印三行白色宋體美
術字，裝幀清俊疏朗。分精裝平裝兩種，蕭乾還特地為此書撰寫了廣告（見
上引），正如他自信地宣稱這個選集絕不會使讀者失望，後來的事實也證明此
言不虛。初版之後，很受讀者歡迎，當年 10 月就再版，以後還有陸續再版的
機會。關於此書的評論也很快見諸報端，如宋悠梅的《〈十年〉和〈小說選〉》
對這兩部小說選集進行了比較：

　　　這兩個選集可以代表中國短篇創作的現階段。

　　　前者全是所謂先進作家之作，後者則幾乎是比較後進的作家之
作──這話是大體說的，譬如淩叔華，老舍，張天翼，李健吾，蕭
乾幾位兩集裏都有份兒，林徽因卻在後者。但是，請原諒我更喜歡
後者，比較的說，雖然兩集一樣值得我們注意。

　　　無暇一一評論，只願說說改變我的觀念的亮點：《十年》拿來，
我最注意丁玲，她有《一月二十三日》，我是三四年不見她的作品了，
可是她大使我失望了！最使我失望了！不但沒有進步，似乎大退步
了。其次，施蟄存更進步了，《嫡裔》非常有力。其餘的作家，我一
時不想說什麼。兩個集子，售價都是那樣低廉。〔註4〕

《中國的一日》的策劃和編選

現代中國的總面目　中國的一日　上海生活書店 1936 年 9 月初版

「中國的一日」，意在表現一天之內的中國的全般面目。內容包括指定的一日「五月二十一日」二十四小時內發生於中國範圍內海陸空的大小事故和現象，如：天文、氣象、政治、外交、軍事、社會事件、里巷瑣聞、娛樂節目、人物動態、以及各地的風俗、習慣、迷信等怪異事件，由全國各地的一切作家非作家，用輕鬆而雋永的筆調寫下他的印象，藝術特作的木刻、漫畫、攝影等等。都是本書中所搜羅的好材料。這裡面有我們所喜的，有我們所悲的，有我們所愛的，也有我們所愛的。在這所謂「一九三六年危機」的現代，從本書中可看出中國一日之間的形形色色——一個總面目。

訂閱《文學》一年，贈送本書一本

本書用二十三開大本新五號字排印。全書約五十至七十萬字，插圖四十餘頁，硬面精裝一厚冊。

優待辦法：凡在七月一日起至九月底止新定《文學》全年一份者贈送《中國的一日》一冊，舊訂戶續定全年一份，贈特價券一張。以直接向本總店定閱為有效。

廣告載《文學》7 卷 1 期，1936 年 7 月 1 日

1936 年四月下旬，上海生活書店的創辦者鄒韜奮從高爾基在蘇聯發起和主編《世界的一日》中受到啟發，想襲用這個思路編一本《中國的一日》。他找到茅盾，提出這個想法，並請茅盾擔任《中國的一日》的主編。兩人初步擬訂了該書的字數，確定了以 5 月 21 日為徵文的具體時間，徵文的文體不限，

小說、散文、書信、日記、短劇、遊記、報告以至繪畫、攝影都可，但每篇
字數在一千字以內。爲了對付當局的審查，又特別組成了一個由王統照、沈
茲九、金仲華、茅盾、柳湜、陶行知，章乃器、張仲實、傅東華、錢亦石、
鄒韜奮等共 11 人的編委會。最後，兩人還決定懇請德高望重的蔡元培爲此書
作序。經過一次編委會的集體討論，又決定了以下幾方面內容：第一，除廣
登徵文啓事，還通過私人關係發動一些名人寫稿。第二，稿件大體按各省分
編，上海等幾個特別市可單獨成編。第三，書前安排一篇鳥瞰 5 月 21 日這一
天全國的政治、經濟、軍事、外交、教育等活動的文章。

　　爲了擴大本次徵文的影響，徵文啓事很快在全國各大報刊上刊出，如 4
月 27 日上海《大公報》上刊出了茅盾起草的《「中國的一日」徵稿啓事》，編
輯旨趣如下：
　　　　一、《中國的一日》意在發現一天之內的中國的全般面目。這預
　　　　定的一日是隨便指定的。我們現在指定的日子是「五月二十一日」。
　　　　二、凡是「五月二十一日」二十四小時內所發生於中國範圍內
　　　　海陸空的大小事故和現象，都可以作爲本書的材料。這一日的天文，

氣象，政治，外交，社會事件，里巷瑣聞，娛樂節目，人物動態，無不是本書願意包羅的材料。

　　三、依上述目的，我們希望凡贊助我們這計劃的一切作家非作家在「五月二十一日」這一天留意他所經歷所見的職業範圍內或非職業範圍內的一切大小事故，寫下他的印象（至多二千字）。我們更希望全國的藝術家把這一天裏所作的木刻，或「速寫」（Sketch）或「漫畫」，或風景攝影，社會事件攝影，給我們充實本書的內容

　　四、文字的材料，可以是個人在五月二十一日的工作經歷的片斷，也可以是個人在五月二十一日所見的任何方面的「印象」，也可以是個人在五月二十一日的私人通訊和感想。圖畫的材料可以是個人在五月二十一日所特作的木刻，漫畫，攝影等等，也可以是這一日完工的作品。

　　五、凡是五月二十一日這一天所發生的各地方的風俗，習慣，迷信，等等怪異事件，也是我們願意收集的材料（每篇至多一千字）。又此一日所發見的有趣味的商業廣告（包括戲圖戲報，街頭分送的傳單等等），也是我們願意得到的。

　　六、這一天所發生的政治，外交，軍事，以及出版界的新書報等等，也是本書的一部分材料，唯此項材料若用徵求方式，勢必重複極多，故擬由本書編纂委員會自行采輯。但關於此日新出版畫報一項，除上海以外各省的報告，我們仍舊歡迎。

　　這是我們的計劃。我們希望此書將成為現代中國的一個橫斷面。從這裡將看到我們所喜的，也有我們所悲的，有我們所愛的，也有我們所憎的。我們希望在此所謂「一九三六年危機」的現代，能看一看全中國的一日之間的形形色色，一個總面目。

到六月初，生活書店就開始陸續收到除新疆、青海、西藏、內蒙古外的全國各省市、各階層和職業人員的應徵稿件，數量非常巨大。至截止後統計，總有 3000 餘篇，600 餘萬字。茅盾一個人應付不過來，還特地請了其妻弟孔另境做助手〔註1〕。兩人夜以繼日地看稿、選稿，最後選定了記敘 1936 年 5 月 21 日所發生的有社會意義的事件徵文 500 餘篇，包括短篇小說、報告文學、

〔註 1〕在該書的版權頁上，還特別注出「助理編輯　孔另境」。

小品文、日記、信箚、遊記、速寫、印象記、短劇等。共八十餘萬字。此外，還臨一時增加了兩個新編《一日間的報紙》和《一日間的娛樂》。在這龐大的數字中，除了特殊「人生」以外，沒有一個社會階層和職業「人生」不占一位置，也幾乎包含盡了所有文學上的體裁。不但可以作爲中學生大學生進修國文的範本，還使大衆都有因此認識現實的機會，引起改造現實的動機，勇敢地負起時代的使命。

全書確定爲18編，具體順序如下：一、全國鳥瞰；二、南京；三、上海；四、江蘇；五、浙江；六、江西‧安徽；七、湖北‧湖南；八、北平‧天津；九、河北‧綏遠‧察哈爾；十、「失去的土地」；十一、山東‧河南；十二、山西‧陝西‧甘肅；十三、廣東‧福建；十四、廣西‧貴州‧雲南‧四川；十五、「海、陸、空」；十六、僑蹤；十七、一日間的報紙；十八，一日間的娛樂。此外，全書還配有精美木刻七副及全國各地之風景及生活攝影等八組。

茅盾爲《中國的一日》寫了一篇代替前言文章《關於編輯的經過》，詳細地交代了此書的緣起、編選過程、標準等。最後他總結了本書的內容，指出：

這裡是什麼都有的：富有者的荒淫享樂，飢餓線上掙扎的大衆，獻身民族革命的志士，落後麻木的階層，宗教迷信的猖獗，公務員的腐化，土劣的橫暴，女性的被壓迫，小市民知識分子的彷徨，「受難者」的痛苦及其精神上的不屈服，……眞的！從都市的大街和小巷，高樓和草棚，從小城鎮的冷落仄隘的市塵，從農村的斷垣破屋，從學校，從失業者的公寓，從軍營，從監獄，從公司公署，從工廠，從市場，從小商店，從家法森嚴的舊家庭，——從中國的每一角落，發出了悲壯的吶喊，沉痛的聲訴，辛辣的詛咒，含淚的微笑，抑制著的然而沸湧的熱情，醉生夢死者的囈語，宗教徒的欺騙，全無心肝者的獰笑，這是現中國一日的然而也不僅限於此一日的奇瑰的交響樂！

然而在這醜惡與聖潔，光明與黑暗交織成的「橫斷面」上，我們看出了樂觀，看出了希望，看出了人民大衆的覺醒；因爲一面固然是荒淫與無恥，然而又一面是嚴肅的工作！

此外，爲了幫助宣傳，茅盾還特意寫了《被考問了〈中國的一日〉》一文，於1936年10月4發表於《生活星期刊》第1卷第18號。

編選此書不但得到了數千位不相識的朋友的幫助，一些有名的朋友也非

常積極參與。蔡元培先生為此書寫了序言，在序中，他先比較了日報、晚報的內容，指出「無論日報與晚報，其篇幅總是有限，除特殊消息以外，各方面的生活狀態，勢不能盡量搜羅」。《中國的一日》卻能把 5 月 21 日各地各行業各階層發生的事件和現象收羅盡，為後世留下了一部一日史。編委會與廣大投稿者密切配合而產生的《中國的一日》也開創了一種新的記錄歷史的模式，「嗣後編委會對於一地方或一事類有特別調查之必要時，可於無數投稿者中選定若干人而委託之，一定可以饜編委會以希望。於是由一次收穫而演出無量數的收穫，決非不可能的事呵！」

陳獨秀、黃炎培、陳子展、包天笑、羅蓀等都為此書提供了稿件，如陳獨秀的稿件就是一篇關於《中國的一日》的書評，全文如下：

> 朋友囑我為《中國的一日》寫點感想，在這天，我沒有什麼感想，且就本地風光，即就《中國的一日》這個題目，說幾句話吧。《中國的一日》似乎是模仿《世界的一日》而作的。在階級的社會裏，一個國際主義者的頭腦中所謂世界，只有兩個橫斷的世界，沒有整個的世界。在這兩個橫斷的世界之鬥爭中，若有人企圖把所謂整個的世界這一抽象觀念，來掩蓋兩個橫斷的世界之存在而和緩其鬥爭，這是反動的觀點；若有人把整個的世界縱斷成不相依賴的無數世界，幻想在縱斷的個別世界中完成人類的理想，而不把國際間兩個橫斷的世界之鬥爭看成個別的縱斷世界中鬥爭勝利之鎖鑰，這也是反動的觀點。在一個國家中，也是這樣，也只有兩個或兩個以上橫斷的社會之存在，抽象的整個國家是不存在的。這兩個或兩個以上橫斷的社會，利害不同，取捨各異，如果有人相信這利害取捨根本一致，這不是癡子，便是騙子。癡子猶可恕也，騙子不可恕矣！
>
> 整個的國家，永遠是不存在的；整個的世界，只有在階級消滅以後才會出現。凡是讀《中國的一日》以至讀《世界的一日》的人們，應該很客觀地想想這個問題，不要做癡子，而受騙子的騙！

魯迅也熱心地幫助挑選木刻畫，並提出了許多中肯的建議。1936 年 8 月 2 日魯迅給茅盾的信中就說了挑選木刻一事：「昨孔先生來，付我來函並木刻，當將木刻選定，託仍帶回。作者還是常見的那幾個，此外或則礙難發表，或者實在太難看（尚未成為畫），只得『割愛』了。」〔註 2〕書稿的裝幀設計為葉

〔註 2〕《魯迅全集》第 14 卷，第 120 頁，北京：人民文學出版社 2005 年版。

靈風所爲，他後來回憶說：「此書篇幅很厚，用布面精裝和紙面精裝兩種裝訂。
書脊用雙線連環組成了圖案，表示團結，書名寫美術字，布面的燙金，紙面
的印黑色字；封面圖案都軋硬印。」

　　在圖書的編選過程中，《中國的一日》的出版預告就在《光明》、《文學》
等報刊雜誌上不斷刊出。爲了促銷，所以上面的廣告中有「訂閱《文學》一
年，贈送本書一本」的宣傳文字。經過四個多月時間，《中國的一日》於 1936
年 9 月 15 日問世。該書的出版，可以說是三十年代中國文壇上的一件盛事，
它開創了「一日型」出版物的先河，1937 年的《蘇區的一日》、1938 年問世
的《上海一日》以及 1987 年問世的《新中國的一日》無不是受《中國的一日》
的影響而催生出的圖書新品種。

轟動一時的劇作：《賽金花》

歷史名劇　賽金花　夏衍著　一角五分　生活書店 1936 年 11 月初版

　　《賽金花》是一個極好的國防戲劇，可說是中國戲劇界空前的收穫。它的轟動一時是不足怪的。作者把卅七年前八國聯軍攻入北京時的史實作題材，寫妓女賽金花怎樣說服聯軍統帥瓦德西，拯救了北京城幾十萬生靈的可歌可泣的故事。全劇雖然以賽金花爲中心，但更重要的卻是暴露了清廷官吏的無恥與醜惡、荒淫與怯弱。作者就好像是扭了一把無恥之徒的辮子，向我們指出了漢奸賣國賊究竟是怎樣的人物，是官呢？還是民呢？在國難嚴重還甚於先前的今日，這種指示並不是可笑的陳迹，它該是含著多大的教訓的啊！凡沒有看過《賽金花》公演的人，固然應該看看這個劇本，以幫助你對於劇情的瞭解，就是看過公演的人也還是得再讀一遍，使你的認識更加深刻。

廣告載《文學》第 8 卷 2 號，1937 年 2 月 1 日

　　三十年代初期開始，蟄居北京的清末名妓賽金花，「因爲她此時生活太窮苦，請求北平公安局蠲免她住屋的房捐大洋八角，有人替她寫了一個呈文，羅述她在庚子八國聯軍時代怎樣怎樣救過人，以強調她有免捐的資格。這個呈文被一個報館記者拿去登報，立刻震動了北京社會，並傳播到全國各地，賽金花再度成爲一個新聞人物了」〔註 1〕此後，劉半農、商鴻逵採訪賽金花十餘次，撰寫了《賽金花本事》並於 1934 年 11 月由北平星雲堂書店出版。此書的問世又使得全國報界對賽金花的關注得以持續。身居上海的夏衍自然也閱

〔註 1〕瑜壽《賽金花故事編年》，第 144 頁，中國人民大學出版社 2006 年版。

讀到了關於賽金花其人其事的一些報導，但由於他一直擔任左翼文藝界的領導工作，根本無暇來對賽金花其人其事有過多的關注。但一件意外的事件卻讓他對賽金花其人其事有了新的思考。1935 年 5 月，夏衍因袁殊被捕而成了軍統追捕的目標。為了避避風頭，他在租借內的一家白俄女人開的公寓裏住了下來，足不出戶，只同極少數人保持聯繫，每天通過閱讀報紙瞭解外界情況。隱居中的夏衍有大量空閒的時間來清理自己的思緒。鑒於他對當前政治形勢的認識，何梅協定和冀東事件連續發生，國民黨實行「叩頭外交」，他決定以賽金花其人其事為題材，以庚子事變為背景，寫一齣歷史的諷喻劇，來使「讀者（觀眾）不費思索地可以從歷史裏面抽出教訓來的『聯想』」，「讀者能夠從八國聯軍聯想到飛揚跋扈、無惡不作的『友邦』，從李鴻章等等聯想到為著保持自己的權位和博得『友邦』的寵眷，而不惜以同胞的鮮血作為進見之禮的那些人物」。〔註2〕

由於處於隱居狀態中，他只好委託朋友幫他收集一批有關賽金花的資料，有作家、學者的專著，各種新聞報導，以及種種傳聞野史。在大體依據

〔註2〕夏衍《歷史與諷喻》，《文學界》第 1 卷 1 期，1936 年 6 月 1 日。

歷史人物生活的事實基礎上，結合自己大膽的想像和編排，完成了七場電影劇本《賽金花》。劇本寫好之後擱了很久，直到 1936 年初，他又對劇本進行了潤色。儘管夏衍與《文學》雜誌的主編鄭振鐸、傅東華十分熟悉，但他不願因「關係」而得到照顧，所以他請人抄了一遍，再託人從北平寄給《文學》，而劇本署名夏衍。這個以夏衍為署名的劇本很快就在《文學》第 6 卷第 4 期（1936 年 4 月 1 日）上發表。該劇講述的故事發生在 1900 年至 1905 年間，主要人物有賽金花、李鴻章、八國聯軍統帥瓦德西都系歷史上的真人，一些次要人物或係杜撰。序幕用電影畫面表現清王朝的黃龍旗在八國聯軍的炮火中下降，暗示清廷危急。而全劇的主要內容如下：清廷一要員為母祝壽，特將賽金花從天津召到北京，不久後，八國聯軍攻入北京，燒殺搶掠。由於賽金花曾是前任大清帝國駐德國欽差大臣夫人，在隨夫出使德國期間認識聯軍統帥瓦德西。佔領北京的瓦德西對賽金花以禮相待，賽金花以答應為聯軍購買軍需換得聯軍停止對北京的搶掠，後再應李鴻章求助說服聯軍在「和約」條件上讓步，主要寫出了賽金花在平息庚子事變中的作用。而最後的一場寫五年後已經淪為民妓的賽金花，被清廷抄家驅逐。

劇本發表後，很快收到了文學界的廣泛關注。左翼劇作者協會於 1936 年4 月 16 日下午開了該劇的座談會，出席的人員有凌鶴、章泯、張庚、尤兢、陳明中、旅岡、徐步、龔川琦、陳楚雲、賀孟斧、周鋼鳴。〔註3〕首先，周鋼鳴就認為這個劇本「是在建立了『國防戲劇』被提出後，第一次收穫到一個很成功的作品。為了使得『國防戲劇』的劇作更健全堅實地成長，我們對於《賽金花》這一劇作給以嚴格地和較高的評價。」與會人員從該劇的主題、人物形象、歷史題材的選擇、諷刺手法、劇場安排、悲喜劇等方面進行了深入的討論。座談會與會人員本著嚴肅的態度既指出了該劇的優長之處，而該劇的缺點也直言不諱。最後，他們還是達成了共識：「這個劇本是諷刺清末的官場的腐敗醜惡。但帝國主義的對半殖民地的壓迫表現得不夠，看不見民眾反帝的原始情緒和對義和團的分析不夠，表現模糊，對賽金花則給予過多的同情，是值不得的，最後就是整個劇場的調子不統一，減少了它藝術上的完整性。除此之外，我們毫不否認的，這劇作是在中國提出建立『國防戲劇』口號後，第一次收穫到的偉大的劇作」。同年 9 月，《女子月刊》又以「賽金

〔註3〕座談會的內容以《〈賽金花〉座談會》發表在剛創刊的《文學界》第 1 卷第 1期上。

花特輯」名義集中刊登了戲劇界對《賽金花》以及賽金花其人其事的批評文字。包括夏衍的《〈賽金花〉餘譚》、洪深的《表演〈賽金花〉的方法研究》、《〈賽金花〉的再批評》、陽翰笙的《關於〈賽金花〉》、田漢的《庚子事變與賽金花》、張若英的《庚辛之際的賽金花》、鳳子的《關於賽金花的小說戲曲》，這些戲劇界名家對該劇的關注無疑讓《賽金花》成爲文藝界關注的焦點！

　　針對戲劇界批評家和導演對該劇的批評，夏衍寫了《歷史與諷喻》對自己創作該劇的緣起以及所表達的主旨等方面進行了逐一說明。創作緣起是「想以摘露漢奸醜態，喚起大眾注意，『國境以內的國防』爲主題，將那些在這危城裏面活躍著的人們的面目，假託在庚子事變前後的人物裏面，而寫作一個諷喻性質的劇本。」而對於女主人公賽金花，夏衍也發表了自己的看法：「我不想將女主人以寫成一個『民族英雄』，而只想將她寫成一個當時乃至現在中國習見的包藏著一切女性所通有的弱點的平常的女性。我盡可能的眞實地描寫她的性格，希望寫成她只是因爲偶然的機緣而在這悲劇的時代裏面串演了一個角色。不過，我不想掩飾對於這女主人公的同情，我同情她，因爲在當時形形色色的奴隸裏面，將她和那些在廟堂上講話的人們比較起來，她多少的還保留著一些人性」。〔註 4〕此外，還對該劇的誇張了的諷刺是否損害作品的眞實性以及關於演出的方法等發表了看法。在稍後的《〈賽金花〉餘談》中再次對爲什麼把賽金花寫成一個值得同情的女性進行了解釋。在作者看來，賽金花儘管是一個普通的女性，但是她的見識以及勇氣，也絕非一個尋常女子所爲。因借用她的生平，來諷刺一下當時廟堂的人物，所以同情她的理由就在於此。〔註 5〕

　　由於文壇人事上的紛爭，特備是從左聯後期開始，周揚、夏衍等左聯領導人與魯迅、胡風等因爲兩個口號的論爭關係勢同水火。《賽金花》不幸地成爲了雙方暗戰的對象。《賽金花》問世之初，左翼劇聯以及各種報刊的大肆吹捧爲「國防戲劇」的傑作。周揚也在《現階段的文學》中談到從歷史題材中創作出國防文學時指出：「《賽金花》作者夏衍在這一方面的繼續的努力給國防劇作開闢了一個新的園地。」〔註 6〕由於魯迅對周揚等人提倡的「國防文學」十分不滿。所以，稍後魯迅在《「這也是生活」……》中借題發揮對此進行了

〔註 4〕夏衍《歷史與諷喻》，《文學界》第 1 卷 1 期，1936 年 6 月 1 日。
〔註 5〕夏衍《〈賽金花〉餘談》，《女子月刊》第 4 卷 9 期，1936 年 9 月。
〔註 6〕周揚《現階段的文學》，《光明》第 1 卷 2 號，1936 年 6 月 25 日。

諷刺：「作文已經有了『最中心之主題』：連義和拳時代和德國統帥瓦德西睡了一些時候的賽金花，也早已封爲九天護國娘娘了。」〔註7〕與魯迅的純粹諷刺相比，茅盾對《賽金花》的批評確是頗具建設性。在《談〈賽金花〉》中，他首先指出《賽金花》沒有達到「歷史的諷喻」。他以他親自看到的劇場效果做了辨析，認爲在整個演出過程中引起觀眾鬨笑的鼓掌的那些地方，多半是因爲一些近於低級趣味的噱頭。對於爲什麼會出現如此的接受效果，在茅盾看來，「根本原因大概是在劇作者寫作之前對於這劇的主題自己也未把握到中心。他寫作的當時，大概是打算以賽金花爲中心寫成『國防戲劇』，但是越寫越『爲難』了，——因爲把賽金花當作『九天護國娘娘』到底說不過去，於是眼光又轉到李鴻章的外交上去。……結果：要從賽金花身上解釋出『歷史的諷喻』來，自然太滑稽，只好另外去找了……」同時，茅盾還肯定了當時有人提出的這樣一種意見：「劇本給觀眾一個極不好的印象，就是把義和團寫成殺人放火的『拳匪』。」〔註8〕

對於魯迅、茅盾等人對該劇的批評，夏衍並不十分贊同，但他表達不滿的方式是不再讓劇本再版和搬上舞臺。自生活書店1936年推出該劇的初版及再版（1937年3月）後，「在整個抗戰時期、解放戰爭時期，和解放以後，我一直不讓這個劇本重印；解放後，也不止一次婉拒了劇團要求排演。」〔註9〕此外，夏衍又創作了一部以中國婦女烈士爲對象的劇本《自由魂》，並於1937年2月出版。生活書店特爲此撰寫了廣告詞（《文學》第8卷2號，1937年2月1日）：

> 這是作者繼《賽金花》之後的力作，內容描寫中國婦女烈士秋瑾的生平，她怎樣反抗黑暗的家庭，怎樣接近革命黨，怎樣爲中國獨立而奮鬥，情節激昂慷慨，在國難嚴重的今日，這劇本當能令人加倍奮發，賽金花是不自覺而偶然爲中國人做了一點好事的女子，秋瑾卻完全相反，她有覺醒的頭腦，獨立的思想。她拋了整個的生命，爲著民族國家的生存而奮鬥犧牲，在這一點上，這劇本就抓住了最大的時代意義。

〔註7〕魯迅《「這也是生活」……》，《中流》第1卷第1期，1936年9月5日。
〔註8〕茅盾《談談〈賽金花〉》，《中流》第1卷8期，1936年12月30日。
〔註9〕夏衍《懶尋舊夢錄》（修訂本），第221頁，生活‧讀書‧新知三聯書店2006年版。

賽金花

歷史名劇

夏衍著 一角五分

「賽金花」是一個極好的國防戲劇，可說是中國戲劇界空前的收穫。它的轟動一時，是不足怪的。作者把卅七年前八國聯軍攻入北京時的史實作題材，寫妓女賽金花怎樣說服聯軍總帥瓦德西，拯救了北京城幾十萬生靈的可歌可泣的故事。全劇雖然以賽金花為中心，但更重要的，卻是暴露了清廷官吏的無恥與醜惡，荒淫與怯懦，作者就好像是扭了一把無恥之徒的辮子，向我們指出了漢奸與國賊究竟是些怎樣的人物：是官呢？還是民呢？在國難嚴重遠甚於先前的今日，這種指示，它該是含著多大的教訓的啊！凡沒有看過「賽金花」公演的人，固然應該看看這劇本，以覺助你對於劇情的了解；就是看過公演的人，也還得再讀一遍，使你的認識，更加深刻。

　　儘管《賽金花》問世之後遭致了批評，但還是頗受演劇界歡迎。四十年代劇社很快就瞄準了此劇並準備把該劇搬上舞臺。1936年年11月，《賽金花》首演於上海。此次演出由洪深、于伶、史東山、石凌鶴、應雲衛、司徒慧敏、歐陽予倩等組成導演團，洪深執行導演。演員有金山、王瑩、白璐、李麗蓮、梅熹、張翼、劉瓊、劉斐章等，演出連滿20餘場，觀眾達3萬人次。劇中所揭露的清王朝的喪權辱國，與當時的國民黨當局賣國政策造成的黑暗、腐敗的現實的對比，使觀眾產生聯想，取得預想效果。劇社接著又去南京旅行公演，在國民大戲院最後一場演出中，當臺上演到賣國官吏向洋人表白「奴才只會叩頭」時，在現場觀劇的國民黨中央委員、內政部長張道藩突然起立、大聲呼叫，並指使一些人將先已準備的各種雜物，連同痰盂扔上舞臺。一時劇場秩序大亂，演出被迫暫停，觀眾大為激怒，一邊痛斥擾亂者，一邊把張道藩拖往門口過道，場內繼續把戲演完。第二天，國民黨當局發出通令，以《賽金花》一劇「有傷國體」、「有損民族光榮」為藉口，禁止上演。此次《賽金花》事件後，熊佛西創作的4幕話劇《賽金花》在北平的公演，也被國民黨當局以「妨害邦交」而通令禁演。

《日出》問世後的臧否之聲

日出　曹禺著　文化生活出版社 1936 年 11 月初版

「《日出》在我所見的現代中國戲劇中是最有力的一部。它可以毫無羞愧地與易卜生和高爾斯華綏的社會劇傑作並肩而立。作者心靈有著預言者的激動，他看到了當前社會機構整個的腐爛，人類的貪婪，殘酷，虛偽，忌恨，不公……這劇是對著藉投機和剝削而存在的整個寄生的社會機構下了一個嚴厲的攻擊……」（H.E.Shadick 氏之評語）

廣告載《文叢》第 1 卷第 2 號，1937 年 5 月

1935 年 3 月 8 日，紅極一時的電影明星阮玲玉在上海服毒自殺。關於她的死因，成爲上海輿論界討論的熱點，這也促發了曹禺寫作他第二部戲劇——《日出》。80 年代，曹禺在與田本相的談話中承認：「當時關於阮玲玉的報導那麼多，她演的電影我看過，她的自殺激起有良心的中國人的不平，阮玲玉是觸發寫《日出》的一個因素。」[註1]而一位叫王右家的女士也是促使曹禺寫作《日出》的一個重要因素。60 年代，曹禺還對於這位女士有過回憶：「這個女人，長得漂亮極了，跟我的一個朋友很要好。後來這女的上了大學，又到美國去留學，回來之後，跟一個有妻子的報社總編輯搞在一起，這樣的一個人物，使我想起社會上許多這一類的人，覺得非把她寫出來不可。」[註2]此外，還有他在城市裏親眼見到的各種光怪陸離的社會現象，上流人物的揮金如土，花天酒地、紙醉金迷，下層百姓的衣不蔽體，賣兒賣女，掙扎在死

〔註 1〕轉引自田本相《曹禺傳》，第 176 頁，北京十月文藝出版社 1988 年版。
〔註 2〕張緯、張卉採寫《老作家談創作》，《光明日報》1962 年 4 月 3 日。

亡線上。正是以上這些因素的作用下，促使曹禺要通過創作發洩自己的苦悶。
「這些年在這光怪陸離的社會流蕩中，我看見多少夢魘一般的可怖的人事，
這些印象我至死也不會忘卻：它們化成多少嚴重的問題，死命地突擊著我，
這些問題灼熱我的情緒，增強我的不平之感，有如一個熱病患者。我整日覺
得身旁有一個催命的鬼低低地在耳邊催促我，折磨我，使我得不到片刻的寧
帖。」〔註3〕為了深入社會底層，瞭解底層人民的生活，他利用課餘還去三
等妓院與妓女們面對面交談，冒著嚴寒去貧民區深入生活，還喬裝打扮去同
黑三一樣的人物套近乎。

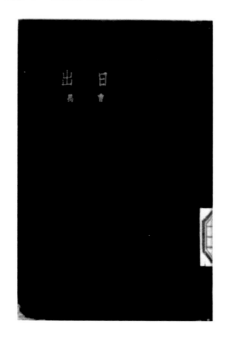

　　1936 年 5 月，曹禺準備就緒，在巴金、靳以的催促下，開始為新創刊的
《文季月刊》創作《日出》。由於前期的準備較為充分，儘管他白天要為天津
河北女子師範學院的學生上課，晚上才有寫作時間，此劇的寫作非常順利，
就像寫章回小說一樣，寫一幕刊登一幕。從 1936 年 6 月 1 日開始，《日出》
就在《文季月刊》（第 1 至 4 期）上連載。連載完畢之後，巴金很快把此劇作
為《曹禺戲劇集 2》納入《文學叢刊》第三集，並於當年 11 月推出了《日出》
的初版本。〔註4〕初版本在初刊本的基礎上又進行了改寫加工，把女主人公陳

〔註 3〕曹禺《我怎樣寫〈日出〉》，《大公報》1937 年 2 月 28 日。
〔註 4〕《日出》單行本頗為暢銷，當年就再版，1937 年 4 月已印至第 4 版，到 1950

露露改名爲陳白露，把旅館茶房阿根，改名爲破帶天譴詛咒意味的王福升即王八爺，並且改正刪除了「第一幕方達生口裏有『上海』字樣的「筆誤」。初版本無序跋（曹禺後來寫的《我怎樣寫〈日出〉》發表於 1937 年 2 月 18 日天津《大公報》，後作爲跋置於《日出》第四版書末）。全劇在交際花陳白露寄居的大旅館中展開，描繪了銀行家潘月亭、富孀顧八奶奶和她的面首胡四、洋奴張喬治、可憐而又可卑的小職員李石清、流氓打手黑三以及沒有出場的黑幫頭子金八等魑魅魍魎勾心鬥角的情景，揭露半殖民地金錢統治的罪惡和對人性的扭曲。第三幕中，塑造了一個與其粗俗的外表形成鮮明對比的具有「一顆金子的心」的老妓女翠喜的形象。作品始於陳白露的童年好友方達生特來邀她回去，脫離這紙醉金迷的糜爛生活；結束於陳白露懾於黑暗之濃重，黯然自盡，方達生則表示要與黑暗勢力抗爭，迎著日出而去。

與《雷雨》問世初期的冷清相比，《日出》問世後立即引起了文壇的熱切關注。「單行本在文化生活出版社印出以後更是轟動一時，並經南北文藝界一致推薦，認爲中國新文學運動以來最大的收穫之一。」〔註5〕時任《大公報》文藝副刊主編的蕭乾，以其獨到的識見，組織了全國知名作家、評論家筆談《日出》。從《大公報・文藝》在 1936 年 12 月 27 日、1937 年 1 月 1 日連續刊出了這兩次集體評論。發表評論的有謝迪克、李廣田、楊剛、陳藍、李影心、王朔、茅盾、孟實（朱光潛）、葉聖陶、沈從文、巴金、靳以、黎烈文、荒煤、李蕤。這些代表了不同創作流派與傾向的作家、評論家如此迅速而集中地來對一位年僅 26 歲的青年作家的劇作進行檢驗，不但是中國戲劇史上、乃至中國現代文學史上都是破天荒的事件。但是，這些作家、批評幾乎無一例外地對《日出》給予了極高的評價。茅盾認爲該劇「是半殖民地金融資本的縮影」〔註6〕。葉聖陶說「它的體裁雖是戲劇，其實也是詩」，「雕刻成功的群像」。〔註7〕沈從文認爲「就全個劇本的組織，與人物各如其分的刻畫，尤其是劇本所孕育的觀念來看，依然是近年來一宗偉大的收穫。」〔註8〕巴金則肯定該劇「和《阿 Q 正傳》《子夜》一樣是中國新文學運動中的最好的收穫」。

年 9 月印至第 26 版。

〔註 5〕田本相、胡叔和編《曹禺研究資料》（下），第 710 頁，中國戲劇出版社 1991 年版。

〔註 6〕茅盾《渴望早早排演》，《大公報》1936 年 12 月 27 日。

〔註 7〕葉聖陶《成功的群像》，《大公報》1936 年 12 月 27 日。

〔註 8〕沈從文《偉大的景象》，《大公報》1936 年 12 月 27 日。

〔註9〕燕京大學西洋文學系主任謝迪克也在《一個異邦人的意見》的開篇就指出：「《日出》在我所見到的現代中國戲劇中是最有力的一部。它可以毫無羞愧地與易卜生和高爾斯華綏的社會劇的傑作並肩而立。作者心靈有著預言者的激動，他看到了當前社會機構整個的腐爛，人類的貪婪，殘酷，虛偽，忌恨，不公……這劇是對著藉投機和剝削而存在的整個寄生的社會機構下了一個嚴厲的攻擊……」（他對劇本的激賞也被文化生活出版社挪作此書的廣告語加以刊登，如上引）此外，他還對陳白露這個人物形象、本劇的口語的對話十分讚賞。但是，他也指出了本劇結構上的欠缺統一以及行文的見贅。

除了好評之外，也有對該劇的批評。孟實（朱光潛）認為作者的創作態度欠冷靜和含蓄，帶有「『打鼓罵曹』式的意氣」。他認為只要如實地把人生世相揭開給人看就夠了，不必「顯出一點報應昭彰的道理」。此外，他還認為第三幕與全劇缺乏有機聯繫，主張把第一幕後半部和第三幕全部刪去。〔註10〕荒煤對劇本也有批評，認為《日出》只「突出了現象」而忘了應該突出的「現

〔註 9〕巴金《雄偉的景象》，《大公報》1936 年 1 月 1 日。
〔註10〕孟實《捨不得分手》，《大公報》1936 年 12 月 27 日。

實」，所以印象模糊，讀完之後還有些茫然。〔註11〕李蕤批評曹禺對劇中的人物有些「過分的護短，即使是鞭打，無意中也是重起輕落，縱放他們躲入無罪中去」。〔註12〕

接著文壇集體關注《日出》之後，《日出》也很快在話劇舞臺上出現。最早是上復旦大學復旦劇社排演《日出》，應雲衛爲導演，因無女同學扮演翠喜而將第三幕刪去。稍後，上海戲劇工作社將《日出》搬上舞臺，導演是歐陽予倩。導演因爲第三幕「奇峰突起，演起來卻不容易與其他的三幕相調和」，且「南邊人裝北邊人不容易像」，〔註13〕於是就把第三幕刪去。曹禺在靳以的陪同下觀看了該劇，並與演職員見了面，對刪去第三幕表示遺憾。這次公演儘管在上海，但在全國都產生了巨大影響。參加公演之後的鳳子曾應中華留日學會之邀去東京參加《日出》的演出，原定演三天，每場可容七百人，三天公演之後，向隅者不計其數，當後來又續演兩天，意外的第三幕被禁，第四天只能演一、二、四三幕，因此第五天隨興輟演。〔註14〕1937 年 4 月 23 日，由曹禺親自導演，國立劇校學生在南京中正堂演出了全本《日出》，曹禺還特請導師張彭春指導了第三幕的一部分，但這次僅演了六場，影響不大。

針對孟實等人對該劇的批評以及《日出》演出的情況，曹禺寫下了《我怎樣寫〈日出〉》來發表了自己關於該劇的看法。首先，他坦白了自己創作《日出》的煩躁心境，因爲親眼看到四周的黑暗和不公，爲了宣泄一腔的憤懣，怒斥那些荒淫無恥的人們。所以他說：「我求的是一點希望，一線光明。人畢竟是要活著的，並且應該幸福地活著。腐肉挖去，新的細胞會生出來。我們要有新的血，新的生命。剛剛冬天過去了，金光射著田野裏每一棵臨風抖擻的小草，死了的人們爲什麼不再生出來！我要的是太陽，是春日，是充滿了歡笑的好生活，雖然目前是一篇混亂。於是我決定寫日出。」在寫作中，他試圖作一次新的試探。用片段的方法、零碎的人生來結構一個觀念，即「人之道，損不足以奉有餘」。針對批評家對第三幕的看法，他則毫不客氣的進行反駁。他認爲第三幕與全劇是一個有機的整體，也是他用力最多，最貼近自己的部分，它所展

〔註11〕荒煤《「磅礴的氣魄」和「熟練的技巧」》，《大公報》1937 年 1 月 1 日。
〔註12〕李蕤《從〈雷雨〉到〈日出〉》，《大公報》1937 年 1 月 1 日。
〔註13〕歐陽予倩《〈日出〉的演出》，田本相編《曹禺研究資料》（下），第 710 頁，中國戲劇出版社 1991 年版。
〔註14〕聞起《鳳子的世界》，《中國話劇藝術家傳》第 5 輯，第 44 頁，文化藝術出版社 1987 年版。

示的底層人民的生活片段，不但能「加強了對現實的抨擊力量，也加深了對社會人生相的深刻概括」，而且從時間上也能清清楚楚地劃成三個時間的段落。所以，他堅決不同意批評家、導演的看法：「《日出》不演則已，演了，第三幕無論如何應該有。挖了它，等於挖去《日出》的心臟，任它慘忘。」在回應批評家的批評時，他又針對戲劇同觀眾的關係發表了自己的見解。在他看來，每個弄戲的人都想獲得觀眾，因為普通的觀眾顯然是劇場的生命。但究竟是寫殘酷冷靜的揭開人生世相的戲劇，還是在戲劇中為了取悅觀眾而弄些打鼓罵曹式的噱頭，這就需要作者基於人生世相的本來面目和藝術的規律。所以，他說：「怎樣一面會真實不歪曲，一面又能叫觀眾感到愉快，願意下次再來買票看戲，常常是使一個從事戲劇的人最頭痛的問題。」〔註15〕而針對荒煤的批評，曹禺在《跋》的注釋中進行了回擊，「透過『現象』來讀『現實』，本來是很難的事，不過我不十分明白所指『現實』究竟怎麼講？依我的揣測，那『現實』也許可以用『損不足以奉有餘』這句話點出，因為這戲裏一切現象都歸根於這句話裏。如若說到『現實』是指造成這本戲的原因，那麼《日出》這種悲劇的原因果若能由一個劇作者找出來，說出究竟，那未免視一個寫戲的人的本領太高了。」〔註16〕對於李蕤的批評，他進行了解釋：「《日出》裏的這些壞蛋，我深深地憎惡他們，卻又不自主地憐憫他們的那許多聰明（如李石清、潘月亭之類）。奇怪的是這兩種情緒並行不悖，憎恨的情緒愈高，憐憫他們的心也愈重。……癥結還歸在整個制度的窳敗，想到這一點，不知不覺又為他們做一些曲宥，輕輕地描淡了他們的責咎。」〔註17〕

　　曹禺的抗辯之後，批評界仍舊沒有平息對《日出》的討論。黃芝岡的《從〈雷雨〉到〈日出〉》中批評作者宣揚「正式結婚至上主義」，認為劇中人物和情節都缺乏真實性。〔註18〕稍後，周揚在《論〈雷雨〉到〈日出〉——並對黃芝岡先生的批評的批評》中對黃芝岡的批評方法提出了批評，而且對《日出》也給予了較全面的論評。認為作者對於客觀社會有了進一步的認識，認清了人剝削人的制度，並開始有意識地詛咒四周的不公，對荒淫無恥的人在泄著憤懣，把希望寄託在象徵光明的人們身上。但是，他也指出了《日出》

〔註15〕曹禺《我怎樣寫〈日出〉》，《大公報》1937 年 2 月 28 日。
〔註16〕曹禺《我怎樣寫〈日出〉》，《大公報》1937 年 2 月 28 日。
〔註17〕曹禺《我怎樣寫〈日出〉》，《大公報》1937 年 2 月 28 日。
〔註18〕黃芝岡《從〈雷雨〉到〈日出〉》，《光明》第 2 卷 1 號，1937 年 2 月 10 日。

的不足，如結構還不是一個有機的整體，只能用片段的方法，人生零碎去闡明一個觀念；沒有寫出歷史舞臺上兩種對立的力量等。〔註19〕歐陽凡海的《論〈日出〉》繼續對黃芝岡展開批評，認爲「《日出》比起《雷雨》來，在全體上說，是一個不容否認的進步」。「作者已經不再是從那種『心情』式的衝動出發，而是有意識地要暴露黑暗，揭示光明了。」他也不主張把《日出》第三幕刪掉，「所以我寧是贊成《日出》寫成四幕劇。以爲把第三幕割去了，已成爲一個獨幕劇，實在是因爲對於《日出》的結構無理解的緣故。」〔註20〕（《文學》第 9 卷 1 期，1937 年 7 月）。而對於第三幕是否必要，在導演和評論界仍然爭論不休。張庚在《讀〈日出〉》就認爲：「一、二、四幕始終以陳白露爲中心，但第三幕換了小東西做中心，這已經不是一個橫斷面，而成爲兩個橫斷面了。」〔註21〕1937 年 5 月 30 日《武漢日報》曾發表《公演〈日出〉後幾個人的談話會》的報導，「談話會」的重要話題之一就是第三幕的存廢問題，主張刪去第三幕者認爲「社會上成爲罪惡的東西很多，如果都搬到舞臺上來，也不是充實內容、材料豐富的辦法」，主張保留第三幕者則強調「《日出》的中心在於誇張『損不足以奉有餘』這一點，……這中心就特別落在第三幕上，作者使用了極大的同情心，描畫了『人類的渣滓』如翠喜一類的人物。」〔註22〕

儘管有批評家對《日出》有所批評，絕大多數批評家還是對《日出》的成就給與了肯定。正因爲此，1937 年 5 月，曹禺的話劇《日出》獲得了《大公報》文藝獎。由葉聖陶、巴金、楊振聲、靳以等人組成的文藝獎金審查委員會，對《日出》作出了如下評語：「他由我們這腐爛的社會層裏雕塑出來那麼有血有肉的人物，責貶繼之撫愛，眞像我們這時代突然來了一位攝魂者。在題材的選擇，劇情的支配，以及背景的運用上，都顯示著他浩大的氣魄。這一切都因爲他是一位自覺的藝術者，不尚熱鬧，卻精於調遣，能夠透視舞臺效果。」〔註23〕

〔註19〕 周揚在《論〈雷雨〉到〈日出〉——並對黃芝岡先生的批評的批評》，《光明》第 2 卷第 8 號，1937 年 5 月 10 日。
〔註20〕 歐陽凡海《論〈日出〉》，《文學》第 9 卷第 1 期，1937 年 7 月 1 日。
〔註21〕 張庚《讀〈日出〉》，《戲劇時代》第 1 卷第 1 期，1937 年 5 月 16 日。
〔註22〕 轉引自錢理群《大小舞臺之間》，第 81 頁，北京大學出版社 2007 年版。
〔註23〕 據 1937 年 5 月 15 日天津《大公報》報導。

三人分工譯《屠格涅夫選集》

羅亭（一八五六）　　陸蠡譯　文化生活出版社 1936 年 12 月初版

　　屠格涅夫寫了六部有連續性的長篇小説，用戀愛關係來表現人物的性格，描寫當時在俄國陸續出現的青年的典型。《羅亭》是第一部。作者的作風，沒有誇張，也沒有幽默。清麗的文筆，深透的觀察，同情的描寫使得作者的小説近於完成，在這一點別的更偉大的作家也不能夠超過他。羅亭是個愛説話不做事，思想大膽，行爲怯懦的人。他以他的熱情的話語喚起了少女娜泰雅的愛情，卻又拒絕她而逃避了。這是十九世紀四十年代俄國知識階級的典型。然而最後在巴黎暴動中的犧牲給我們留下一個希望，而預言了新典型的產生。

貴族之家（一八五九）　　麗尼譯　文化生活出版社 1937 年 2 月初版

　　《貴族之家》是作者最完美的傑作。誠實，坦白的拉夫列茨基已經不能滿足於羅亭的閒蕩的生活。他投身在實際的活動裏面，但他也不能在新的生活潮流中找著道路，而得到破滅的結局。他所愛的麗莎成了一般溫柔、善良的俄國少女最優美典型。藝術的完整，人物描寫的精緻。與夫橫貫全書的哀愁與詩的調子使這小説成了一件最優美的藝術作品。

前夜（一八六〇）　　麗尼譯　文化生活出版社 1939 年 8 初版

　　《前夜》在内容的深刻上是要超過《貴族之家》，而技巧的優美也僅次於它。在愛倫娜身上作者表現了俄羅斯年青女性的淒哀的美。她不僅善良，並且勇敢而有決斷，所以她選擇了保加利亞愛國者英沙羅夫做她的愛人。英沙羅夫不像羅亭，也不像拉夫列茨基，他是個實行的人，而且能毅然地把解放祖國的責任擔在他的病弱的肩上。

父與子（一八六二）　巴金譯　桂林文化生活出版社 1943 年 7 月初版

　　《父與子》是一部轟動世界的名作，在俄國曾激起大的騷動，且被認爲十九世紀最偉大的小說之一。這小說描寫新舊兩代鬥爭的悲劇。這是有科學思想和獻身精神的新青年和保守傳統的舊式貴族中間的鬥爭，作者第一次使用了「虛無主義」這名詞，而且創造了一個典型的青年巴札洛夫，這是一個不朽的典型。這個不肯在任何權威前低頭的極端的個人主義者，被批評家皮沙列夫稱爲他的「最好的友人」，他的「母親」。這小說雖然給作者招來許多誤解，它卻是作者的最有力的作品。它的價值在于忠實地描繪了人心的深處，這在各時代各民族中間常常表現出來的。

煙（一八六七）　　陸蠡譯　文化生活出版社 1940 年 7 月初版

　　《煙》是一部籠罩著灰色煙霧似的絕望的作品。在作者著作中是最具有世界性的一部。這小說表現了以後二十年中支配俄國官僚社會的淺薄與愚蠢，同時很成功地繪出了在這環境中長成的一個蕩婦型的交際社會的女性（蕙麗娜）。農奴解放後的反動時期中知識分子對於俄國前途的絕望充分地表現在這書裏。這是一本諷刺的書，一本控訴的書，而且是一本自白的書。

處女地（一八七六）　　巴金譯　桂林文化生活出版社 1944 年 6 月初版

　　最後的一部小說《處女地》也是最長的，最健全的一部。作者彷彿走著長遠的路程，現在逼近目的地了，在這書裏作者以他的驚人的直覺捉住了當時革命運動的最顯著的特色，據說瑪利安娜就是以女革命家薇娜・沙蘇利奇爲模特兒寫成的，她和淳樸沉著的沙洛明，都是逼近健全的性格。這小說裏橫貫著作者最後的希望，浸透著作者對於革命運動的真摯的同情。這是一本偉大的書。這是一個預言。

　　　　　　　　　　　　廣告載《文學回憶錄》1949 年 2 月初版本包封封底

　　屠格涅夫的漢譯作品最早見於 1915 年，在 1915 年 7 月 1 日出版的《中華小說界》第 2 卷 7 期上發表了劉半農根據英文譯本轉譯的屠格涅夫四篇散文詩。稍後，《青年雜誌》（後改爲《新青年》）又連載了陳嘏據英譯本轉譯的中篇小說《春潮》、《初戀》。五四時期及二十年代，屠格涅夫的散文詩、戲劇、小說，都陸續得到譯介，是被譯得最多的一位外國作家。如散文詩出版了《屠格涅夫散文詩集》（徐蔚南、王維克合譯，上海新文化書社 1923 年 6 月版）、

《屠格涅夫散文詩》（白棣、清野譯注，北新書局 1929 年 12 月版）；劇本出版了《村中之月》（耿濟之譯，商務印書館 1921 年 3 月版）；中短篇小說出版有《勝利的戀歌》（李傑三譯，上海光華書局 1926 年 9 月版）、《九封書》（即《浮士德》，沈穎譯，上海自由社 1926 年 12 月版）、《薄命女》（張友松譯，上海北新書局 1927 年 4 月版）。而他最負盛名的六大長篇小說在二十年代都出版了漢譯本，有的甚至還出現了重譯本。具體如下：《前夜》，沈穎譯，商務印書館 1921 年 8 月初版；《父與子》，耿濟之譯，商務印書館 1922 年 1 月初版，1930 年 10 月商務印書館又出版了陳西瀅的譯本；《新時代》（即《處女地》），郭沫若譯，商務印書館 1925 年 6 月初版，1930 年樂群書店又出版了馬寧的譯本；《羅亭》，趙景深譯，商務印書館 1928 年 9 月初版；《煙》，黃藥眠譯，上海世紀書局 1928 年 10 月初版，1929 年 11 月商務印書館又出版了樊仲雲的譯本；《貴族之家》，高滔譯，商務印書館 1929 年 4 月初版。

儘管屠格涅夫在五四時期以及二十年代成為譯介最多的一位作家，但他的作品的漢譯還是缺乏系統性，直到三十年代中期，還沒有出現一套漢譯屠格涅夫選集或全集。直到 1936 年 5 月，巴金、陸蠡和麗尼在一次西子湖畔遊山玩水時，決定以屠格涅夫六大長篇小說為對象，計劃重譯一套屠格涅夫選集。他們每人譯兩部長篇小說，由文化生活出版社承擔出版，全部納入巴金主編的「譯文叢書」。具體分工如下：陸蠡譯選集之一和之五：《羅亭》和《煙》；麗尼譯選集之二和之三：《貴族之家》和《前夜》；巴金翻譯之四和之六：《父與子》和《處女地》。儘管三人很早就有了分工，由於戰爭以及各自工作等原因，三人很快各奔東西，但他們都信守了 1936 年 5 月的約定，克服了種種困難，歷經八年時間完成了屠格涅夫漢譯史上的第一套選集。

最先完成翻譯任務的是陸蠡，他譯的第一部《羅亭》於 1936 年 12 月就

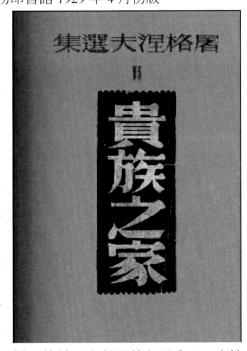

由上海文化生活社出版。從擬定計劃到出書僅僅半年時間，可謂神速。陸蠡
的譯本主要依據倫敦 William Heinemann 公司出版的 Constance Garnett 的英譯
本轉譯，同時還參考了紐約 Tomas Y. Crowell 公司出版的 Henry Bolt 的英譯
本、日本二葉亭四迷和上野村夫的兩個日譯本。書前有作者像一幅，英譯本
序（斯特普尼亞克寫於 1984 年），書後有陸蠡寫於 1936 年 12 月的後記。緊
接著他譯第二部《煙》也於 1937 年夏脫稿，由於受戰爭影響，上海文化生活
出版社無法開展正常工作，以致 1938 年「譯文叢書」未出版一本作品，他的
譯本直到 1940 年 7 月才得以在該社出版。此譯本也是主要依據倫敦 William
Heinemann 公司出版的 Constance Garnett 的英譯本轉譯，但譯者也參考紐約
Charles Scribner's Sons 出版的 Isebel F.Hapgood 的英譯本和 Nelson Colle Ction
的法譯本。書前有英譯本序（愛華德‧加而納寫於 1896 年），書後有譯者後
記（1940 年 4 月 10 日）。

麗尼也很快投入了重譯《貴族之家》和《前夜》的工作。在他與英子的
通信中可知他的翻譯進度。如 1936 年 9 月中旬，「《貴族之家》已經譯完，現
已付印。」〔註1〕到 1936 年 11 月底，《前夜》已經譯了三分之一，計劃在年
底譯完。1937 年 2 月文化生活出版社出版了《貴族之家》，1939 年 8 月又出
版了《前夜》，這兩部小說也是根據英譯本轉譯。《貴族之家》主要依據的是
W.R.S Ralston 的英譯本 Lisa，由於 Ralston 是屠格涅夫的好友，他所根據的原
文是經作者本人親自修訂的，譯文自然接近作家的原意，所以麗尼把譯本作
爲主要的根據。此外，譯者還參考了 Constance Garnett 的英譯本 A House of
Gentlefolks、Isabel F.Hapgood 的英譯本 A Nobleman's Nest、F.D.Davis 的英譯
本 A Nest of Hereditary legislsator，熊澤復六的日譯本。書前有作者像一幅，
麗尼還爲此譯本寫了「譯者小引」（1937 年 2 月）。整個過程，「連揣摩，翻譯，
校改，注釋等，總花了一年以上的功夫。」〔註2〕《前夜》則主要依據倫敦
William Heinemann 公司出版的 Constance Garnett 的英譯本轉譯，書前有作者
像一幅。既無英譯本序，譯者也沒有寫前言後記。這部書從翻譯到出版，歷
時三年。

當陸蠡、麗尼分別出版了自己的譯作之後，巴金仍沒有動手翻譯他選的
兩部小說。不是巴金不想翻譯，而是他實在忙不過來。抗戰爆發之後，巴金

〔註1〕郭梅尼編《憶麗尼》，第 203 頁，人民文學出版社 2006 年版。
〔註2〕郭梅尼編《憶麗尼》，第 207 頁，人民文學出版社 2006 年版。

積極地投入到寫文章、辦雜誌，鼓動民眾投入抗日的洪流之中。此外，他還有自己的寫作計劃，開始寫《春》、《秋》、《火》三部曲等長篇小說。他的翻譯《父與子》和《處女地》只能在寫小說的間隙進行。《父與子》的翻譯開始於 1940 年 10 月，時譯時輟，花了二年半的時間，終於完成，1943 年 7 月桂林文化生活社出版。完成《父與子》後，巴金又開始翻譯《處女地》，1943 年 4 月開譯，7 月譯就，速度奇快。1944 年 6 由桂林文化生活出版社出版。巴金的翻譯仍然是根據英譯本轉譯。《父與子》主要依據倫敦 William Heinemann 公司出版的 Constance Garnett 的英譯本轉譯，同時也參考了陳西瀅的中譯本。書前有愛德華・嘉爾納特寫於 1895 年的《英譯本序》，書後有巴金寫於 1943 年 3 月的《譯者後記》。《處女地》主要根據 1929 年英國的「萬人叢書」版和 1906 年 Constance Garnett 的英譯本《屠格涅夫小說集》轉譯，同時也參考了郭沫若的漢譯本。書前無英譯本序，但有譯者寫於 1943 年 11 月的前記，書後還有譯者寫於 1944 年 4 月 10 的後記。

　　一般說來，轉譯比直譯對原作的神韻又加多一層損失，儘管這六部小說都是從英譯本轉譯，但這套重譯的《屠格涅夫選集》超越了已有的漢譯本，實現了「把名著還它一個名著」目標。有研究者專門比較分析了他們三人的譯本，認為陸蠡的譯文是「富麗而優美的，在這方面也許他可以和屠格涅夫的文字相匹配，因而，遠遠超出了『達意』的翻譯標準，也不是『雅』所能完全概括的，他借文字所傳達的一種氣勢和美感能煥發出一種震撼力。」〔註3〕而麗尼「通過朗誦斟酌字句的翻譯方式，使譯文流暢而富有韻律，……更重要的是，他能夠體會出作者灌注於文字中的情感和詩情，能夠把握住小說人物的個性，豐富而微妙的心理活動，把文字的深層含義翻

〔註 3〕李今《三四十年代蘇俄漢譯文學論》，第 233 頁，人民文學出版社 2006 年版。

譯出來。」〔註4〕巴金則發揮了他小說家的特長，對人物微妙心理活動的透
徹把握，他「能夠深入地體會到屠格涅夫在小說中所寄託的對青年一代的理
解、熱望和囑託的真誠與分量，使他的譯文熱情而不誇飾，纏綿而不感傷」。
〔註5〕三人的重譯「在相當程度上處理的已不是應用語言的『信』與『達』
的問題，而是文學翻譯所要求的語言的詩意與優美，人物的性格與心理，情
境的營造和渲染，以及敘述的語調和氣勢等等特殊的問題，體現了文學翻譯
的特徵和性質，他們所達到的『化』的境界，把漢譯藝術推向新的高度，也
為漢譯藝術積累了寶貴的經驗。」〔註6〕事實上，他們的譯文出來之後，其
他漢譯本基本遭到淘汰。至今，他們的譯本仍然是讀者最喜愛的漢譯本。

由於各位譯者翻譯屠格涅夫小說的時間不同，使得每一本的初版時間相
距較遠，再加上初版地點的差異，這樣的《屠格涅夫選集》顯得很分散，沒
能形成規模效應。為了集中發行，1942 年 9 月開始，遷移到重慶的文化生活
社又陸續重印《屠格涅夫選集》（簡稱渝版選集）。為了募集出版資金，讓利
讀者，出版社還為這套選集實行了發售預約，預約全文如下：

屠格涅夫選集　發售預約　（《新華日報》1942 年 10 月 25 日）

（一）預約本選集共計六冊：羅亭（陸蠡譯）貴族之家（麗尼譯）
　　　前夜（麗尼譯）父與子（巴金譯）煙（陸蠡譯）處女地（巴
　　　金譯）前五冊現行發售預約。暫收費一百元、每三月至四月
　　　出書一冊。第一冊羅亭十一月準可出版，書出即由本社重慶
　　　辦事處寄奉。

（二）本選集係在渝重排，因印刷成本波動甚巨，無法估計，售價
　　　須俟書出時決定。惟預約者可享七折優價。

（三）本選集最後一冊發出時，來款若有剩餘，或不敷，按多退少
　　　補辦理。

（四）預約本選集者，於預約費收到後，即奉預約證，憑證向本社
　　　購買圖書，可享九折優待。

（五）為優待預約諸君起見，免收包紮費。

（六）本選集格式仍照滬版，印刷裝幀，力求精美；紙張上等，字

〔註4〕李今《三四十年代蘇俄漢譯文學論》，第 240 頁，人民文學出版社 2006 年版。
〔註5〕李今《三四十年代蘇俄漢譯文學論》，第 247 頁，人民文學出版社 2006 年版。
〔註6〕李今《三四十年代蘇俄漢譯文學論》，第 247 頁，人民文學出版社 2006 年版。

字醒目，書內附有人物表一份，係用道林紙精印，既便於讀
者查記人物，又可作書箋。
發行所文化生活出版社重慶辦事處
地址　重慶民國路二十一號　　電報掛號　六六〇二

由於廣大讀者喜愛這套選集，渝版選集出版後又不斷再版。抗戰勝利之
後，巴金、吳朗西等人上海返回，文化生活出版社在上海重新開展業務，《屠
格涅夫選集》又在上海不斷重印，上所錄的選集廣告就是為宣傳滬版屠格涅
夫選集而作，這些簡練、精美的廣告文字完全可作為微型書評看待。

趙家璧策劃的《二十人所選短篇佳作選》

二十人所選短篇佳作集　上海良友圖書印刷公司 1936 年 12 月版
　　　聘請全國文壇著名之作家　採取全國文藝刊物之精華
　編成全國最佳小說之寶庫　可見一年來思想界之動向，文藝界之收穫。
　三十二開　紙面精裝白報紙印　一千餘頁　特印本一元六角　精裝一元
　　每逢歲底年頭，出版家常有文藝年鑒，小說年選之類的書出版，把過去
一年中文藝界的收穫作一次統計，更把特殊的佳作編集重印，這些書過去已
出版了好幾部，但是因爲都是一個人或一個團體所選，所以不免有私見和偏
狹的弊病；而取稿的標準，也偏重於名家，對於整個文化運動上，意義較弱。
我們這次編這部選集，有三大特點：（一）不是一個人所選而由二十個人選；
（二）每個人在這一年中他所讀到的短篇裏，推選一篇至三篇，由我們把它
彙集在一起；（三）選稿的刊物不限於上海一隅，而選稿也以內容爲標準。現
在已在編排趕印中。全書約有短篇佳作五十餘篇，六十萬字。最近出版。

　　　　　　廣告載《良友圖畫雜誌》第 122 期，1936 年 11 月

　　作爲此書的編選者，趙家璧爲該書寫了兩篇序跋文字：一是寫於 1936 年
12 月 24 日的《〈二十人所選短篇佳作集〉前記》。二是寫於 1982 年 9 月 14 日
的《〈二十人所選短篇佳作集〉重印後記》。從這兩篇文字中，作者十分詳細
地交代此書編選緣起、編選過程以及出版後的銷售情況。

　　30 年代的上海，文化出版事業極爲發達，新文學書刊的出版也得到了長
足的發展。僅 1936 年，上海出版的期刊多達 308 種，時人稱之爲「雜誌年」。
新文學的圖書出版此時也頗爲興盛。北新書局、開明書店、新月書店、光明

書局、世界書局、神州國光社、良友出版公司等以新文學為出版主業的出版機構爭奇鬥豔。良友圖書印刷公司作為後起之秀，因經營得法，任用賢能，而在新文學出版業中異軍突起，接連出版了《良友文學叢書》、《中國新文學大系》等一批有影響的文學圖書，主持這些圖書出版的趙家璧在上海出版界展露頭腳，他也因此得以全權負責良友印刷圖書印刷公司中新文學圖書的出版。作為一個年輕的編輯，圖書選題極為重要，好的選題就是成功的一半。趙家璧從域外出版的文藝年鑒、小說年選和戲劇年選中得到啓發：

> 每逢看到日本改造社編的文藝年鑒，O'brian 編的英、美小說年選以及 Mantle 編的戲劇年選，在聖誕節邊放在外國書鋪的櫥窗中，常常會不自禁的想到咱們中國：縱使我們所得的成績在質量上都比不上人家，但是每年有這麼一本選集，籍此看看一年來的收穫，作為以後比較的標準，對於今日的中國文壇，也許不算是一種奢望吧！

〔註 1〕

　　他萌生了編一本小說年選的想法，但由於圖書的篇幅有限，不能容納長篇小說，只能以短篇小說為選擇對象。所以，他確定以一年為時間範圍，選擇本年問世的優秀短篇小說彙集成一本，計劃每年出一卷，成為一年一度的小說年選，使之成為「全國最佳小說之寶庫」。

　　確定這樣的出版選題之後，接下來的就是「如何選，什麼人來選」的問題。阿英曾談及選集編選的難度：「選文是一件盛事，也是一椿難事。唐顯悅序《文娛》曰：『選之難倍與作。』這個『倍』我是不能完全同意，但嚴肅的文選家工作的艱苦，並不亞於寫作者，卻是不容否認的事實。」〔註 2〕一般的作品選本，大多是一個人或一個小團體的選本，這種選本都免不了偏狹的毛病，由於選出來的作品並不能讓讀者感到信服，所以很難得到大多數讀者的歡迎，自然它市場前景也不會好。此外，選本的出版還涉及作品的版權問題，這也需要逐一與發表的刊物或作者進行交涉，這也往往容易引起一些糾紛。在這方面，作為主持編選的趙家璧可謂獨闢蹊徑，他的做法對當今的文學作品年選仍然有借鑒意義。他吸取了以往年鑒的教訓，利用曾經與全國著名作家建立起良好關係，確定了二十人作為選稿人，具體如下：

〔註 1〕趙家璧《〈二十人所選短篇佳作集〉前記》，《二十人所選短篇佳作集》，上海良友圖書印刷公司 1936 年版。
〔註 2〕阿英《論文選》，《夜航集》，上海良友圖書印刷公司 1935 年版。

茅盾 郁達夫 洪深 林徽因 沈從文 朱自清 老舍 王統照 巴金

丁玲 蕭乾 黎烈文 魯彥 鄭振鐸 鄭伯奇 趙家璧 葉聖陶 張天翼

靳以 凌叔華

這二十人中，大多是文壇著名作家，有的還是重要文學刊物的編輯。如巴金、靳以是《文季月刊》的編輯，王統照是《文學》的編輯，黎烈文是《中流》的編輯，沈從文、蕭乾是《大公報》文藝副刊編輯，凌叔華是《武漢文藝》編輯等。「由於文藝刊物的編輯，在自己主編的刊物中，總是能夠最早發現優秀作品的人，而在同類刊物中，他也是最善於發現新人新作，沙裏淘金的。」〔註3〕不但如此，這些作家和編輯又多分散於幾個重要的地區，如郁達夫在福州，洪深在廣州，凌叔華在武漢，沈從文在天津。這些分佈在全國各地的作家（編輯）對地方新近的文藝作品十分瞭解。趙家璧在與各地的作家編輯聯繫時，還特別要求作家和編輯們把自己讀到的一年（1935年11月30日至1936年11月30日）中的短篇裏推選一篇至三篇。他還特別請求推選者如洪深、郁達夫、凌叔華等要推選他們所在地的地方刊物中作品。這樣的措施可謂一箭三雕，年選確實實現了「聘請全國文壇著名之作家」和「採取全國文藝刊物之精華」的目標。

〔註 3〕趙家璧《〈二十人所選短篇佳作集〉重印後記》》，《二十人所選短篇佳作集》，花城出版社 1982 年版。

由於本書選題極好，民主的選稿的方式以及出版社與作家們建立起的口碑，當趙家璧聯繫這些作家或編輯時，他們都毫不猶豫的表示支持，並很快陸續寄來推選的作品。在這二十人的名單裏，原本有郭沫若，但由於他遠在日本，來往書信的時間長，在本書付印時，還不見他的選稿，不得已趙家璧只好自己上陣，他自己充任一位選稿人。作家和編輯來信推選的篇目大多推選了 3 篇，但郁達夫只推選了 1 篇，老舍、洪深和趙家璧只推選了 2 篇，鄭振鐸，林徽因本也推選了 3 篇，但與沈從文和魯彥重複，所以目錄上只顯示他們推選了 2 篇。此外，茅盾還從他所主編的《中國的一日》中選了 3 篇，這樣他一共推選了 6 篇。共計被推選的小說有 56 篇。劉白羽、青子、丁玲、沙汀、蕭紅、羅烽、端木蕻良各有兩篇選入，所以全書的作者有 49 人。囊括了五四前後到大革命的第一代作家和大革命到抗戰前夕的第二代作家。由於這些作家和編輯的認真推選，所選入的作品，不但在當時看來是一時之選，就是現在看來，都是好作品。如端木蕻良的《鷺鷺湖的幽鬱》、羅淑的《生人妻》、夏衍的《包身工》、宋之的的《一九三六年春在太原》、舒群的《沒有祖國的孩子》、田濤的《荒》等作品在新文學史上都具有重要地位。可見，這部年選確實把 1936 年的短篇佳作羅致盡了。

推選者把 1936 年的短篇佳作推選出來，這只是完成的第二步，要把所選的作品彙集付印成書，還必須首先取得作者的同意，這樣才不會引起版權糾紛。在收到推選者的推選篇目之後，趙家璧就逐一與這些作家聯繫，取得他們的同意。其實，對於入選者來說，能被入選這樣高水平的選本，本身就是一件榮譽的事，通過圖書的傳播，自己的作品能傳播得更遠、更持久。所以，當趙家璧與這些作家聯繫出版事宜時，「這五十多位被選的先生，多答應把發表權借給我們一次」。〔註 4〕有了推選者的認真負責的推選和被選入作家的支持，這本《二十人短篇佳作集》立即納入了出版程序。

儘管是短篇小說選，但這本有 56 篇的小說的書可謂一巨冊，書愈厚成本愈大，定價愈高，會影響讀者的購買力。趙家璧又採取了兩種措施，降低出版成本。一是試圖作為贈送給訂閱 1938 年《文季月刊》全年訂閱戶的禮品。二是用六十頁篇幅刊登一百二十種本版文藝書內容提要介紹放在書末。這樣可以把部分成本列為廣告開支，使得書價定為一元。

〔註 4〕趙家璧《〈二十人所選短篇佳作集〉前記》，《二十人所選短篇佳作集》，上海良友圖書印刷公司 1936 年版。

　　全書從確定選題，聯繫推選者、作者，進入出版程序，最後與讀者見面，只用了不到三個月的時間，實在不得不佩服主持者趙家璧辦事的效率，令人驚歎。此書在 1937 年初出版後，銷路異常好，上半年連印三版共七千冊。當時的文學刊物《文學》、《中流》和《光明》分別對該書的出版給予了介紹和好評。內容如下：

　　　　良友公司因鑒於以前出版過的幾部中國文藝年鑒一類書籍，選擇稿件係由一個小團體負擔，不免有偏狹弊病，特擴大範圍，敦請各派作家二十人，精選 1936 年全國各著名刊物所載短篇佳作 56 篇，現已印成一巨冊，以極廉之售價，貢獻給讀者……。（《文學》1937 年 2 月號）

　　　　這是良友圖書公司在去年底出版的一本選集，共短篇小說 56 篇，由丁玲，巴金，王統照，老舍，沈從文，葉聖陶，茅盾，郁達夫等二十人推選，其中新作家的作品占大多數。手此一編，則一年中短篇佳作，可一目了然，在中國這樣的選集還是創舉，故樂為介紹。（《中流》第 1 卷第 10 期）

　　　　良友公司……敦請各派作家共二十人，精選 1936 年全國著名作家所著短篇佳作 56 篇，印成一巨冊，以極廉之售價，貢獻給讀者，翻讀此書，我們知道雖在險惡的環境裏，中國新文學界還是有著異常豐富的收穫；而新近作家之多，為以往數年所不及，這是更足使人欣喜無盡的。（《光明》第 2 卷 6 期）

左翼作家集體關注兒童的產物：
《少年的書》

讀書生活出版社　一九三七年的新貢獻

謹向　全國少年讀者推薦　少年的書

本叢書的八大特色

一、程度劃一，以小學五六年級至初中一年級的少年諸友爲讀者對象。

二、文字通俗新鮮，潑剌。很少難懂的辭句和專門術語。

三、形式和內容上竭力顧到讀者生活的特殊性，瞭解的範圍，使書本和讀者的生活聯成一片。

四、範圍廣泛，包括文學藝術，自然科學，社會科學，及與少年身心健康有關的各部門。

五、沒有抽象的說理，看不懂的圖畫，演不出的劇本，玩不來的遊戲，唱不上口的歌曲。

六、插圖大部係董天野、周漢民所繪，非常生動有趣。

七、一律用四號字印，版式與教科書相同。對於讀者的攜帶和閱讀都很方便，封面用三色畫，美麗可愛。

八、每月出版兩冊，計十二冊。

本叢書沒有過去少年讀物的毛病，如艱深枯燥，缺少少年人的趣味。它現在是在嶄新的形式下面提供嶄新的內容。作者都是名作家，誠懇的研究者和專門學者。如張天翼的童話、白塵的劇本，沙梅的歌曲，高士其董純才的自然科學小品，柳湜艾思奇的社會科學著作等，早爲全國進步的讀者所熟知，

這是無須介紹的了。

第一輯十二種

張天翼：學校裏的故事　（童話）	白塵：一個孩子的夢　（戲劇）
沙梅：新少年歌曲　　（唱歌）	文若：好問的孩子　（翻譯的童話）
董純才：進化的故事　（自然科學）	塞克：仁丹鬍子　　（遊戲）
崔嵬：牆　　　　　　（戲劇）	風沙：蘇聯的故事　（翻譯的故事）
沉舟：社會的故事　（社會科學）	依凡：人的故事　　（社會科學）
高士其：細胞的奮鬥史（生理衛生）	盛家倫：音樂的故事　（故事）

三月份開始出書　　上海讀書生活出版社發行

廣告載《生活學校》第 1 卷 3 期，1937 年 5 月 10 日

劉大明和范用合寫的長文《一個戰鬥在白區的出版社》中介紹了《少年的書》的出版情況，原文如下：

> 讀社沒有忘記下一代。在出版理論著譯和文藝讀物的同時，特地給孩子們出版了一套《少年的書》（凡容主編）。這是一套用新的觀點，新的形式寫作的少年讀物。原定十個題目，出版了九本，即《世界現勢的故事》（柳湜作）、《人的故事》（依凡作）、《社會的故事》（沉舟作）、《一個孩子的夢》（陳白塵作）、《學校裏的故事》（張天翼作）、《好問的孩子》（文若譯）、《奴隸的兒子》（風沙作）、《仁丹鬍子》（塞克作）、《新少年歌曲》（沙梅作）。此外，崔嵬的《牆》（戲劇）、周巍峙的《少年音樂知識》、高士其的《細胞奮鬥史》這幾本，因爲作者離開上海去延安，未交稿。〔註1〕

這段介紹實在太簡單，關於該叢書的編選緣由、主編、出版時間、出版過程等等都沒有交代，留下許多不解之謎。筆者試圖對這套叢書的編選過程做些補充交待。

1937 年年初，在柳湜、艾思奇等的支持下，讀書生活書店開始策劃一套少年兒童叢書──《少年的書》。作爲一個主要以出版社會科學著作的進步出版社，卻在 1937 年針對少年朋友策劃出版一套叢書，這不但有對當前兒童出版物的仔細考察，還具有一定的政治眼光。早在 1933 年，茅盾就批評了當時

〔註 1〕范用編《戰鬥在白區：讀書出版社 1934～1948》，生活・讀書・新知三聯書店 2001 年版。

兒童讀物存在的弊端，「七八歲的孩子，還容易對付，我們有《兒童世界》、《小朋友》等等刊物，到十一二歲，他們對於狗哥哥貓妹妹的故事既已不感興趣，而又看不懂一般的文藝刊物，於是為父母者就非常之窘」。〔註2〕「大都注重於低年級的兒童讀物，……高年級讀物……關於科學的及歷史的讀物最為缺乏。」〔註3〕鄭振鐸在 1934 年也對兒童出版物提出了批評，他認為近年出版的兒童讀物，主要是神話、傳說、神仙故事、小說等等，他們大多是「縮小」的成人的讀物，並不全都適合兒童。他提出了兒童讀物的原則：「凡是兒童讀物，必須以兒童為本位，要順應了兒童的智慧和情緒的發展的程序而給他以最適當的讀物。」〔註4〕兩年後，他又發表了了《中國兒童讀物的分析》，對古舊的童蒙讀物給以了猛烈的抨擊，認為這樣的順民教育，無時不在加緊的製造奴隸，他呼籲：「積極的建設國防的兒童教育，盡量的寫作適合時代與國防的兒童讀物是必須立刻著手去做的！」〔註5〕正因為看到了高年級兒童讀物的缺乏以及對現時代的敏感把握，讀書生活出版社把這套叢書的閱讀對象確定為「小學五六年級至初中一年級的少年朋友」，這既有生意眼的考慮，更重要的是要力圖為高年級的少年朋友提供一套切合現時代的圖書。

在確立選題以及閱讀對象之後，需要為叢書物色一位主編，讓他具體負責叢書的組稿以及編選事宜。他們選擇了年僅28歲的朱凡（又名朱一葦，筆名凡容、阿累），儘管只有 28 歲，但卻是一位具有豐富革命鬥爭經驗的左翼批評家。16 歲就參加進步活動，「九一八」後，參加反帝大同盟。1932 年在上海參加「左翼劇聯」。因參與領導英商公共汽車公司罷工活動，於 1932 年 10 月被當局逮捕，判刑 15 年。1935 年冬，經黨組織和眾親友的多方營救，才得以辦理保外就醫手續出獄。後又輾轉馬亞西亞任教，參加了馬來亞共產黨，由於支持馬來亞愛國學生的罷課鬥爭，被官方驅逐。1936 年 8 月，在陶行知的幫助下返回上海，以投稿賣文為生。由於精通文學、哲學、歷史，熟練掌握英、日兩門外語，他涉筆範圍十分廣泛，寫過小說、詩歌、散文、雜文、報告文學，文藝評論、歌詞、譯文等，如在《中流》半月刊上發表過《在殖民地》（報告文學）、《沈從文的〈貴生〉》（文學評論），抗日言論《堅決抗

〔註2〕玄（茅盾）《給他們看什麼好呢？》，《申報‧自由談》1933 年 5 月 11 日。
〔註3〕珠（茅盾）《論兒童讀物》，《申報‧自由談》1933 年 6 月 17 日。
〔註4〕鄭振鐸《兒童讀物問題》，《大公報》1934 年 5 月 20 日。
〔註5〕鄭振鐸《中國兒童讀物的分析》，《文學》第 7 卷第 1 期，1936 年 7 月 1 日。

戰》；在歐陽山主編的《小說家》月刊發表過對舒群、劉白羽小說的評論，參加了該刊討論魯迅小說《祝福》、《在酒樓上》等的「小說家座談會」；在汪錫鵬等編輯的《矛盾》月刊發表過戲劇評論《評〈戲〉月刊募款公演》；在《譯文》上發表過《理想主義者的鯽魚》（譯文）；在《生活學校》發表了《高爾基給文學青年的信》（書評）；在《大公報》發表過小說《接風》；他創作的歌詞《大家唱》，經孫慎作曲，在社會上傳唱一時；魯迅逝世後，他又以阿累為筆名寫出了名作《一面》，深情地追述起他和魯迅見面並得到魯迅贈書的事，使之成為一段千古佳話。

在文化界長期的對敵鬥爭中，他與上海文化界中一些進步作家有著廣泛的交往，結識了陳白塵、張天翼、將牧良、王任叔、艾思奇、柳湜、葉以群、沙汀、艾蕪、陳凝秋（塞克）、周而復等一大批作家。在寫作之餘，他還為徐邁進編選國內外短篇小說 20 餘冊，協助歐陽山編過《小說家》，和柳湜創辦《大家看》等等，又具有一定的編輯經驗。更重要的是，他還曾經辦過教育，任過中學教師，對中學生的情況十分瞭解。如 1928 年在上海創辦過「外語學校」，1931 年在漣水縣立初級中學任過教員。1935 年又在馬亞西亞任過教。可以說，讀書生活書店找他擔任《少年的書》的主編應當是一時之選。後來的事實也證明，他為這套叢書制定的編選標準、具體的選題、組稿的作家以及稿件的內容等方面確實具有獨到的眼光，使這套叢書成為進步文化界貢獻給三十年代中國少年兒童的精神食糧。在為該叢書作的出版預告（如上引）中，他為該叢書列出了八大特色，也可看作他為這套叢書擬定的編輯方針。此外，在預告中他還特別與時下出版的少年讀物進行了對比，列出了第一輯十二種書目，並注明「三月份開始出書」。

事實上，叢書是從 4 月份開始出版，在後來的出書過程中，加入叢書的作者也發生了一些變化。在六月的廣告中，增加了柳湜的《世界現勢的故事》，而原定董純才的《進化的故事》取消。在八月的廣告中，又增加了周巍峙的《少年音樂知識》，而原定盛家倫的《音樂的故事》也被取消。所以，這套叢書實際涉及到了十四位作者，擬出版十四冊圖書。但最終只出版了九冊，具體的出版時間如下：4 月，出版了四冊，分別是陳白塵的《一個孩子的夢》（劇本），張天翼的《學校裏的故事》（童話），沙梅（原名鄭志）的《新少年歌曲》（歌曲），文若（即梁文若）譯的《好問的孩子》（童話）；5 月，出版了允一（即柳湜）的《世界現勢的故事》（社會科學）一冊；7 月，又出版了三冊，

分別是塞克（原名陳凝秋）的《仁丹鬍子》（遊戲），依凡（即胡依凡）的《人的故事》（社會科學），風沙（原名章維榮）翻譯的《奴隸的兒子》（蘇聯故事集）；8 月，還出版了沉舟的《社會的故事》（社會科學）。八·一三之後，讀書生活出版社開始西遷，主編凡容接受中共地下黨組織的派遣，參加陳誠部隊的「戰地服務團」，從事抗日救亡統一戰線工作。一些進步作家、學者等也紛紛撤離上海，如崔嵬、周巍峙、高士其等人轉赴延安。這套《少年的書》只出版了九冊，後再無下文。

　　從這些寫稿的作者來看，他們幾乎全部是左聯及其外圍組織的成員。左聯成員，如張天翼、周文若、胡依凡；劇聯成員，如陳白塵、沙梅；南國社成員塞克，等等。儘管為建立文藝界的抗日統一戰線，「左聯」於 1936 年自動解散，社聯、劇聯等也隨之解散。但左聯的戰鬥精神、革命傳統仍在團結、鼓舞著廣大的文藝工作者，他們仍然活躍在文化戰線上。這些進步作家（有的還是中共黨員，如張天翼、柳湜、沙梅等）的加入使這套叢書充滿了極強的政治色彩，是三十年代左翼文學力量對兒童文學的又一次集體關注和實

踐。兒童文學研究者王泉根認為三十年代中國兒童文學出現了三種突出現象：一是左翼文藝運動給兒童文學注入新鮮血液，二是張天翼創作的三部長篇童話把現實主義兒童文學創作推向了新的高度，三是伴隨著「科學救國」的詩潮出現了科學文藝創作熱。〔註6〕筆者認為，《少年的書》的編選出版無疑集中代表了中國兒童文學在三十年代的新的發展趨向，它集中彙集了三種突出現象。

〔註6〕王泉根《現代中國兒童文學思潮》，第59頁，重慶出版社2000年版。

抗戰初期的《烽火小叢書》

　　第一種　控訴　巴金著　實價一角六分

　　這是巴金先生最近的小說，詩歌，雜感，書信集。作者自己說「寫這些文章時，心情雖略有不同，但目的則是一樣，這裡自然也有吶喊，可是主要的卻在控訴。對於那危害正義危害人道的暴力，我發出了我的呼聲『我控訴……』！」所以這是一本有力的書。在抗戰時期是每個人都該讀的一本書。現已三版出書，購請從速。

廣告載《烽火》第 13 期，1938 年 5 月 1 日

　　第二種　我們的血　靳以著　一角二分

　　這不是文字，這是短刀。收在這集子裏的每一首長詩，每一篇短文都像尖利的刀鋒，正對著敵人的心胸刺去。再沒比這個更有力的，更堅實的，更易致敵人死命的，更鼓起青年的中國的抗戰情緒的，作者不再用情感來打動我們的心，他用血來呼喚我們向一個偉大的目標前進。作者那首氣魄雄偉獲得廣大的讀者讚美的長詩，《我們的家鄉》就收在這本集子裏面。文化生活出版社總代售。

廣告載《烽火》第 17 期，1938 年 7 月 1 日

　　第三種　橫吹集　王統照作　一角

　　這是王統照先生的抗戰詩集，王先生的詩有他的獨特的作風。他那雄厚的氣魄，奔放的熱情，鏗鏘的音調在中國新詩壇上放射了不滅的萬丈光芒。這是戰鼓，這是軍號，在這本小書裏，詩人王統照唱出了慷慨激昂的「馬賽

曲」，鼓舞著每個不願做奴隸的人向著抗日的目標前進，以爭取最後的勝利。
文化生活出版社總代售。

廣告載《烽火》第 17 期，1938 年 7 月 1 日

第四種 在天門　鄒荻帆作　實價一角

《在天門》是青年詩人鄒荻帆先生最近寫成未發表的長詩，我們很榮幸地把他獻給讀者，在這小書裏作者引著我們走到「戰線後方的一個角落」，讓我們看見那裡的形形色色。那是一般人不注意的小地方，但也是支持民族全面抗戰的一塊小基石。那裡有黑暗，有光明，有痛苦的呻吟，也有激昂的呼號。作者用熟圓的技巧流暢的詩句告訴了我們所應該知道的一切。文化生活出版社總代售。

廣告載《烽火》第 17 期，1938 年 7 月 1 日

第五種 大上海的一日　駱賓基作　一角二分

在抗戰期間活躍的許多報告文學者中，駱賓基先生是最傑出最受人注意的一個。他不僅是一個在戰地服務的知識分子，也還執著槍守衛過眞如南翔的交通線，跟著一些年青力壯的弟兄參加了保衛大上海的血戰，在槍林彈雨下冒著重重的危險。他的每一篇作品都是實生活的記錄。在那裡面出現的每個人物都是作者所熟悉的。他們的心和作者的心一同悸動，一同在前線掙扎苦戰，產生了種種可歌可泣的事迹。這是有血有肉有生命的東西。這是天地間至情之文。

廣告載《烽火》第 17 期，1938 年 7 月 1 日

1937 年「八・一三」事變之後，上海最有影響的《文學》、《譯文》、《中流》、《文叢》決定相繼停刊。爲了不讓文藝陣地上出現空白，讓進步作家繼續與敵人進行鬥爭，茅盾、巴金等人於 1937 年 8 月 22 日創辦了文學社、中流社、文季社、譯文社四家在戰時的聯合刊物《吶喊》（周刊）。《吶喊》出版了兩期就被禁止發行，9 月 5 日，另換個刊名《烽火》（周刊）繼續出版。出至第 12 期因日軍佔領上海而停刊。1938 年 5 月 1 日，《烽火》在廣州復刊，續出第 13 期。因戰局嚴峻，廣州也岌岌可危，印刷編輯工作不時停頓，爲了使刊物每次出版的準備工作做得更充裕一些，復刊後的《烽火》改周刊爲旬刊，茅盾爲發行人，巴金、靳以負責編輯，爲了刊物發行便利，又建立了烽

火社，由文化生活出版社承擔總經售。因廣州戰事吃緊，刊物在出至第 20 期
（1938 年 10 月 11）後被迫停刊。

為《烽火》（《吶喊》）撰稿者有茅盾、巴金、王統照、鄭振鐸、駱賓基、
靳以、楊朔、錢君陶、鄒荻帆等人，此時期他們在《吶喊》、《烽火》等刊物
上發表了大量通訊、報告、詩歌，也有短篇小說、雜文和美術作品。在這戰
火紛飛的時刻，這些作品更有收集整理的必要。從 1937 年 11 月開始，巴金和
靳以就決定著手以這些作家為對象編輯一套《烽火小叢書》，而之所以確定以
「烽火」為名，編選一套小叢書，主要是「為了突出其抗戰的內容，在浩大
的抗戰文藝行列裏，起到它們的戰鬥作用」。〔註 1〕由於巴金又要創作，又要
編刊物，社會事物太多，編輯《烽火小叢書》的任務就主要由靳以負責。《烽
火小叢書》的版式設計別致，一律小 32 開本，每一本封面最上面有該書的叢
書號，中間一式採用與該書內容相關的木刻畫，據巴金回憶：「《烽火》小叢
書是我設計的。字是請錢君匋寫的，圖是從別的書上找來或者是《烽火》上
用過的圖。」〔註 2〕木刻畫下面又標出了出版社和發行機構，有「烽火社出版」
和「桂林文化生活社總經售」的字樣。封底一式印著「烽火」字樣的圓形圖
章刻印。每本書頁數都很少，最少的只有 26 頁，如鄒荻帆的《在天門》，最
多的也只有 125 頁，如舒群的《海的彼岸》，定價也極為低廉，一角到六角五
分不等，恰好迎合了求知欲極強，卻又沒有多少鈔票的青少年讀者。

〔註 1〕南南《從遠天的冰雪中走來：靳以紀傳》，第 81 頁，太原：山西人民出版社
1999 年版。
〔註 2〕《巴金全集》第 24 卷，第 257 頁，北京：人民文學出版社 1994 年版。

　　全套叢書共有 21 種，巴金、靳以和駱賓基每人出了兩本，其餘的一人一本，這些作家中既有老一代作家如茅盾、王統照，又有成名的巴金、駱賓基、艾蕪、靳以等，也有一些剛剛步入文壇的新人如田一文、林蒲、林珏等，他們原大多是《文學》、《譯文》、《中流》、《文叢》的作者，後又在《吶喊》和《烽火》上發表過作品，可謂近水樓臺先得月！出版地點有上海、廣州、桂林和重慶四地，持續時間近 3 年（1937 年 11 月～1940 年 9 月），具體列表如下：

序號	書名	作者	頁數	初版時間	初版地點	收文篇數
1	控訴	巴金	64	1937·11	上海	短篇小說、詩歌、雜感、書信 11 篇。
2	我們的血	靳以	42	1938·5	上海	短篇小說、散文、詩 15 篇。
3	橫吹集	王統照	30	1938·5	上海	詩 12 首。
4	在天門	鄒荻帆	26	1938·5	上海	長詩 5 首。
5	大上海的一日	駱賓基	35	1938·5	上海	短篇小說 7 篇。
6	炮火的洗禮	茅盾	45	1939·4	重慶	短文 15 篇。
7	潼關之夜	楊朔	70	1939·4	重慶	通訊、報告文學 8 篇。
8	感想	巴金	45	1939·7	重慶	隨筆散文 10 篇。
9	夏忙	駱賓基	49	1939·9	桂林	短篇小說 8 篇。
10	見聞	蕭乾	87	1939·9	重慶	通訊、散文 10 篇。
11	山村	林珏	48	1939·10	重慶	短篇小說 5 篇。
12	萌芽	艾蕪	69	1939·10	重慶	短篇小說 5 篇。
13	金底故事	一文	48	1939·12	重慶	短篇小說 12 篇。
14	戰地行腳	錢君匋	28	1939·12	重慶	通訊 18 節，短篇小說 1 篇。
15	二贛子	林蒲	80	1939·12	重慶	短篇小說 6 篇。
16	勝利的曙光	黎列文	43	1940·1	重慶	通訊、散文 11 篇。
17	火花	靳以	65	1940·4	重慶	散文 20 篇。
18	獅子狩	布德	54	1940·4	重慶	散文 20 篇。
19	不願做奴隸的人們	朱雯	56	1940·7	重慶	小說、報告文學 11 篇。
20	為了祖國的	羅洪	111	1940·9	重慶	散文 9 篇，短篇小

	長城					說9篇。
21	海的彼岸	舒群	125	1940·9		散文10篇。

作為叢書的具體主持者，靳以為該叢書的出版寫了廣告，上面所錄叢書前五本的廣告就為靳以所為。從這些廣告文字上看，靳以的宣傳文字具有散文的風格，不但文字華麗，形象，而且給人一種氣勢，特別與當時火熱的抗戰氣氛相契合。對圖書內容分析深刻，語言簡潔但內蘊深厚，富有感染力，這些文字是很好的圖書評論，很值得現今書刊廣告寫作者借鑒。趙家璧曾對靳以的廣告文字有過讚譽：「讀者一看就會感到這些都是處於散文家的手筆，不但文字華麗，分析深刻，各有創見，不同凡俗，證明是第一位讀者所寫出自肺腑的評價，絕不是一般訂書目錄上那種千人一面的廣告詞所可比擬的。」〔註3〕

1941 年夏，靳以被國民政府教育部以思想不穩的罪名從復旦大學解聘，他被迫離開重慶，去福建永安黎烈文主持的改進出版社工作，《烽火小叢書》出至第 21 號就沒有再繼續下去。但在為改進出版社編《現代文藝》同時，它又以「烽火社」的名義編輯了《烽火文叢》，仍由重慶文化生活出版社印行，可作為《烽火小叢書》的繼續。這套叢書迄今所知共有六本，各書的編號及書名列表如下：

序號	書名	作者	頁碼	初版時間	初版地點	收入篇數
1	無題	巴金	66	1941·6	重慶	雜文、隨筆19篇。
2	遙遠的城	靳以	147	1941·8	重慶	短篇小說6篇。
3	火把	艾青	93	1941·6	重慶	長詩18節。
4	向天野	一文	118	1941·7	重慶	散文21篇。
5	一年集	流金	106	1942·5	重慶	散文13篇。
6	遠行集	碧野	86	1942·8	重慶	短篇小說4篇。

需要指出的是，這兩套叢書，以後大都一再重印，重印時有一些作品被重複收入不同叢書之中，如茅盾的《炮火的洗禮》、王統照的《橫吹集》、巴金的《控訴》後又收入《吶喊小叢書》中印行，如艾青的《火把》、流金的《一年集》後又被收入另一套文學叢書《文季叢書》中。儘管《烽火》早在 1938

〔註3〕趙家璧《文壇故舊錄》，第 251 頁，北京：生活·讀書·新知三聯書店 1991 年版。

年 10 月停刊，但《烽火小叢書》以及《烽火文叢》的不斷出版，以及這些書又不斷重印，實際上延續了《烽火》的生命，在全民族危亡的時刻，作家們以及出版家通力合作，不斷出版這些與抗戰有關的作品，鼓舞了中華民族追求自由和光明的信心和勇氣，使它們成為了當時宣傳抗戰的有力武器，這些圖書「是洋溢著愛國主義激情的文藝作品，揭露和控訴了侵略者的罪行，配合了當時中國人民的抗日鬥爭」。〔註4〕

控訴
烽火小叢書第一種
巴金著　實價一角六分

這是巴金先生最近的小說，詩歌，雜感，書信集。作者自己說「寫這些文章時，心情難要有不同，但目的則是一樣，這裡自然也有吶喊，可是主要的卻在控訴。對於那危害正義危害人道的暴力，我發出了我的呼聲「我控訴」！〔……〕所以這是一本有力的書。在抗戰時期是每個人都該讀的一本書。現已三版出書賜購請從速。

文化生活出版社
上海　廣州　漢口　重慶

橫吹集　烽火小叢書第二種
王統照著　新詩

我們的血
還不是文字，這是短刀。收在這集子裡的每一首（長詩，每一篇煩）文都象尖利的刀鋒，正對著敵人的心胸刻去。再沒比這個更有力的，更堅實的，更致敵人死命的。我們不再用情感來打動青年的中國的抗戰情緒的了，作者是向一個個偉大的讀者說羨慕的長詩，「我們的家鄉」強得廣大的民……就收在這本集子裡面。文化生活出版社總代售。

烽火小叢書第三種
這是王統照先生的抗戰詩集，王先生有他的獨特的作風。他那憂鬱的氣喘，經鑄的詩詞，在中國詩壇上放射了不滅的萬丈光芒。這是戰鼓，這是軍號，在這本小冊裡，詩人王統照唱出了慷慨激昂的「馬賽曲」，鼓舞著每個不願做奴隸的人向著抗戰的目標前進，以爭取最後的勝利。文化生活出版社總代售。

大上海的一日
烽火小叢書第五種　駱賓基著　實價二角分

在抗戰期間活躍的許多報告，文學者中略露頭角先生是最受人注意的一個。這裡收的是他在淞滬戰地跟蹤的智識分子的交通線，看著一群有力壯的弟兄參加了保衛大上海的血戰，一面用他的心和一面出現的每一個人物都是作者所熟悉的。他們在槍林彈雨下冒著生命的危險去從事鬥爭的壯舉。這是天地間至情人文。

在天門
烽火小叢書第四種　駱賓基著　實價一角分

這「在天門」是青年詩人鄭露賓基先生最近寫成未發表的長詩，我們很榮幸地把他獻給讀者，在這小書裡作者引著我們走到「戰壕後方的〔偶角落〕。那〔偶角落〕，誰走有見那裡的形形色色，那裡有黑暗，有光明，有痛苦的呻吟，也有激昂的呼喊，還有血和肉和生命的技巧流暢的詩句告訴了我們那應該知道的一切。文化生活出版社總代售。

〔註4〕陳思和、李輝《記文化生活出版社》，《新文學史料》1982 年 3 期。

1938年版《魯迅全集》初版與再版

中華民族的火炬

魯迅全集　魯迅先生紀念委員會編印

全書五百萬字　分訂二十厚冊　三十年著作網羅無遺

文化界偉大成就　新文學最大寶庫　出版界空前巨業

　　魯迅先生對於現代中國發生怎樣重大的影響，是誰都知道的。他的作品是中華民族的大火炬，領導著我們向光明的大道前進。只是他的著譯極多，未刊者固尚不少，易刊者亦不易搜羅完全，定價且甚高昂。魯迅先生紀念委員會為使人人均得讀到先生全部著作，特編印魯迅全集，以最低之定價，（每一巨冊預約價不及一元）呈現於讀者。

　　復社出版　徵求預約

　　全書計六十種　共五百萬餘字　三十二開版本　插圖二百餘幅

　　精裝二十巨冊　另附序文傳記年譜

　　出書日期　分三期

　　第一期（五冊）六月十五日；第二期（七冊）七月五日；第三期（八冊）八月一日

　　定　　價　每部國幣二十五元

　　預　　約　價每部國幣十四元另加郵運費二元

　　預約截止　二十七年六月底

　　附　　啟　本書另印紀念本。皮脊精裝，外加柚木書箱，每部售加一百元。由各地魯迅先生紀念委員會直接發行。

　　地址：漢口全民周刊社；香港立報館茅盾先生；廣州烽火社巴金先生。

備有精美樣本　請向各地生活書店索取

總預約處：各地生活書店

　　　　　廣告載《文藝陣地》第 1 卷第 3 期（1938 年 5 月 16 日）

迄今爲止，《魯迅全集》共有 1938 年版、1956 年版、1973 年版、1981 年版和 2005 年版五種版本系統。據朱正先生統計，1938 年版《魯迅全集》在上海先後印過四次，在東北解放區大連光華書店還翻印過一次，[註1] 而且每一次都提前刊登了出版廣告。筆者收錄了刊載於《文藝陣地》、《大公報》（漢口版）、《烽火》、《申報》（香港版）和《東北日報》等數種出版預告，這些宣傳文字是瞭解 1938 年版《全集》在解放前出版發行歷程的重要文獻。

　　初版《魯迅全集》是由「復社」獨自出版，而這種小規模的出版社要出版《全集》，資金是個大問題。爲了募集出版資金，「復社」提前在不同的報刊上登載了《全集》的出版預告。在《文藝陣地》第 1 卷 3 號（1938 年 5 月 16 日出版）上最早刊載了《魯迅全集》出版預告（如上引），其中一段文字：「魯迅先生對於現代中國發生怎樣重大的影響，……（每一巨冊預約價不及一元）呈現於讀者。」這段廣告文字突出了魯迅對現代中國的影響，認爲其作品是引領我們走向光明大道的「大火炬」。爲了更好地學習魯迅，繼承先生的遺志，最好的辦法就是閱讀先生的著作，出版《魯迅全集》是進步出版界、讀者的共同願望。

　　這則廣告中，還有如下文字：

　　　　全書計六十種　共五百萬餘字　三十二開版本

　　　　插圖二百餘幅　精裝二十巨冊　另附序文傳記年譜

以上文字把全集的主要情況作了簡要介紹。《魯迅全集》收入的內容，包

〔註1〕朱正《略說〈魯迅全集〉的五種版本》，《中國圖書評論》2006 年 4 期。

括作者從 1903 年開始文學翻譯和創作直到 1936 年逝世為止，共 33 年。基本
上搜羅了魯迅一生的大部分著譯。包括小說、散文、雜文、古典文學研究和
編著、譯著，共計五百萬字。分二十冊印行，還有插圖、序文、年譜等內容。

在《烽火》第 16 期（1938 年 6 月 1 日出版）上的出版預告則把全集總目
逐一列出。大致分創作、編著和翻譯三大部分，按時間先後排列，最前有蔡
元培先生的《序》，最末一種是《死魂靈》。在預告中，還有「另附序文傳記
年譜」等文字。

因為讀者經濟實力的不同，編輯委員會計劃印製多種不同價格的《魯迅
全集》。從預約情況可知，《魯迅全集》分普及本和精裝紀念本。普及本定價
25 元，預約 14 元。在《魯迅先生紀念委員會主席蔡元培、付主席宋慶齡為向
海外人士募集紀念本的通函》及《魯迅全集募集紀念本定戶啟示》上明確表
示：本會編印《魯迅全集》，目的在擴大魯迅精神的影響，以喚醒國魂，爭取
光明，所以定價低廉，只夠作紙張印費。但為紀念魯迅先生不朽功業起見，
特另印紀念本，以備各界人士珍藏。可見，籌集《魯迅全集》的印製資金主
要還是靠預約紀念本，而普及本真正是為了擴大魯迅精神的影響。

《大公報》（漢口版）上也刊載了《魯迅全集》的預約廣告。在 1938 年 5
月 21 日第一張第一版上首次刊載了預約廣告，與《文藝陣地》上的內容相比，
增加了全集總目部分，以《墳》開始，《死魂靈》為最末。定價、預約價格和
截止時期與《文藝陣地》上的內容均同。在介紹紀念本上，則有如下內容：

> 另印紀念本二種，印數絕對限制。甲種用道林紙精印，布面皮
> 脊，外加柚木書箱，每部收價連郵運費一百元。乙種布面精裝，書
> 脊燙金，連郵運費五十元。由魯迅先生紀念委員會直接發行。訂購
> 地址：香港立報館茅盾先生轉魯迅先生紀念委員會。

實際上，精裝本的成本也不過二三十元，但這極有珍藏價值，許多人自然願
意認購。甲、乙種精裝紀念本都只發行 200 冊，而且每本還有編號，外加柚
木書箱，書箱上有蔡元培先生手書「魯迅全集」四字。另外，該預告還列出
了部分編委會成員：

> 蔡元培　馬裕藻　許壽裳　沈兼士　茅盾　許廣平

從 1938 年 6 月 25 日開始，也就是距預約截止的前一周，《大公報》連續
每天刊載倒計時預約廣告，共七天。但在 7 月 1 日《大公報》（第一張第一版）
上刊載的最後一則《魯迅全集》的預約廣告時，用大號黑體字注出「展期半

個月」。

在香港一地的《申報》也分別 1938 年 6 月 18 日和 7 月 1 日兩次刊載了《魯迅全集》的出版預告，內容與《文藝陣地》上刊載的廣告同。

在眾多預約廣告的宣傳下，使得訂購《魯迅全集》人十分踴躍，全集的出版經費也很快得到了解決。1938 年 6 月 15 日，普及本按時出版，兩種精裝本則於同年八月一日出版。許廣平在《〈魯迅全集〉編校後記》中說：「結果出乎預料之外，出版千五百部幾大部分爲本埠讀者訂購淨盡。」至於在外埠的銷售情況也非常不錯，「華南方面……成績亦斐然可觀，漢口方面……定購亦極踴躍。國外方面……購者踴躍，南洋方面，索書巨數，致成供不應求之勢」。〔註2〕

1946 年 10 月，許廣平爲法人的魯迅全集出版社再版《魯迅全集》。從《申報》（上海版，1946 年 9 月 8 日第一張第二版）上的一則《魯迅全集》預約截

〔註2〕許廣平：《〈魯迅全集〉編校後記》，《魯迅全集》第 20 卷，上海復社 1938 年版。

止的廣告可瞭解這一次的發售情況，內容如下：

> 敝社此次重印魯迅全集一千部，自八月二十日起開始預約，蒙
> 海內人士，紛與賜助，不及兼旬，即已將原定數目預約一空，足見
> 愛好文學者於魯迅先生著作對中國文化影響的關切，我們銘謝之
> 餘，特此致歉。魯迅全集出版社謹啓。

可見，再版的一千部訂購也非常踴躍，此次發售預約時間是 8 月 20 日，9 月
8 日就不得不登報致歉。半個多月的時間，就預約一空，平均每天有近百名讀
者訂購全集。一千部再版本也未能充分滿足廣大讀者的需要。

　　1948 年年底，作家書屋以魯迅全集出版社名義再次重版《魯迅全集》。對
這次的出版情況，也可從兩則廣告可知。在《大公報》（上海版，1948 年 10
月 1 日第一張第一版和 10 月 17 日第一張第一版）、《申報》（上海版，1948 年
10 月 10 日第一張第一版）都刊載了《魯迅全集》的預約廣告，內容如下：

> 全書二十巨冊·布面精裝銀字　　上等紙張精印·舊版錯字改正
> 　　十月一日起，二十日止，特價預約一千部，每部金圓一百元，
> 外埠寄費加一成，（惟昆明貴陽成都重慶西安五邊遠城市，須加寄費
> 四成），預約完隨時截止，後到奉還原款，準十二月十五日出售。
> 　　預約處：魯迅全集出版社，作家書屋，光明書局，開明書店，
> 大中國圖書局，上海書報雜誌聯合發行所，長風書店，上海雜誌公
> 司，聯合書報社，，利群書報社，東方書店。

這次預約，規定時間是 20 天，但鑒於以前再版時預約情況，所以後面有「預
約完隨時截止，後到奉還原款」的聲明。但是，本次出書，面臨的困難較多。
從《大公報》（上海版，1948 年 12 月 16 日第一張第一版）刊出的《全集》出
版通告就能看出：

> 　　前承讀者預約之第三版《魯迅全集》，適逢改革幣制，原料極度
> 困難，復以裝訂費時，不得已兩期出售，今日爲第一期出售，請預
> 約戶憑預約券向原預約處先取一至八卷，其餘九至二十卷，約下月
> 中旬裝訂完畢，屆時當再登報通告，諸希鑒亮（諒之誤）是幸。魯
> 迅全集出版社啓

　　比作家書屋再次印行《全集》的時間稍早，東北解放區大連的光華書店，
爲了滿足廣大群眾、士兵和文藝工作者等的需要，1948 年也開始重印《魯迅
全集》，在《東北日報》（1948 年 8 月 18 日）刊出了售書預約廣告，原文如下：

光華書店爲印行《魯迅全集》謹告讀者

魯迅先生留給我們的寶貴遺產——他的全集二十大卷，一直是革命戰士、文藝工作者和廣大青年們在其中吸取鬥爭經驗、學習創作方法和追求眞理時取之不盡用之不竭的源泉，這二十卷全集一九四六年曾在上海再版過一次，本店亦展轉設法運來過一部分，但終因來數太少而不敷分配。由於解放區的廣大讀者對魯迅先生有著無限敬仰愛戴。所以很多讀者都渴望得到一套魯迅先生的全集，於是紛紛要求本店印行全集的東北版。目前在東北解放區經濟既日益繁榮、印刷所需的物資亦非常豐富，本店在各方幫助之下，決定將魯迅全集加以翻印，但因能力有限，雖想使東北版的魯迅全集盡力做到能與原版並無二致，但恐仍舊不免有若干缺點，尚希望各界讀者鑒諒是幸。

定價每部 120 萬元　預約 90 萬元，各地同業機關團體（限持有介紹信）特價 85 萬元

預約九月十五日截止，九月起每月出版兩卷

可見，不但國統區讀者熱愛魯迅，閱讀魯迅，解放區的廣大群眾也對魯迅充滿崇敬之情。魯迅的對敵鬥爭精神、文學創作方法等對廣大青年、革命戰士、文藝工作者具有學習和借鑒價值。爲了滿足解放區人民繼承魯迅先生的精神遺產，東北版《魯迅全集》也就應運而生。

原定預約在 9 月 15 日截止，但是，讀者對《魯迅全集》的需求使得書店被迫延期，出版套數也相應增加。在 1948 年 9 月 18 日的《東北日報》第四版上又刊載了《魯迅全集》預約展期的啓事：

《魯迅全集》的預約，原定於九月十五日截止，今應各界讀者熱烈要求，並便於交通閉塞之遠地讀者計，爰將預約期限展延，自九月十六日起再行預約至五百部爲止。惟因最近印刷成本激增，不得不將預約價酌予提高，敬希各界讀者曲予鑒是幸。

定價：160 萬元，預約：120 萬元　各地同業，機關團體特價114 萬元

外埠郵運，包裝費暫收十萬元。

接下來，在《東北日報》9 月 21 日和 22 日又連續兩次刊載《魯迅全集》的預約廣告，接下來就沒有刊載《全集》的預約廣告了。由此可見，東北版《魯迅全集》增加的 500 部也很快被訂購一空。

出版家的自傳：《在出版界二十年》

在出版界二十年　張靜廬著　上海雜誌公司 1938 年 6 月在漢口初版

　　本書作者是五四運動後，第一個從事推進新文化運動的實行者，在新出版業中有了二十年悠久的歷史和經驗，他創辦過光華書局、現代書局、聯合書局。現在是上海雜誌公司的創辦人和總經理。在本書裏極坦率的忠實的記錄他三十年來的流浪生涯：從一個學徒到新聞記者，到出版家。本書縱的方面記述個人一生的經歷和事業的成功與失敗；橫的方面描出五四以後每一時代出版界身受的痛苦和查禁書籍的故事。這不僅是一個人的自傳，而是一部新文化運動的史料。末附有《雜誌發行經驗談》，以事實的經驗，說明雜誌推廣的技巧，可供雜誌發行人參考。定價四角五分。

廣告載《新華日報》1938 年 6 月 22 日

　　自上個世紀九十年開以來，新文學的研究領域開始向報刊、出版領域拓展，這既是新文學研究新的「批評空間」的開創，也是新文學研究進一步深入的具體體現。事實上，中國新文學的生產就是以出版、報紙、雜誌為依託的，新作家與新型出版業以及報刊雜誌的聯繫超過了以往任何時期，新文學的發生、發展與這些出版機構、報刊雜誌密不可分。正是在這種研究熱潮下，一些新書業出版機構、文學期刊以及出版家等引起了新文學研究者的重視和研究。而作為曾經在二三十年代上海赫赫有名的出版家張靜廬，以豐富的出版經歷、與現代作家的密切交往，以及對新文學出版的卓越貢獻而受到了重視。而他在 1938 年問世的《在出版界二十年》不但作為一部文學性的自傳，而且更是作為一部具有較高史料價值的參考書而受到新文學研究者的喜愛。

〔註1〕

　　張靜廬的一生經歷確實頗具有傳奇性。作爲一個出身於屠戶家庭，小學畢業後做過酒行學徒、「酒保」、小學教師，業餘時間還撰寫過小說。嗣後又做過報紙記者、書店編輯。在五四運動期間，作爲「救國十人團聯合總會」代表曾赴北京請願。最後以創辦書店和雜誌公司，出版了大量的新文學期刊、圖書，從而在現代出版界建立自己的地位。他的豐富多彩的經歷本身就是一個頗有看點的傳奇性故事。而在二十餘年文化界、出版界的活動中，與眾多近現代文化人（包括大量的現代作家）的交往更增加了其故事的文化魅力。但是，對於張靜廬自己來說，他原先並沒有計劃寫作這本自傳，而是在朋友的多次鼓勵、邀請下，自己也幾經醞釀才開始動筆的。1935 年秋，張靜廬在阿英等朋友的鼓勵下萌發了寫自傳的動機，「當時阿英和幾位朋友都叫我寫一本自傳，給後來留心新文化運動的史家們一些『或許有用』的史料。」〔註2〕儘管有想寫的動機，但他因自己沒有文學修養和缺乏寫作技巧而不敢下筆。1936 年冬天，《越風》雜誌向他約寫一篇關於上海新出版業的史實的稿件，並建議他以「自己的事業變遷爲經，多量地採入當時作家們與書店之聚散離合爲緯，織成一幅看去似乎平淡而實際卻富有圖案意味的美麗而實用的廠絨。」〔註3〕這次約稿促使他下定決心寫自傳並做了心理上的準備。最後是自己所辦的雜誌公司出版的《讀書》月刊的約稿迫使他開始以《在出版界二十年》寫作自己的自傳。在《讀書》月刊創刊號（1937 年 5 月 15 日）開始連載。由於「七・七」抗戰爆發以及上海「八・一三」事件爆發，張靜廬所創辦的上海雜誌公司被迫轉移到武漢，上海門市部關閉，而主辦的《讀書》月刊在出版了三期之後也被迫停刊，連載也只連載到前五章就中斷了。儘管連載中斷，張靜廬還是續完了這部幾經周折的自傳。

　　《在出版界二十年》大概在 1938 年春完稿。由於自己創辦有雜誌公司，該書的出版印刷自然可以近水樓臺，書稿很快納入出版程序。在 1938 年 5 月 20 日，張靜廬在看完一遍初校樣後，他還特別寫了跋文《寫在後面》，在文章中，他對自己的出版工作有一個夫子自道：

〔註 1〕1984 年 9 月，上海書店影印出版了張靜廬的《在出版界二十年》，首印 10000
　　　冊。2005 年 7 月，江蘇教育出版社又重版了張靜廬的《在出版界二十年》，首
　　　印 6000 冊。
〔註 2〕張靜廬《在出版界二十年》，第 1～2 頁，江蘇教育出版社 2005 年版。
〔註 3〕張靜廬《在出版界二十年》，第 1～2 頁，江蘇教育出版社 2005 年版。

我有我的目標，我有我的信念，二十年生活在出版界裏，彎彎曲曲朝著這個目標而前進，千辛萬苦爲實現這個信念而工作。並不因環境險惡而躲避，也不受生活艱難而動搖。我明白，我所負的責任的艱重，文化工作影響於民族社會的重大和深遠！

……

我是個「出版商」，二十年來生活在這圈子裏，姑不論對於文化工作做到如何成績，對於社會影響達到了怎樣程度，但是，我是個「出版商」而不是「書商」，希望認識我和不認識我的朋友對於我有這最低限度的瞭解！這是「差之毫釐謬以千里」的分界線。雖然出版商也要爲生活，爲維持事業上的必要開支而顧到「錢」。

「錢」是一切商業行爲的總目標。然而，出版商人似乎還有比錢更重要的的意義在這上面。以出版爲手段而達到賺錢的目的，和以出版爲手段，而圖實現其信念與目標而獲得相當報酬者，其演出方式相同，而其出發的動機完全兩樣。〔註4〕

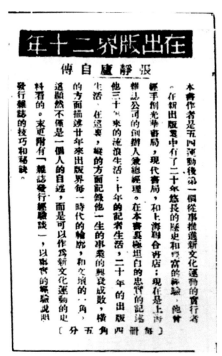

〔註4〕張靜廬《在出版界二十年》，第136～137頁，江蘇教育出版社2005年版。

　　《在出版界二十年》於 1938 年 6 月初版於漢口，上海雜誌公司發行。全書三十一章，正文共 196 頁。書末有附錄一篇《雜誌發行經驗談》。從作者的生長地開始寫起，一直到抗戰後的出版界，涉及到的時間跨度近 40 年，前十三章主要寫作者的學徒生涯、創作情況、革命活動以及編輯出版的初步嘗試等，從十四章開始，則主要以自己踏進出版界的活動為經，詳細敘述了個人的編輯、出版活動等。除敘述個人經歷之外，還講述了二三十年代上海出版界的掌故，介紹了禮拜六派、創造社等文學流派的情況，這些文字無疑頗具史料價值。如在「禮拜六派時代的輪廓」一章中，介紹了該派最早的刊物《自由雜誌》，接著是《遊戲雜誌》《女子世界》、《眉語》等。以及對《玉梨魂》的版權問題以及編者和作者大打筆墨官司從而引起小說大銷特銷等情況的記錄等，這些對研究鴛鴦蝴蝶派無疑是有重要的參考價值。此外，他在泰東圖書局擔任過編輯，後來他又創辦了光華書局、現代書局、聯合書局以及上海雜誌公司等，這些書店都出版了大量的新文學單行本以及文學期刊，而作為這些作品的發行人，他瞭解了大量的新文學作品出版內幕，這在他的自傳中也有披露。如書中涉及到的光華書局的誕生、現代書局的建立緣由、以及《現代》雜誌的創刊、關於郭沫若的《我的幼年》被禁的經過、上海雜誌公司的建立等等。作為親身經歷者寫下這些敘述無疑為新文學的出版與傳播研究提供了詳實的史料。由於作者從事的主要是新書出版業，與新文學作家作品有密切的聯繫，書中對他與現代著名作家郭沫若、郁達夫等人交往的軼事也有所爆料。從作者娓娓道來的敘述中，我們看到的不僅僅是他個人的經歷，還可以真切的感受到那個時代的出版氛圍。有心的讀者亦能從書中窺測到民國社會的風貌以及上海作為文化中心在當時的重要地位。正如上引廣告中所說「這不僅是一個人的自傳，而是一部新文化運動的史料」。

　　遺憾的是，這部自傳只寫到了 1938 年。1938 年以後，張靜廬先生的出版活動還在繼續，如 1943 年，他擔任重慶聯營書店總經理。在 1943 年 2 月 19 日重慶的《新華日報》上還刊登了一則消息：「茅盾等發起紀念張靜廬從事出版事業 25 週年徵文」。解放後，張靜廬歷任出版總署計劃處副處長、中華書局近現代史編寫組組長等職。在他的主持下，中華書局在 50 年代初陸續出版了《中國近代出版史料》初編、二遍，《中國現代出版史料》甲編、乙編、丙編、丁編，《中國出版史料補編》，共七冊，共計 250 萬字，這套資料豐富，編排有序，注釋詳盡，附錄完備的出版史料至今還是出版界、新文學研究界

的重要參考資料。出版史家王益對張靜廬的工作給以了這樣的評價：「在張先生編輯出版這些史料的當年，我們對他的工作的重要意義，也並沒有深刻的認識。張先生是有遠見卓識的，他是建國後我國出版史研究的開創者，他帶了個好頭，我們現在應該感謝他。」〔註5〕王建輝也稱讚張靜廬為「整理雜誌刊行史料的有功之人」。〔註6〕在我看來，張靜廬在寫作《在出版界二十年》時已經開始有意識地保存現代出版史料，著手出版史的研究了，只不過他用的是自傳這種形式罷了。

〔註5〕王益等《推動出版史的研究和學習》，《中國出版》2000年第3期。
〔註6〕王建輝《張靜廬：刊行雜誌整理史料有功之人》，《出版廣角》2001年第9期。

《西行漫畫》問世及作者

西行漫畫　蕭華先生作

偉大的歷史里程碑　漫畫界劃時代傑作

未讀《西行漫記》者不可不讀！　已讀《西行漫記者》尤不可不讀！

當我從一位參加了二萬五千里長征同志的手裏，接到這一束生活漫畫，而逐一看過的時候，我內心的喜悅和激動，眞是任何樣的語言文字都不足以形容。

雖只是二十五幅的漫畫，卻充分的表白了中華民族性的偉大、堅實，以及作爲民族自己的藝術在鬥爭與苦難之中在開始生長。

我以爲，在中國漫畫界之有這一束作品出現，是如俄國詩壇之生長了普希金。俄國是有了普希金才有自己民族的文學，而中國，是有了這神話似的二萬五千里長征的生活紀錄畫片，才有了自己的漫畫。

在中國的漫畫中，請問有誰表現過這樣樸質的內容？又有誰表現了這樣韌性的戰鬥？刻苦，耐勞，爲民族的解放，愉快地忍受著一切，這是怎樣地一種驚天地動鬼神的意志。非常現實的在繪畫中把這種意志表現出來，如蘇聯文學之有《鐵流》、《潰滅》（即《毀滅》——編者），是從這一束漫畫始。

其次，中國既有漫畫，雖不乏優秀之作，但眞能表現民族的優越性，生長性，不滲雜任何病態的渣滓，內容形式，甚至於每一筆觸，都百分之百表現其爲「中國的」，如這一束漫畫，在過往是還不曾見過。

因此，這經過了悠久的旅程，而又從遼遠的陝北帶到南方來的一束漫畫，它將不僅要伴著那二萬五千里長征歷史的偉大的行程永恒存在，它的印行，也將使中國的漫畫界，受到一個巨大的新的刺激，走向新的開展。它要成爲

漫畫界劃時代的紀念碑，分水嶺。

發揮著民族偉大意志的反侵略戰爭，現在是在繼續的開展。廣大民眾為著民族的生存是毫無顧惜的在忍受著一切的苦難。這正表現了這一束漫畫所反映的民族精神的更進一步的發揮。把它印行出來，正是要在當前的戰鬥事實而外，向全世界有正義感的人們，提供一項中國抗戰必然勝利的歷史實證。

我謹以無限的敬意，呈獻給這一束漫畫的作者——蕭華同志！並向印行此書的風雨書屋同人，表示寫意。

（錢杏邨先生題記）

銅版紙每本冊實價四角　米色道林紙每本冊實價二角五分

中華大學圖書有限公司發行　寧波路一三○號　電話一五○一五號

廣告載《文獻》第 1 期，1938 年 10 月

1938 年 10 月，阿英、金學成、劉少文、李之華等黨的文藝工作者創辦了一個出版機構風雨書屋，以配合主要以文摘式記錄抗戰為主要內容的資料性刊物《文獻》創刊。風雨書屋除出版《文獻》雜誌外，還印行了毛澤東的《抗日遊擊戰爭的戰略問題》、《論持久戰》、鷹隼的《劍腥集》、吳梅的《風洞山傳奇》、我佛山人的《痛史》等作品。此外，它還印行過一本特殊的畫集——《西行漫畫》。

1938 年初，阿英在一個偶然機會從劉少文手裏接到一束 24 幅有關紅軍長征的寫生漫畫照片。這些漫畫描繪了紅軍長征時過大渡河、瀘定橋、雪山、草地等天險的情形，充分表現了中國工農紅軍無產階級革命樂觀主義精神和無堅不摧的英雄氣概。這是極其珍貴的紅軍原創作品，它可向全世界提供一項中國抗戰必勝的歷史實證。儘管當時處於租界當局高壓的環境中，阿英覺得這樣的圖書自然值得冒險出版。在 1938 年 10 月中旬，這本畫集作為風雨書屋出版的第一本圖書問世了，初版印了 2000 冊。由於聽說這些圖畫是紅軍將領蕭華從山東根據地轉來上海的，阿英誤將蕭華作為此書的作者，在畫冊上署上了作者蕭華的名字。為了促銷，阿英又仿用斯諾《西行漫記》〔註1〕的書名取名為《西行漫畫》，作為與《西行漫記》的姊妹篇，所以廣告中有「未

〔註 1〕1938 年 2 月 10 日，由胡愈之策劃，林淡秋、梅益等十二人集體承譯，以復社名義出版的《Red Star Over China》第一個中文全譯本《西行漫記》在上海問世。此書在短短的十個月內就印行了 4 版，轟動了國內及海外華僑聚集地。

讀《西行漫記》者不可不讀！已讀《西行漫記》者尤不可不讀！」的宣傳語。

　　圖書封面左邊的書名「西行漫話」
是豎行紅色隸書字體，粗重厚實，下面
三行橫排的是「上海風雨書屋版權」幾
個墨色仿宋字。封面另外三分之二的部
分則是一位挎槍扶杖、昂首屹立於風雨
中的紅軍指揮員形象。這位指揮員就是
西路軍將領董振堂將軍，1937 年 1 月 12
日，他率部在甘肅省高臺縣城與國民黨
軍奮戰，彈盡援絕，於 20 日犧牲。以他
畫像爲封面，也是爲了紀念這位英勇犧
牲的紅軍將領。阿英爲此書寫了《題記》
（內容如上），他高度評價了此漫畫在美
術、史料和革命史等多方面的意義：在
美術史上，「我以爲，在中國漫畫界之有
這一束作品出現，是如俄國詩壇之生長
了普希金。俄國是有了普希金才有自己民族的文學，而中國，是有了這神話
似的二萬五千里長征的生活紀錄畫片，才有了自己的漫畫。」進而他還認爲
這冊漫畫的問世將成爲漫畫界劃時代的紀念碑和分水嶺。在革命史上，這畫
冊「向全世界有正義感的人們，提供一項中國抗戰必然勝利的歷史實證。」
此外，書中還附了紅軍長征路線圖，照片、文字紀事，以便於讀者可以詳細
地瞭解紅軍長征的全過程。

　　具體來看，在這 25 幅漫畫中，有人物、風俗、戰士生活和軍事行動等。
《翻夾金山》、《背乾糧過草地》、《草地行軍》是對紅軍爬雪山、過草地的眞
實記錄。紅軍在長征途中的幾次重大戰役，幾乎都被畫者畫進了漫畫中，如
《遵義大捷》、《安順場》、《瀘定橋》等。在《董振堂同志》中則告訴人們一
個眞實的董振堂：平時一隻手喜歡叉腰，一根短棍子是離不了，一支手槍是
一刻鐘都不會離身的，他非常和氣。《磨青稞》描繪紅軍過草地時，爲了解決
糧食問題，戰士們向藏民買來青稞磨成麵的情景。《永遠忘不掉的事實》反映
了長征途中川滇邊乾人（窮人）之家的苦難生活及紅軍戰士與沿途群眾的親
密關係。作者以漫畫形式眞實記錄了紅軍長征中的諸多重大事件，爲後人留

下了一份珍貴的中國革命史資料。

　　此書問世不久，風雨書屋即受到日軍會同租界當局查抄，書店被迫停業，所出圖書被沒收，因此初版《西行漫畫》保留下來的極少。

　　《西行漫畫》初版時，署名蕭華先生作，實際上此書的作者並不是他，而是時任第五軍團政治部文化科長、中央軍委直屬隊政治部宣傳科長的黃鎮，此事直到 1961 年正式確認。黃鎮（1909～1989），字白知，名士元，安徽桐城人。16 歲中學畢業考入上海美術專科學校。1926 年因參加學生運動被捕，獲釋後轉入新華藝術大學。畢業後回鄉任教。1931 年參加紅軍，1932 年加入中國共產黨。1934 年隨軍開始長征，擔任第五軍團政治部文化科

長、中央軍委直屬隊政治部宣傳科長。長征路上，經歷了富有傳奇色彩的人和事，激動人心的戰鬥生活，以及目不暇接的沿途風光，特別是紅軍戰士不畏艱難，不屈不撓的堅強意志，不怕犧牲、勇往直前的革命精神讓他激動不已。所以，他行軍途中，他開始了以長征為題材的漫畫創作，由於環境的惡劣，這些漫畫保留下來的只有 24 幅。據他回憶：「當時，什麼印象深，觸動了自己的感情，就畫下來，放在身上的書包裏。長征我畫了整整一路，大概也有四五百張，現在留下來的就是這 24 幅。」〔註 2〕這 24 幅，也就是以後公開出版的《西行漫畫》。

〔註 2〕黃鎮《〈長征畫集〉的回憶及其他》，《中國人民解放軍文藝史料選編》（紅軍時期上冊），北京：解放軍出版社 1986 年版。

夭折的《瞿秋白全集》

中國新文化的海燕

　　　　瞿秋白全集　發刊預告　錢杏邨先生編

　　瞿秋白先生逝世已五年了。他的遺著刊行的，有魯迅先生輯印之譯著《海上述林》，及謝旦如先生輯印之雜著《亂彈》。顧二書所收，大都爲瞿先生後期著譯，且未盡。至五四運動以還著作，及後期政論，則全未編入。瞿先生從事政治文化活動，前後凡二十餘年，所作文字，不下六七百萬言，在政治文化上，所起之影響極大，此偉大之歷史里程碑，時至今日，實不能再聽其湮沒。錢杏邨先生於瞿先生著作，二十年來，搜集至勤，所藏亦富，瞿先生故後，久有爲亡友輯遍全集之意，現應本店之請，將瞿先生關於文藝部分著譯，先行付印。諸凡瞿先生初期著作，蘇聯通訊，文學譯品，以至發表在秘密刊物上之有關文藝文字，靡不搜羅俱備。付印有期，僅先預告其內容卷目，以告愛讀瞿先生著作者。

第一卷 文藝論著　　　第二卷 文學史　　　　　　第三卷 笑峰亂彈
第四卷 蘇聯通訊　　　第五卷 創作集（遊記雜著附）　第六卷 文藝譯論（一）
第七卷 文藝譯論（二）　第八卷 翻譯小說（一）　　　第九卷 翻譯小說（二）
第十卷 翻譯戲曲（雜譯稿附）

　　　上海風雨書屋出版　　英商中華大學圖書公司發行
　　　上海寧波路一三〇號・電話一五〇一五號
　　　　　　　　　　　　　　　廣告載《文獻》第 4 期，1939 年 1 月 1 日

　　1935 年 2 月下旬，作為中國共產黨早期主要領導人和中國革命文學事業的重要奠基者之一的瞿秋白，在福建長汀縣水口鎮被國民黨地方武裝保安團包圍，不幸被捕。後押解至駐長汀的國民黨 36 師師部。6 月初，蔣介石給 36 師發來密電，令「瞿匪秋白即在閩就地槍決，照相呈驗」。6 月 18 日，瞿秋白高唱自己翻譯的《國際歌》走向刑場，慷慨就義，死時僅 36 歲。對於這樣一位英勇犧牲在敵人屠刀下的著名共產黨人，收集並出版他的作品無疑是紀念他的最好的方式。在他犧牲後幾年中，朋友們開始搜集整理其留下的文字，其譯作和文學作品最先得到整理出版。

　　作為生前好友的魯迅，得知瞿秋白遇害後，多次在書信和與友人談話中多次表達對亡友的懷念和對殺人者的義憤。在致曹靖華的信（1936 年 6 月 24 日）表達了對反動當局的憤怒：「中國事其實早在意中，熱心人或殺或囚，早替他們收拾了，和宋明極像。」6 月 27 日，在給蕭軍的信中，他又說：「中國人先在自己把好人殺完，秋即其一。……中文俄文都好，像他那樣的，我看中國現在少有」。隔天在給胡風的信中又說：「檢易嘉的一包稿子，有譯出的高爾基《四十年》的四五頁，這真讓人悲哀。」在魯迅看來，佳人已逝，但作為其朋友，搜集整理他的作品顯得尤為必要。魯迅曾說：「一個人如果還有友情，那麼收存亡友的的遺文真如捏著一團火，常要覺得寢食不安，給它企圖流佈的」。〔註1〕魯迅為此部書付出的行動無疑是最好詮釋。

　　由於當時的條件限制，魯迅放棄了編選全集的計劃，改出譯文集。1935 年 9 月，確定書名為《海上述林》，分上下冊，上冊論文，主要搜集瞿秋白編譯的馬克思、恩格斯、列寧、普列漢諾夫、拉法格等人的文學論文，下冊收瞿秋白創作的詩、戲劇、小說之類。10 月開始選編稿件。1936 年 4 月，上卷校對完成。5 月帶往日本印刷，8 月底以「諸夏懷霜社」的名義出書，9 月底運至上海。下卷於 9 月底完成校對，10 月出版。魯迅開始編選本書時已大病纏身，但他不顧病痛的折磨，傾注心力於《海上述林》，直到他生命的最後時刻，他都在操心這部書的出版。全書從編輯、校對、設計封面、裝幀、擬定廣告及購買紙張、印刷、裝訂等項工作，則都由魯迅經辦，以便使書籍更臻於完美，成為當時出版界最漂亮的圖書。據馮雪峰回憶，魯迅收到《海上述林》（上）時悲憤地講：「我把他的作品出版，是一個紀念，也是一個抗議，

〔註1〕魯迅《白莽〈孩兒塔〉序》，《魯迅全集》（第 6 卷），第 511 頁，北京：人民文學出版社 2005 年版。

一個示威！……人給殺掉了作品是不能殺掉的，也是殺不掉的」。

本來魯迅還計劃為瞿秋白編印第二個集子，但由於他的辭世，他已來不及編印這本集子了，但瞿秋白的另一好友謝旦如接過魯迅手中的接力棒，克服苦難編印了第二個集子《亂彈及其他》。此書為瞿秋白的文藝論文結集，是新文學運動的重要文獻之一，亦是作者僅存的一本關於文藝問題的遺作。1931年 5 月，瞿秋白、楊之華夫婦因黨中央機關被破壞被迫四處避居，因馮雪峰的介紹，來到謝旦如家隱居，使得他有機會與瞿秋白、魯迅結識相交，建立了較深的友誼。1933 年末，瞿秋白離開上海赴江西瑞金時，留下了兩份《亂彈》稿本，一本交魯迅保存，另一本交謝旦如保存。瞿秋白犧牲以後，謝旦如精心保存了瞿的文稿，將瞿秋白遺著中的譯文類文稿交給魯迅編輯，又出資或出力支持魯迅出版瞿秋白的遺著《海上述林》。1938 年，謝旦如創辦了金星書店，此時日本軍隊開進上海，孤島的出版環境愈加惡劣，謝澹如深恐遺稿散失，決定冒險以「霞社」的名義出版瞿秋白的《亂彈及其他》〔註2〕。初版於 1938 年 5 月 5 日出版，分精平裝兩種。在霞社出版出版《亂彈及其他》之際，阿英（錢杏邨）專門寫了《關於瞿秋白的文學遺著》一文，文章首先簡要回顧了他所瞭解的關於秋白同志的文學生活。然後對最近輯印的《亂彈及其他》進行了介紹，但他認為《亂彈》所收的，只是秋白作品的一部分，遺漏的還太多，甚至在編者已經搜集到的雜誌上換了另一署名的文稿，也被遺落了。儘管這樣，他還是認為這本書在這全面抗戰開展的新形勢下出版極有意義，「即使不是從事文學青年，我也希望他們能讀一讀，去認識我們『先驅者』所走的路，並抗日的統一戰線形成所經過的艱苦，來更堅強自己的抗日的意志。」

事實上，作為從事政治文化活動近二十年的瞿秋白來講，畢生留下至少六七百萬字的作品。《海上述林》和《亂彈及其他》的字數還不到其文字總量的十分之一，且這兩部集子搜羅的作品大多為瞿秋白晚期所作。從 1919 年開始，瞿秋白就開始發表文章，涉及政治、哲學、文學創作、翻譯等許多領域。僅就文學領域，身前已出版《餓鄉紀程》、《赤都心史》、《蕭伯納在上海》、《俄國文學史》、《論文學革命及語言文字同題》等作品。此外，還翻譯了《列寧論托爾斯泰》、《高爾基創作文集》、《高爾基論文選集》、《解放了的堂吉訶德》

〔註 2〕上海霞社出版的瞿秋白著作很快流傳至全國，並傳到了敵後抗日根據地。1946年，晉察冀新華書店還出版了解放區的毛紙本《亂彈及其他》。

等文學論文。儘管魯迅鑒於當時的經濟、政治環境放棄了編印瞿秋白全集的計劃，但是，編印瞿秋白全集的計劃仍然是許多進步人士的目標，而錢杏邨（阿英）就是一個勇敢的嘗試者。

作爲中國進步文藝戰壕的戰友，早在太陽社成立前，錢杏邨就與瞿秋白有過接觸，「蔣光慈和他（錢杏邨）去找瞿秋白請示（成立太陽社一事），得到瞿秋白同意。」〔註3〕此後，瞿秋白作爲「左聯」的領導又時常給予錢杏邨以理論指導。1931 年 8 月，錢杏邨也爲出版瞿秋白翻譯的高爾基短篇小說聯繫過出版社等。1932 年 4 月，兩人還爲華漢的《地泉》作序，對普羅文學中的革命浪漫主義傾向進行清算和檢討。此外，錢杏邨還是一位十分留意文學史料保存的藏書家，他收藏了瞿秋白大部分著譯作品，不但如此，作爲進步作家的他還保存了許多進步的文藝刊物，而這些刊物上也刊載了瞿秋白的一些文字。所以，廣告中有「錢杏邨先生於瞿先生著作，二十年來，搜集至勤，所藏亦富」之語。瞿秋白犧牲以後，阿英十分悲痛，但苦於沒有經濟上的條件，出版瞿秋白的作品也只能等待時機。1938 年 10 月，阿英、金學成、劉少文、李之華等黨的文藝工作者爲了配合《文獻》創刊而創辦了風雨書屋，阿

〔註 3〕錢厚祥整理《阿英年譜》（上），《新文學史料》2005 年 4 期。

英擔任書店的總編輯，金學成任經理。儘管此前他在《關於瞿秋白的文學遺著》還認爲「《秋白全集》的編纂，即使僅是文學部分，在目前也有相當困難」，但爲了讓瞿秋白的遺稿能得到保存，讓其精神得到更好地發揚，而當時又有自己的出版社，手中又有瞿秋白大部分文學方面的著作。所以，在出版社創立伊始，他幾乎迫不及待地計劃編印《瞿秋白全集》了。在《文獻》第 4 號（1939 年 1 月 1 日）上刊登了發刊預告（如上），宣告風雨書店將印行錢杏邨先生輯編的《瞿秋白全集》的計劃。儘管號稱要出全集，由於書店經濟實力小、政治環境惡劣，以及阿英所藏的大多是瞿秋白文學著譯類作品等等原因，不得不計劃先刊行文藝類著譯。從預告上看，計劃出十卷，基本上囊括了瞿秋白文學各領域的作品。

不幸的是，正當廣大讀者翹首期盼《瞿秋白全集》陸續問世時，日本侵略者破壞了這一計劃。儘管風雨書店用英商中華大學圖書發行公司掩護，用外商招牌以抵制日軍查究。但 1939 年 7 月下旬，日軍會同公共租界捕房協助下，查抄了《文獻》編輯部，將金學成拘捕。書店圖書被沒收，阿英被迫隱蔽，預告將出《瞿秋白全集》一卷也未能出版。新中國成立後，《瞿秋白全集》納入國家出版計劃。1951 年，馮雪峰擔任人民文學出版社社長後，變全集爲文集，在中共中央宣傳部指導下，設立了「瞿秋白文集編輯委員會」，馮雪峰主持了文集的編選出版，文集主要收集文藝類著譯，1953～1954 年人民文學出版社出版了八卷本《瞿秋白文集》（四冊），「收入了到那時爲止秋白同志所有的文學方面的著譯」。〔註 4〕馮雪峰爲這套文集寫了序，他特別提到了保存瞿秋白遺著的朋友：「除了他的戰友魯迅先生的盡力之外，還有其他幾位先生和同志也盡了力量，我們在這裡對他們表示衷心的感謝。」〔註 5〕這裡提到的「其他幾位先生和同志」當然包括在 1939 年試圖編輯《瞿秋白全集》的錢杏邨。

1981 年，在中共中央宣傳部和中共中央文獻研究室指導下，對瞿秋白的著譯開始全面地系統地收集、整理和編輯。人民文學出版社於 1985 年至 1989 年在八卷本基礎上重新編注出版了《瞿秋白文集》（文學編 1～6 卷）。與此同時，對於瞿秋白政治理論方面的著譯也首次系統地開始了整理和編輯，人民

〔註 4〕王士菁《介紹〈瞿秋白文集〉》（文學編），《新文學史料》1999 年 1 期。
〔註 5〕馮雪峰《〈瞿秋白文集〉序》，《瞿秋白文集》（一），北京：人民文學出版社 1953 年版。

出版社於 1987 年至 1988 編注出版了《瞿秋白文集》（政治理論編 1～8 卷）。新編《瞿秋白文集》共 14 卷 500 多萬字，盡可能地收集和編入了現有的絕大部分瞿秋白遺著，這個文集也是迄今爲止瞿秋白的著譯較爲完整地編印出版的版本。

老舍的扛鼎之作《駱駝祥子》

駱駝祥子　老舍著　人間書屋發行 1939 年 3 月初版

《駱駝祥子》是近年來中國長篇小說中的名篇，是名小說家老舍先生的巨著，作者自云這部小說是重頭戲，好比譚叫天之唱定軍山，是給行家看的。書中主人公祥子是個洋車夫，他好勝愛強，勤苦耐勞，流血流汗，想做個好人，可是惡劣的社會不容好人。結果使他墮落。故事動人，描寫深刻，全書十七萬字，只售國幣八角。

廣告載《宇宙風乙刊》第 5 期，1939 年 5 月 1 日

1936 年 7 月中旬，老舍如願以償地辭去了山東大學的教職，立志要當一名「職業寫家」。而辭職後的「第一炮」就是《駱駝祥子》。而此小說的靈感卻來自 1936 年春天與同在山東大學任教的一位友人的閒談，在《我怎樣寫〈駱駝祥子〉》中，老舍如是說：

> 記得是在 1936 年春天吧，「山大」的一位朋友跟我閒談，隨便的談到他在北平曾用過的一個車夫，這個車夫自己買了車，又賣掉，如此三起三落，到末了還是受窮。聽了這幾句簡單的敘述，我當即就說：「這頗可以寫一篇小說。」緊跟著，朋友又說：有一個車夫被軍隊抓了去，哪知道，轉禍為福，他乘著軍隊轉移之際，他偷偷地牽回三匹駱駝回來。

朋友的閒談，讓老舍記住了「車夫」和「駱駝」，據此他開始瞭解駱駝的生活習性，打聽車夫的生活，四處搜集材料，由此構思出一個以駱駝為引子的人力車夫的奮鬥故事。辭去教職的老舍，全身心投入了《駱駝祥子》的寫

作，由於事前準備充分，寫作極爲順暢，不到兩個月，老舍就把已經寫成的部分文稿交給《宇宙風》準備連載。在第 22 期《宇宙風・編輯後記》中就提前披露了本刊將連載老舍的《駱駝祥子》的消息：「老舍先生一口氣給本刊寫了八篇《老牛破車》後休息了一陣，現在暑假已到，就把全部功夫放在給本刊寫作上面。除了隨筆之外，更有一個長篇在創作，名曰《駱駝祥子》，決定在本刊二十五期刊起。老舍先生是中國特出的長篇小說家，《駱駝祥子》就是這長時間中構思成功的作品，寫作時又在長閒的暑假期，寫作地正在避暑地的青島，其成功必定空前。本刊得此傑作，喜不自勝，就急急忙忙地報告讀者。」〔註1〕從第 25 起開始，《駱駝祥子》開始在《宇宙風》連載，每期一章，至第 48 期（1937 年 10 月）連載完畢。

《駱駝祥子》主要以祥子奮力攢錢買車，車被軍閥亂兵擄走，第二次幾乎攢夠了的錢又遭流氓偵探敲詐，成家後靠虎妞的積蓄買了輛車又在虎妞難產死後賣掉。這「三起三落」的情節線索，描寫了樸實的農民如何市民化，最終被拋到城市流氓無產者行列的歷史過程，步步深入並完成了祥子身心沉淪的大悲劇。十八歲的祥子因爲失去了父母和幾畝薄田，由鄉間跑進北平城裏謀生。他是個強壯、沉默而有生氣的勞動者，把擁有一輛自己的洋車作爲生活的奮鬥目標。他自信憑著年輕和力氣可以在都市裏做一個體面的車夫，過一種誠實和自強的生活。經過整整三年的積累，終於買了一輛自己的車。就在他越幹越起勁、生活的希望越來越大的時候，他遭到了無情的打擊：亂兵搶走了他的車。幸虧得以逃命，並順手牽了亂兵撤退時無暇顧及的三匹駱駝，賤賣了三十五塊現洋，準備重新積蓄，再買輛自己的車。但被孫偵探敲詐了所有的積蓄，第二次買車的希望落空了。這中間，發生了一件對祥子產生重大影響的事。一是人和車廠老闆劉四又老又醜又潑的女兒虎妞先是誘惑，繼而謊稱已懷孕要挾祥子與其成婚；在他與虎妞結婚後，用虎妞的錢買了二強子的車。後來虎妞死於難產，祥子賣掉車子，埋了虎妞，變賣衣服器具，這是生活對祥子的又一次打擊。此後祥子照例去車廠拉車，但已經不想從中得到任何的光榮與稱讚了。祥子曾振作精神，打算到曹先生府上拉包月，與自己喜歡的小福子過一種純樸自強的生活，但小福子的死給了祥子最後一擊。從此，他吃喝嫖賭，懶惰，狡猾，混迹在紅白喜事的行列中。祥子走到了他的末路。

〔註1〕　《編輯後記》，《宇宙風》第 22 期，1936 年 8 月 1 日。

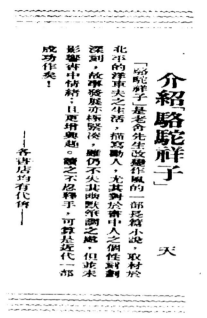

介紹「駱駝祥子」 天

「駱駝祥子」是老舍先生改變作風的一部長篇小說，取材於北平的洋車夫之生活，描寫動人，尤其對於書中人之個性刻劃深刻，故事發展亦極緊湊，雖仍不失其幽默筆調之處，但並未影響許中情緒；且更增興趣。讀之不忍釋手，可算是近代一部成功作矣！

──各書店均有代售──

載《彈花》第 3 卷第 1 期

　　小說連載還未結束，七・七抗戰爆發，文學界的重心轉向抗戰，在連載結束後的一年多時間內沒能見到該小說的評論文字。直到 1939 年 3 月，單行本由上海人間書屋初版問世後（廣告文字見上引），關於此書的評論陸續見諸報端。據學者陳思廣統計，1936～1949 年間，關於該小說的評論文章多達 14 篇。大體可分兩類：一類是以讚揚爲主。如畢樹堂在《駱駝祥子》的書評中認爲小說具有兩方面的價值。第一，寫出了北平的眞美，言語，風俗，習慣，氣象，景物，所有色色形形的調子，無論美醜好壞，都是道地北平的，用北平的滋味一嚼模，就都是美的。第二，寫出了各個人物的性格。〔註2〕司徒珂認爲《駱駝祥子》是老舍「一切作品中，『同情心』最濃烈的一部。同情在《駱駝祥子》中是唯一的特質。」老舍的用意在於「暴露那些污點，作爲國民自省的明鑒。」〔註3〕梁實秋則在《讀〈駱駝祥子〉》中從文學技巧的優異性與嚴重的內容意義讀《駱駝祥子》，指出它是一部描寫人性的藝術上乘作品。「最上乘的藝術手法是憑藉著一段故事來發揮作者對於人性的描寫。《駱駝祥子》給了我們一個好榜樣。」〔註4〕華思在《評〈駱駝祥子〉英譯本》中對小說也

〔註2〕畢樹堂《駱駝祥子》，《宇宙風・乙刊》，第 5 期，1939 年 5 月 1 日。
〔註3〕司徒珂《評〈駱駝祥子〉》，《中國文藝》第 1 卷第 6 期，1940 年 2 月 1 日。
〔註4〕梁實秋《讀〈駱駝祥子〉》，《中央周刊》（重慶）第 4 卷 32 期，1942 年 3 月

給予了好評：「這本書不但把普通中國人民表現得眞實而且平易可解，並且把中國人民寫得溫暖，不單調，謙和而又勇敢，全世界都可以從本書理解到，爲什麼那些深知中國人民的外國人，這樣珍愛他們。」「在本書的樸素風格中，一個好人的形象不朽的雕型出來了，一個偉大的民族和一個偉大城市的心靈被描繪出來了，一個階級的悲劇，忍受長期痛苦的勇敢被表現出來了，一個動蕩變亂的國家的狼狽之況被具體而微的表現出來了。」〔註5〕遍採認爲：「老舍先生通過駱駝祥子指出了一個是『自我』，一個是『封建勢力』，而這兩個敵人又是通同一氣狼狽爲奸的。封建勢力本身固然兇惡，在它控制腐蝕下的社會所滋育出來的自私夢想，和麻痺懵懂的情感更可怕。」〔註6〕

與好評相反，一些批評家指出了小說的一些問題。如吉力在《讀〈駱駝祥子〉》中則認爲「《駱駝祥子》並不像出版者的廣告所說是一本『巨著』然而卻也是一部不容給讀者輕易放過的好書。」「它並未反映一些時代，也並未給看到社會的全貌，更只有搬演一打還不到的腳色。」儘管他認爲小說在人物刻畫方面頗爲成功，但認爲小說結尾太草率。〔註7〕王任叔也對《駱駝祥子》發表了自己的看法，他認爲老舍把祥子概括成爲一個世俗的類型，不是典型。「老舍在這裡展開了車夫的一般生活的說明（但僅止說明，不是形象的刻畫。）然而他的車夫世界，沒有和其他社會作有機的連繫。不錯，他也寫出了一個老實的祥子的墮落的過程，但像平靜的水似的流去，沒有一點不安和苦悶。眞個是前後判若兩人。雖然阿 Q 性格是應該被揚棄的，但在作品上出現時，他還有『生命力』，祥子全沒有這一束西。」〔註8〕劉民生在《〈駱駝祥子〉求疵談》中指出了小說的幾個缺陷：沒敘述祥子從農村跑到北平的理由；過於強調祥子的成功性；把祥子的失敗歸納到和虎妞的結合，對於小說本身的意識帶來了損害。〔註9〕李兆麟也指出了小說的四個問題：開頭用了太多筆墨說明祥子與駱駝的關係；祥子一生爬不起來的根本原因未能充分寫出來；祥子的時代有些遠，祥子的形象不夠親切；虎妞並不是祥子墮落的眞正原因。許

---

26 日。

〔註5〕華思《評〈駱駝祥子〉英譯本》，《掃蕩報》1945 年 8 月 27 日。

〔註6〕遍採《勞苦人民的道路——〈駱駝祥子〉讀後》，《大公報》（天津）1948 年 6 月 22 日。

〔註7〕吉力《讀〈駱駝祥子〉》，《魯迅風》第 14 期，1939 年 5 月 20 日。

〔註8〕王任叔《文學讀本》，第 192 頁，珠林書店 1940 年版。

〔註9〕劉民生《〈駱駝祥子〉求疵談》，《上海文化》第 7 期，1946 年 8 月 1 日。

傑對該小說更有嚴厲的批評，認爲：「在這部作品中，非但看不見個人主義的祥子的出路，也看不見中國社會的一線光明和出路。」小說中通過阮明的描寫反映出「老舍對於中國革命的不夠認識，他在有意無意中受了一些反宣傳的影響，承認中國的革命是用錢收買的。」對於小說中性的描寫，論者也頗不滿意，「老舍把性生活的描寫，這樣的強調起來，而且幾乎提高到成爲祥子這個個人主義者之所以走上墮落之路的決定因素，這卻不能不使我們發生一些懷疑。」〔註10〕

《駱駝祥子》初版後，三個月後即再版，到1941年6月印至第六版。之後，《駱駝祥子》轉由重慶文化生活出版社出版，又印了兩次。1946年11月列入叢書「現代長篇小說叢刊」之一，由上海文化生活出版社印行，到1949年2月，又印行至第8版。解放前的《駱駝祥子》共印行16版，平均每年一版，可見小說還是頗受讀者歡迎。〔註11〕此外，《駱駝祥子》的盜版本也相當

〔註10〕許傑《論〈駱駝祥子〉》，《文藝新輯》第1輯，1948年10月。
〔註11〕1945年，《駱駝祥子》的英譯本 Rickshaw Boy 在美國出版，譯者爲伊萬‧金

多，例如，見於著錄的就有長春啓智書店（1941 年 5 月）、瀋陽啓智書店（1941 年 3 月）、大連關東出版社（1944 年 12 月）以及興隆印刷廠（1946 年 5 月）的印本。〔註 12〕解放後，《駱駝祥子》印刷次數不但非常多，版本更爲複雜。上海晨光出版公司於 1950 年 5 月出版了《駱駝祥子》校正本初版，列爲「晨光文學叢書」第 28 種，書前附有老舍寫的《序》，這種版本至少印行了 7 版。1951 年開明書店出版《老舍選集》收入節錄本《駱駝祥子》，這個選集附有《自序》。1952 年 1 月，晨光出版公司出了《駱駝祥子》的改訂本四版，前 23 章不動，第 24 章從開頭刪起，刪去九個多頁碼的文字，只留最後八段作爲全書的結尾。1955 年，人民文學出版社又出版了《駱駝祥子》的新版本，這是個修訂本，附有老舍寫的《後記》。節錄本和修訂本改動情況較大（具體可參考金宏宇《中國現代長篇小說版本校評》第 5 章）。總之，《駱駝祥子》的初版本是最具藝術水準的版本，節錄本和修訂本都是在新的政治語境下，著者力圖緊跟形勢的產物，這兩種版本都極大地破壞了初版本的語義系統，產生了新的釋義並改變了其文本本性。

　　文革結束之後，對《駱駝祥子》的解讀進入一個新時期。謝昭新、曾廣燦、樊駿、陳堅、陳奔等一大批學者紛紛撰文，對《駱駝祥子》的研究迎來了一個新的高潮。有學者統計，1977～2010 年間，海內外學者在中國大陸共發表專論《駱駝祥子》的接受論文 361 篇，而關涉《駱駝祥子》的文章則在1000 篇以上，論著 50 部之多。三十多年來，「《駱駝祥子》在審美視閾上的接受史態，主要集中在文本主題、人物形象以及悲劇動因的探究與思辨上；在接受環鏈上，形成了視界集中、視閾交融、影響交流、深化超越的接受態勢。」〔註 13〕可見，作爲一部現代文學史上經典作品，不斷的研究與探討正是其文本豐富性的體現。

（Evan King），譯本爲了迎合美國讀者的心理，譯者擅自改動了小說的結局，譯本的結局是祥子與小福子都沒有死，而是由祥子把小福子從白房子中搶出來，皆大歡喜。到 1950 年爲止，日、德、法、意、捷克、瑞士以及西班牙等文字的譯本都已經問世。大都根據英譯本轉譯而成。

〔註 12〕朱金順《新文學考據舉隅》，第 77 頁，中國文史出版社 1990 年版。

〔註 13〕陳思廣《審美之維：中國現代經典長篇小說接受史論》，第 126 頁，四川大學出版社 2012 年版。

被腰斬的《記丁玲女士》

記丁玲（初集）　沈從文　重版六角　上海良友復興圖書公司 1939 年 9 月版

　　丁玲女士現在正穿了勇赳赳的軍裝，在西北前線服務，已被世界文壇認爲中國第一位革命女作家了。本書從她父母寫起，記述她轉變前的半身事迹。精裝本出版時，因環境關係發表者只及全文之半，然已轟動全國文壇，現普及本已出版改稱爲初集。

廣告載《良友圖畫雜誌》第 148 期，1939 年 11 月 15 日

記丁玲（續集）　沈從文　新出六角　上海良友復興圖書公司 1939 年 9 月版

　　因環境關係而未編入前出《記丁玲》內之餘稿，共計八萬餘字。現經沈從文先生略加修正，自昆明寄遞來滬，趕印出版。因篇幅過多，故另印續集一冊。內容記述胡也頻之死，及也頻死後丁玲女士生活之轉變，凡已讀精裝本《記丁玲》者，均宜購此續集，以窺全豹。

廣告載《良友圖畫雜誌》第 148 期，1939 年 11 月 15 日

　　1933 年 5 月 14 日，丁玲在上海被國民黨特務秘密綁架。四五天後，上海整個文藝界幾乎都知道了這個消息。遠在青島的沈從文從報紙上、朋友的信中也很快得知了這一消息，作爲丁玲的老鄉，好朋友，他於 5 月 25 日寫了《丁玲女士被捕》，文中對國民黨秘密逮捕丁玲的行徑公開提出抗議。6 月 4 日，該文在《獨立評論》第 52、53 合刊上發表。同日，沈從文又撰寫了《丁玲女士失蹤》（後發表在 6 月 12 日《大公報》上），繼續對丁玲被捕事件表示抗議。除了撰寫文章之外，沈從文還投身於營救丁玲的活動中。他與蔡元培、楊杏

佛、胡愈之、葉聖陶等 38 位文化名人，聯名向南京政府致電，要求釋放丁玲。
6 月下旬，謠傳丁玲被槍殺。沈從文在失去朋友的痛苦中，創作了短篇小說《三個女性》以紀念昔時的好友。小說以丁玲的死難傳聞為背景，小說中的人物孟軻，即指丁玲。寫完《三個女性》後，沈從文覺得還不夠，他決定仿《記胡也頻》為丁玲撰寫一部長篇傳記——《記丁玲女士》。7 月 24 日，《國聞周報》從第 10 卷 29 期連載，分 21 次於 12 月 18 日第 50 期刊完。但從第 40 期後，文章中涉及左翼文藝和政治活動的部分，發表時遭到刪除，致使《國聞周報》上的連載出現「百衲衣一樣的面孔」。﹝註 1﹞發表出來的大約 11 萬字，傳記從與丁玲初次相識開始，一直寫到丁玲失蹤。

由於丁玲被捕並謠傳被殺一事在整個文化界十分轟動，廣大讀者對此也十分關心。這部及時的的傳記自連載開始，就獲得了讀者的喜愛，不少人焦急地等待看每一周的《國聞周報》。「良友文學叢書」的編輯趙家璧敏銳地發現了這本書的市場價值和紀念意義，通過巴金聯繫上沈從文，高價購買了這部書稿，準備出單行本。1934 年夏，趙家璧得到書稿，馬上納入出版。9 月 1 日，良友圖書印刷公司將《記丁玲女士》更名為《記丁玲》列入「良友文學叢書」第十種出版，精裝印行 4000 冊（1935 年 6 月，又再版 2000 冊），書前有傳主、作者照片各一張。為了擴大影響和銷路，表達對當局倒行逆施的不滿，公司分別在《文學》的第三卷四期（1934.10.1）、《人間世》第 11 期（1934.9.5）、《良友圖畫雜誌》（第 94 期，1934 年 9 月 15 日）等刊物的顯著位置上登出了廣告。內容如下：

> 丁玲女士的一生，可以說只有作者沈從文先生知道得最清楚。
> 本書從丁玲的故鄉和她的父母寫起，作者特有的那枝生花妙筆，把
> 一個衝破了舊家庭束縛到大都市裏來追求光明的新女性活現在讀者
> 的眼前，是中國新文藝運動以來第一部最完美的傳記文學。

事實上，這本書的出版留下了一個大大的遺憾。由於當時國民黨設立了圖書審查制度，對於這一本所涉及敏感的人物和事件，當局自然要重點審查，書稿送去之後，遭到國民黨圖書審查委員會扣壓，後經主編趙家璧花數百元買下一個圖書審查委員會的書稿作為交換條件，才獲准出版。儘管獲得出版許可，但是審查委員會仍然要求對書稿內容進行刪改，最後這部作品被腰斬，出版的《記丁玲》只是連載本《記丁玲女士》的前半部分，即 1～10 節的文

﹝註 1﹞李輝《沈從文與丁玲》，第 117 頁，武漢：湖北人民出版社 2005 年版。

字，寫到沈從文 1931 年初從武漢到達上海與胡也頻、丁玲夫婦見面時爲止。
後面大部分內容未能收入書中。作爲此書出版的親歷者，趙家璧多年後曾回
憶：「沈從文先生於 1934 年夏把《記丁玲》全稿交我編入《良友文學叢書》
中，9 月 1 日出版時，列爲第十種，初版精裝本，共印 4000 冊。當時國民黨
反動派在滬設有審查機關，此稿送審後，被迫刪去最後的三分之一，至今你
可在版權頁上看到審查證第 97 號的說明。」〔註 2〕鑒於審查機構的蠻橫不講
理，良友出版公司只得被迫接受，但作爲此書的編輯趙家璧在書後特地附上
「編者話」，對腰斬作了一個看似隱諱實則憤怒的說明：

> 沈從文先生所著記丁玲一稿，原文較本書發表者多三萬餘字（實
> 應爲多出五萬字左右），敘至一九三二年爲止，因特種原因，目前未
> 克全部發表，特誌數語，以告讀者。

所以，魯迅在閱讀了《記丁玲》這本書後，寫信給趙家璧說：「中間既有刪節，
後面又被截去這許多，原著簡直遭毀了。以後的新書，有幾部恐怕也不免如
此罷。」〔註 3〕

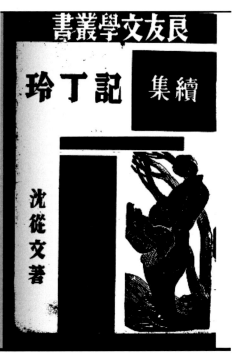

〔註 2〕轉引自李輝《沈從文與丁玲》，第 120 頁，武漢：湖北人民出版社 2005 年版。
〔註 3〕《魯迅全集》第 13 卷，第 205 頁，北京：人民文學出版社 2005 年版。

　　事實上，外界謠傳丁玲被殺的消息並不屬實。丁玲被捕之後，秘密押解南京，由於國際國內文化界人士的抗議，國民黨不敢隨便對一個知名的女作家下手，只得派人輪番勸降。爲了應付敵人，擺脫敵人，丁玲答應「回家養母，不參加社會活動」。最後，丁玲軟禁在南京，每月發給一百元生活費。後在馮雪峰、張天翼、聶紺弩等人協助下，秘密離開南京抵上海，後又乘火車到西安，於 1936 年 11 月抵達陝北。作爲第一個從國統區到陝北蘇區的著名作家，丁玲受到熱情接待，中央宣傳部在窯洞裏召開歡迎會，毛澤東、張聞天、周恩來、博古等中央領導出席。毛澤東甚至還作《臨江仙》詞一首贈給丁玲。到達陝北的丁玲開始了全新的生活，發起成立中國文藝工作者協會並擔任文協主任，成爲蘇區文化戰線上一面旗幟。抗戰爆發後，丁玲又轉任西北戰地服務團主任，奔赴前線開展抗戰文化宣傳工作。

　　上海良友公司位於虹口北四川路，抗戰爆發之後該路成爲日軍的基地，成爲戰區。「良友公司的存書，在兩日內被盜竊一空，損失之大，自不待言」，〔註4〕先遷往江西路繼續營業，旋即向租界臨時法院申請宣告破產。1939 年 1 月，改組後的良友復興公司在上海成立。掛美商招牌可以不接受日方書報檢查，自由出版。爲了重振旗鼓，趙家璧決定將「良友文學叢書」的一部分改出白報紙普及本。作爲曾深受讀者喜愛的《記丁玲》不但得到了重印，還把曾在 1934 年被審查機構腰斬的部分作爲續集出版了（上所錄廣告即是這次印行時所登）。由於丁玲還活著，現已在西北前線擔任西戰團主任，所以在《記丁玲》普及本的宣傳廣告中有「丁玲女士現在正穿了勇赴赴的軍裝，在西北前線服務，已被世界文壇認爲中國第一位革命女作家了」一句。對於續集的出版情況，在廣告中也交代清楚了。續集是爲了彌補《記丁玲》的遺憾，把被審查機構刪掉的文字重新問世而已，《記丁玲》初集和《記丁玲》續集兩部書合起來構成《記丁玲女士》。所以廣告中有「凡已讀精裝本《記丁玲》者，均宜購此續集，以窺全豹」的文字。但是，由於「經沈從文先生略加修改」，與最初連載的文字相比，續集中也有多處文字被刪去。〔註5〕此外，續集初版之後，1940 年 5 月還再版一次。

〔註 4〕馬國亮《良友憶舊：一個畫報與一個時代》，第 242 頁，北京：生活·讀書·新知三聯書店 2002 版。

〔註 5〕李輝曾將《記丁玲》和《記丁玲續集》與發表在《國聞周報》的《記丁玲女士》進行校勘，據統計，有刪改、增加有近 200 餘處。參見李輝《沈從文與丁玲》，武漢：湖北人民出版社 2005 年版。

十之書叢學文友良

記丁玲

著文從沈

丁玲女士的一生，可以說祇有作者沈
從文先生知道得最清楚。本書沈從文
的故鄉和她的父母寫起，作者特行的
那枝生花妙筆，把一個衝破了傳家庭
東縛到大都市來追求光明的許多女性
，活現在讀者的眼前，是中國新文藝
運動以來第一部最完美的傳記文學

一九三四年九月出版

沈從文 記丁玲（初集） （重版）六角

丁玲女士現在正穿了勇科科的軍裝，在西北前線服務，巳被世界文藝認為中國第一位革命女作家了。本書沈從文父母寫起，記述她轉變前的半身事跡也，精裝本出版時，因環境關係祇及全文之半，然巳轟動全國文藝，現書巳出版，改稱為初集。

沈從文 記丁玲（續集） （新出）六角

因環境關係而未編入前出「記丁玲」內之餘稿，共計八萬餘字現經沈從文先生略加筆正，自是明白忞達來混起趣另印續過多，故另印續編一冊，內容記述胡也頻之死，及丁玲女士生活之轉變，凡巳演精裝

沈從文 記丁玲 （精）

本「記丁玲」者，死後巳演精裝，方宜瞭此續集，以竟全別。

沈從文寫作《記丁玲女士》，也是一次寫作方法上的嘗試。他在致王芸生的信中說：「此文因綜合其人過去生活方面而言，間或敘述中復述推斷與批評。在方法上，有時既像小說，又像傳記，且像論文。體裁雖若小說，所記則多可徵信，即秩序如此，亦不混亂。故私意此文以之作傳記讀，或可幫助多數讀者瞭解稍能說到肯竅。然此種寫作方法，究屬試作，處置題材文字時，雖十分謹慎細心，唯其得失，一己乃毫無把握……」〔註6〕正是這樣的一種探索性嘗試，作者因其自己與傳主有長時間的交往而對其身世、婚姻以及思想等非常熟悉、瞭解，所記的內容也大多可信，但是由於小說家的天性，對於一些內容細節難免有馳騁想像，誇大、失實、推測、虛構之處再所難免，使得它幾乎成了敘述一位女作家如何成長的小說。所以，當丁玲在1979年初讀到這本寫自己的傳記時，越看越生氣，認為有些東西簡直是胡編亂造，是小說而不是人物傳記。作為回擊，丁玲很快寫了《也頻與革命》，後發表於《詩刊》1980年第3期，文章中，丁玲不但對該書內容進行了公開指責，而且對沈從文的人格也進行了譴責。關於這件文壇公案是非可謂眾說紛紜，周健強、周良沛、凌宇、陳漱渝、袁良駿、李輝等人都對此進行了多方面的分析與探

〔註6〕《沈從文全集》第17卷，第376頁，太原：北嶽文藝出版社2002年版。

討，孰對孰非已很難完全說清了。這兩位經歷了太多磨難、相識近一個甲子的老人最後以反目告終，實在讓人扼腕歎息。

在胡也頻被害，丁玲失蹤並謠傳被殺的險惡政治環境下，沈從文能及時寫出《記丁玲》及其續集，表達對好友的深切懷念和對執政當局任意綁架殺害一位女作家的憤怒抗議，足見他對友誼的珍視和大無畏的勇氣。此書的寫作以及出版見證了沈丁二人長達十年的友誼。但也正因爲《記丁玲》及其續集，也導致他們二人在晚年的公開決裂，這眞是 20 世紀中國歷時的弔詭之處。可以肯定，後人還會繼續閱讀《記丁玲》及其續集，時時翻開它，尋覓舊的痕迹，領略這兩位湘西作家，所不同的人生追求，不同的坎坷經歷。

不爲人知的齊同及其《新生代》

《新生代》（第 1 部：「一二・九」）出版　齊同創作　重慶生活書店 1939 年 9 月初版

一部反映從「一二九」到「七七」華北青年思想變動過程的長篇小説

這是小説同時也是活的歷史書　謹以此書獻給大時代中的青年們

《新生代》的企圖，是要反映從「一二九」到「七七」華北青年思想變動的過程。他們怎樣忠誠地勇敢地創作新的歷史記錄，他們和政府的關係，怎樣由離心走向向心，都是這整部書的範圍。在《一二九》裏只能寫出這思想過程的第一部。他們曾怎樣與懦弱的外交鬥爭。在這裡面寫出新人物的成長，告訴讀者説，這運動並不是限於黨員，政治組織者的事情，而是一般青年所普遍的要求。這運動中，使書呆、旁觀者，漸漸變成革命家，這是歷史的必然結果。平常人而能做出驚人的事業——在大街上忍饑鬥寒，做流血的抗爭，並非爲著實現陰謀，而是爲著爭取國家的抗戰。冒著風霜，到鄉下去，宣傳農民救國，打下了青年與農民聯合的游擊隊的根。這是一部小説，同時也是一部活的歷史書。

廣告載《文藝陣地》第 3 卷第 11 號，1939 年 9 月 16 日

《中國新文學大系 1927～1937・史料・索引一》中對齊同只有 37 字的介紹文字：齊同（1902～1950），吉林人。又名高滔。左聯北平分盟成員。北平作家協會執行委員。著有長篇小説《新生代》等。筆者據查閱的資料權作一補充：齊同，又名高滔，後又改名高天行，是吉林永吉縣人，1932 年來北平讀大學，親身經歷了「一二九」學生運動。抗戰前他在北平中國學院任教，

因教授世界文學的關係，出版了《近代歐洲文藝思潮史綱》（北平著者書店 1932
年 12 月初版），抗戰爆發後，又輾轉到貴陽，在貴陽中學任教員，後又到遷
來貴陽的湘雅醫學院任教。他在課堂上向學生灌輸進步思想，激發學生們的
愛國熱情，並積極參加貴陽的抗日活動。1938 年春，與蹇先艾、謝六逸、劉
薰宇、李青崖等人發起組織每周文藝社，出版《每周文藝》，後又發起成立了
「中華文化界抗敵協會貴州分會」。〔註 1〕齊同的抗敵宣傳，引起了國民黨貴
州當局的注意，他被迫離開貴陽轉到重慶。在重慶期間，因受杜重遠《盛世
才與新新疆》一書的影響，決心赴新疆。適逢一次日機的大轟炸中，腿被炸
傷。「為了趕乘薩空了的汽車，斷然截去一條腿」〔註 2〕。到新疆後，備受重
用，歷任省文化協會副委員長、代委員長、《新疆日報》副社長、《反帝戰線》、
《新疆青年》二刊主編，並在新疆學院和女中兼課。最突出的是：盛世才的
文稿、講話都交給他作最後的文字潤色。〔註 3〕1940 年 7 月，盛世才製造出了
「杜重遠陰謀暴動案」，高滔也失去了盛世才的信任，10 月他鋃鐺入獄。兩年
後，他被批准保外就醫。1944 年 9 月，盛世才以私人秘書的名義將他帶到重
慶。抗戰勝利後，在桂林師範學院任教，1950 年在桂林病歿。

　　由於他精通俄語，在文學領域他先是以其譯作為讀者認識。1936 年 9 月
生活書店出版了他與人合譯的《俄國短篇小說集》。1937 年 2 月商務印書館出
版了他翻譯的《貴族之家》（屠格涅甫著），1944 年 9 月桂林文光書店又出版
了他和宜閒合譯的《白癡》（陀思托夫斯基著，上下冊）。在翻譯的同時，他
也開始創作小說，1936 年 11 月上海文學出版社出版了他的第一部長篇小說《文
人國難曲》，並列入《小型文庫》。1937 年 7 月良友圖書公司出版了其小說集
《煉》。此外，1938 年中蘇文化協會湖南分會還出版了他的論文《戰時寫作諸
問題》，論述抗戰時期文學創作的題材、手法等問題。此外，還有《文藝大眾
化提綱》（《文藝陣地》第 2 卷第 3 期，1938 年 12 月）、《當前文藝運動的幾個
重要問題》（《讀書月報》第 1 卷第 5 期，1939 年 6 月 1 日）、《大眾文談》（《理
論與現實》創刊號，1939 年 4 月 15 日）等論文問世。而 1939 年 9 月由重慶
生活書店出版的《新生代》（第一部《一二九》）則在當時的文壇引起了很大

〔註 1〕 宋洪憲《積極的抗戰鼓吹者——齊同（高滔）在貴陽》，《現代名人作家與貴
　　　　州》，貴州人民出版社 1987 年版。
〔註 2〕 許力《高滔新疆失魂記》，《新疆地方志》1998 年第 4 期。
〔註 3〕 許力《高滔新疆失魂記》，《新疆地方志》1998 年第 4 期。

的反響，齊同也因此書的問世而被文壇所看重。

《新生代》第一部的寫作開始於貴陽，時間大約在 1938 年左右。但在寫作小說之前，他於 1936 年「一二九」學生運動一週年之際，以「一個大學生的十三天日記」的形式寫出了《一二九前後》，記錄下了學生們（包括他自己）在一二九運動前後的活動。抗戰發生以後，國內形勢發生突變，宣傳抗戰，鼓勵青年人投入抗日的民族戰爭成爲了當時社會的主要訴求。齊同決定以「一二九」學生運動爲寫作對象，想通過小說來激發青年們的抗戰熱情。「在貴陽期間，每當工作稍有閒暇，齊同的腦海裏便浮現出他在北平時所親身經歷的、抗

戰醞釀期中革命學生所掀起的『一二・九』愛國運動的情景，久而久之，齊同堅定了寫作一部長篇的信心，把從『一二・九』到『七・七』北方青年的思想變動忠實地告訴讀者，以促使人們投入中國人民神聖的抗日戰爭。」〔註4〕本來作者計劃寫三部，第一部爲《一二・九》。在重慶期間，繼續寫作第一部。由於要乘薩空了的汽車赴新疆，小說第一部只得草草寫完，還來不及精雕細刻就交付生活書店出版。作者特爲第一部寫了《新生代第一部「一二・九」發刊小引》，作者交代他爲什麼要寫「一二・九」以及小說的主要任務：

> 想起「一二・九」，令人戰慄，這眞是値得紀念的日子！但是這個戰慄漸漸被民族戰爭的狂喜所掩蓋了！甚至可以說已經被忘卻了！這是冤枉的事情！這個運動雖然還未成僵屍，卻已經有人把它當做化石看了，這是錯誤。假若你在炮火停息的瞬間，平下心去仔細思索一下，便會曉得「一二・九」對於今日民族戰爭的贈與是何等偉大，而且它對於最近四五年來中國青年思想的變動曾經做過怎樣的橋梁！

〔註 4〕宋洪憲《積極的抗戰鼓吹者──齊同（高滔）在貴陽》,《現代名人作家與貴州》,貴州人民出版社 1987 年版。

於是將從「一二‧九」到「七‧七」北方青年的思想變動忠誠地告訴讀者，便成了筆者的任務。

......

寫出來這個重要連索，便是《新生代》全部的企圖。

《新生代》第 1 部《一二‧九》五月交付書店，九月書店就推出了該小說的初版。為了擴大影響，書店還特為小說撰寫了廣告詞（如上引），刊登在書店所出的期刊《文藝戰線》、《文藝陣地》等上。全書 405 頁，32 開，共計 16 萬字左右，書中還配有插圖。

正如上引廣告所言，小說主要以幾位青年的思想變動為主線。1935 年，中華民族已到了生死存亡的危機時刻。北平的青年學生以真誠的愛國之心揭開了全民抗日救亡的序幕。出身破落的小地主家庭的劉時以及他的同學——愛國富商的兒子陸飛，他們都是 FS 學院經濟系的二年級學生，參加了學生運動並為骨幹分子。甚至一向守著「安分守己」的 T 大學學生陳學海，也在時代浪潮的衝擊下投身於鬥爭之中。陳的同鄉郭用是個學運的投機者，是個革命不離口，辯證法不離手的大學生，憑著他的革命高論贏得了單純向上的魏玲的愛情。作為學生自治會幹事的魏玲，利用時機對陳學海做啟發式教育工作，使得陳開始關心時局，參加辯論，最後終於當了糾察隊的主任，參加劉時主持的會議。「一二‧九」這一天，他們高呼口號走上街頭。當遊行隊伍被水龍阻礙和擾亂時，陳學海等人在幾個人的帶領下打散了看守水龍的警察。他看到陸飛那邊戰鬥十分激烈，他失去了衝上去的勇氣，痛苦地回到了宿舍。鬥爭更殘酷了，陳學海看到魏玲不顧自己的傷痛和危險，整天忙著募捐、看望受傷的同學，他十分感動，他的思想起了變化，決心戰鬥到底。魏玲被捕後，他十分擔心魏玲和其他同學們的的安全。郭用被當局收買，成了叛徒，他不僅不為魏玲著急，還大談其見險隱退的哲學。陳學海理直氣壯地怒斥了他。寒假快到了，劉時他們決定組織人馬下鄉去宣傳組織群眾，但當局百般阻擾不讓他們進城，學生們化整為零混進城去。正當他們商量成立民族解放先鋒隊時，曾經是「一‧二八」赴京請願時帶頭臥軌的 FS 學院的學生，現已投靠漢奸，當了新邊政委會科長的由遇春奉命要他們立即乘晚車回京，遭到拒絕。青年們抵抗不住，被押送回京了。至此，學生們有的受傷，有的被關，有的被收買。昔日的學生自治會完全分化。陳學海也陷入了苦悶中，他苦於找不到出路。劉時的肺病越來越重。但革命的種子已經種上，參加運動的學

生在殘酷的鬥爭中認識到：和敵人對壘是馬虎不得的，他們將團結一致，以更堅實的步伐走向前。

作者以其較高的藝術手法塑造了眾多的典型人物形象，全書結構謹嚴，情節緊湊，起伏跌宕，具有扣人心弦的力量。此外，鮮明的時代氣息和現實感也是小說的另一藝術特色。小說出版後，關於該小說的書評也很快出現了。巴人（王任叔）在《略評新生代第一部》中指出小說在當前抗戰中的作用：「我相信齊同先生這一部小說是可獲致廣的讀者群的。我還相信齊同先生這部小

說對於我們的抗戰是盡了一部分教育宣傳的任務。我又相信齊同先生這部小說在全體主義的方法把我事件上是與中國民族形式有關的。」他對齊同小說採取的全體主義手法也給與了好評：「他所取的方法是『透視』，也就是從『全體』中來『透視』思想變動的連索。這裡我們所能看到的是一種風氣，一種行動，一種以語言道白所傳出的思想觀念。這做法說明了全體主義的藝術的特點，是有充分的大眾性的。」他也指出了作品的不足：「沒有形象地把這一種思想的對立（及指民主派與非民主派，筆者注）予以根本地把握，卻僅僅把它展開在『抗日』與『對日妥協』的鬥爭上去（固然，我們須要這樣展開的）那雖然是歷史的實情，卻忽略了歷史的最本質的東西。」〔註5〕此外，在藝術加工上，巴人認爲作者對人物細節的刻畫還有些不夠。稍後，又有武豪發表了他的讀《新時代》的讀書瑣記，作者主要對書中的青年學生陳學海、魏玲、劉石、陸飛等幾個典型人物逐一進行了介紹分析。他認爲：「從這幾個不同的人物裏，我們即可看出他們不同的典型來。雖然作者只是在描述『一二·九』時北平的學生界的人物；但這些何嘗不是現今社會裏所有青年的具體描寫呢！看了《新生代》後，多少會給予閱讀者一些警惕和激勵的。」〔註6〕到了1943年，還有關於《新生代》的書評刊載於報刊。在野芒的書評中，他也指出小說塑造出了許多當時中國到處存在著的典型人物，如劉時、魏玲——是熱情而有認識的時代青年；楊教授——是一個沒有靈魂的革命家；郭用——是一個思想左傾，行爲右傾的青年；陳學海——是一個安分的書呆子，受魏玲的影響，後來漸漸地改變過來了。王良佐、董小倩——他們是哥兒小姐的代表；孫之明——是地方軍政首長，昏頭昏腦，畏首畏尾的糊塗蟲；曹兆東——是孫幕下的政客，中華民族的罪人——漢奸；郭四——是鄉下的老百姓。最後，論者指出：「這個故事是一個偉大的紀念碑，我們能在那裡找到過去偉大運動的史迹，那裡有血，有淚，有生與死的搏鬥，愛與恨的交流。同時它還能指示給我們一條光明的大道——抗日，抗日，勝利始終是我們的！」〔註7〕

正因爲小說講述的是青年學生的革命鬥爭故事，有很強的現實針對性和較高藝術水準，小說初版後很快引起了青年讀者的歡迎。1940年小說再版發行。此後不斷再版，到1951年爲止，小說印行至第九版。由於作者計劃寫

〔註5〕巴人《略評新生代第一部》，《文藝陣地》第4卷第3期，1939年12月1日。
〔註6〕武豪《新生代》，《學生月刊》第1卷第9期，1940年1月15日。
〔註7〕野芒《新生代》，《時代中國》第7卷第2期，1943年2月20日。

三部，第一部還僅僅是個開始，故事情節以及主要人物的思想變動還不能完全展現。正如批評家希望作者盡快寫出第二部、三部一樣，青年讀者在讀完第一部後翹首以盼。他開始寫作第二部，由於他在新疆的遭遇以及四處輾轉，他的第二部小說手稿在抗戰期間遺失了。1949 年，齊同重新開始寫作第二部，但僅寫下了四萬多字就因病去世。鑒於小說在在讀者中有廣泛的影響，1957 年 10 月，人民文學出版社重排出版了《新生代》第一部，書名就叫《新生代》，首印 3000 冊。此版本是「根據作者最後修訂的生活書店印行的版本重印」，〔註8〕本書還以附錄的形式收入了作者 1949 年到逝世前重寫的《新時代》第二部四萬餘字，這四萬餘字是首次問世。書前還有作者妻子傅立岑提供的照片兩張和作者手迹一頁，這對現今要瞭解齊同其人頗有助益。

〔註 8〕人民文學出版社編輯部《出版說明》，齊同《新生代》，人民文學出版社 1957年版。